西北师范大学一流学科突破工程经费资助出版

简牍学与丝路文明研究丛书

第二辑

主编 ◎ 田澍 刘再聪

秦早期历史与文化探赜

雍际春 ◎ 著

中国社会科学出版社

图书在版编目（CIP）数据

秦早期历史与文化探赜 / 雍际春著. -- 北京：中国社会科学出版社, 2025. 6. -- (简牍学与丝路文明研究丛书). -- ISBN 978-7-5227-5129-0

Ⅰ. K233.07

中国国家版本馆 CIP 数据核字第 2025ZJ1298 号

出 版 人	季为民
责任编辑	李凯凯
责任校对	郝阳洋
责任印制	李寡寡
出　　版	中国社会科学出版社
社　　址	北京鼓楼西大街甲 158 号
邮　　编	100720
网　　址	http://www.csspw.cn
发 行 部	010-84083685
门 市 部	010-84029450
经　　销	新华书店及其他书店
印刷装订	北京市十月印刷有限公司
版　　次	2025 年 6 月第 1 版
印　　次	2025 年 6 月第 1 次印刷
开　　本	710×1000　1/16
印　　张	18.75
字　　数	296 千字
定　　价	98.00 元

凡购买中国社会科学出版社图书，如有质量问题请与本社营销中心联系调换
电话：010-84083683
版权所有　侵权必究

目 录

秦早期历史与文化研究述评

近百年来秦人族源问题研究综述 …………………………………… (3)
近百年来秦早期历史研究述评 ……………………………………… (20)
近百年来关于秦文化研究的回顾 …………………………………… (35)
秦文化与秦早期文化概念新探 ……………………………………… (52)
秦人早期历史研究及其价值探讨 …………………………………… (63)
天水"两河流域"秦早期文化遗址的发现及其意义 ………………… (75)

秦早期历史考证

嬴秦始祖考 ………………………………………………………… (83)
秦人先祖伯益事迹考略 …………………………………………… (91)
"秦"国名本义溯源 ………………………………………………… (99)
秦公簋及"十又二公"考 …………………………………………… (111)
嬴秦非戎族新考 …………………………………………………… (126)
东夷部族的太阳崇拜与嬴秦西迁 ………………………………… (144)
中潏归周与嬴秦崛起 ……………………………………………… (157)
淮水祠、雍水与嬴秦西迁 ………………………………………… (168)
人口迁徙与嬴秦崛起 ……………………………………………… (173)
秦早期农业与工商经济发展初探 ………………………………… (181)

秦文化研究

商鞅变法与秦文化的转型 …………………………………………（203）
两周时期的秦戎关系与民族融合 ………………………………（216）
关于秦早期文化形成的思考 ……………………………………（234）
论天水秦文化的形成及其特点 …………………………………（241）
论秦人早期青铜器与秦系文字的形成 …………………………（249）
秦早期文化与周文化关系论略 …………………………………（256）
秦早期文化与戎狄文化关系初探 ………………………………（268）
秦统一与秦文化的历史价值和时代意义 ………………………（278）
秦人崛起和统一的文明史意义 …………………………………（287）

后　记 ……………………………………………………………（294）

秦早期历史与文化研究述评

近百年来秦人族源问题研究综述

秦人族出东夷，后经长期流动迁徙，最终入居陇右天水而兴起建国，然后再东进关中进而统一中国。这是司马迁《史记》中关于秦人历史的基本论述。近代以来，关于秦人族源的讨论始自王国维，其《秦都邑考》发表后，争论纷起，至今不休。主要观点有西来说、东来说和北来说三种，而争论焦点主要在东、西之争。纵观近百年来争论在内容和方法上的演变历程，可以20世纪70年代为界，分前后两个阶段。前一阶段主要是依据文献资料和民俗资料展开的研究和争论，可称之为传统的东来说与西来说之争；后一阶段则是在文献和民俗资料的基础上，又广泛运用考古学资料展开综合研究，可称之为新东来说与西来说之争。近几年来，超越东、西之争的新成果开始出现，推动秦人族源问题的讨论走向深入。

一 传统的东来说与西来说

所谓东来说即秦人"源自东夷"说，西来说即秦人"源自西戎"说。本阶段学者们主要根据文献资料和民俗资料探讨秦人的族源，力图揭示秦人来历及早期历史的真貌。持西来说的学者主要有王国维、蒙文通、周谷城等；持东来说的学者以傅斯年、卫聚贤、黄文弼、陈秀云、郭沫若、范文澜、丁山、徐旭生、马非百、王玉哲等为代表。

（一）西来说

王国维《秦都邑考》开篇即说："秦之祖先，起自戎狄。"[①] 但未作

---

① 王国维：《秦都邑考》，《观堂集林》卷一二，华书局1961年版，第529页。

详论。蒙文通在《秦为戎族考》一文中力证秦为戎族,其主要观点一是秦祖中衍曾孙戎胥轩被称为"戎胥轩",则知秦之父系为戎而非夏族,郦山之女为戎胥轩妻,此秦之母系亦为戎也。二是据《史记·赵世家》记载,中潏后代造父幸于周穆王。"造父取骥之乘匹,与桃林盗骊、骅骝、绿耳,献之穆王,穆王使造父御,西巡狩,乃赐造父以赵城。"《竹书纪年》:"北唐之君来见,以一骊马,是生绿耳。"则造父即此北唐之君。《周书·王会》云:"北唐戎以闾。"孔晁注:"北唐,戎之在西北者。"可知中潏至造父以来,秦之同族赵为西周之北唐戎,则秦之为戎"固自不疑"。三是春秋三传以"秦者夷也""狄秦"称秦;春秋时楚人灭嬴姓江国,秦伯不曰同姓而曰同盟,故秦非皋陶之胤。又商君说"始秦戎狄之教",《管子·小匡篇》有"秦戎"之说。故关东诸国公认秦为戎族。四是秦即犬戎的一支。郦山女在殷周间为天子,西戎之强者,前有鬼方,后则犬戎。《秦本纪》:"西戎犬戎与申侯伐周,杀幽王郦山下。"《周本纪》:"申侯怒,与缯西夷犬戎攻幽王……遂杀幽王郦山下。"杀幽王之犬戎,即郦山女之族,亦即郦山女与秦皆犬戎之证也。① 蒙文通在其《秦之社会》和《周秦少数民族研究》等论著中,对所持观点亦有详论。② 丁山在《古代神话与民族》一书中指出,"史前神话人物世系多出商周祭典",夏、商、周、秦"四代开国前世系皆宗祝伪托"。所以,"《秦本纪》所传襄公以前之人物,若大费、大廉、费昌、孟戏、仲衍、蜚廉、造父等,非天空之神御,即速御之风神;其反映之史实,则秦襄公为攻戎救周列为诸侯时,故一游牧为生之西戎民族也"。"秦以风神为宗神疑亦长狄之类"③。此外,周谷城在《中国通史》一书中也采用西来说观点。④

(二)东来说

东来说原本为《史记》所持观点,但作为一种学术观点明确提出来,

---

① 蒙文通:《秦为戎族考》,《禹贡》1936年第6卷第7期。
② 蒙文通:《秦之社会》,《史学季刊》1940年第1卷第1期。
③ 丁山:《句芒、高禖、防风、飞廉考——风神篇》,该文写于1939年,发表于《中华文史论丛》第六十辑,收入氏著《古代神话与民族》,商务印书馆2005年版,第317、337页。
④ 周谷城:《中国通史》,开明书店1939年版,第174页。

则是20世纪三四十年代才出现的。

1933年，傅斯年发表《夷夏东西说》，首倡嬴姓之秦为东方民族："据《史记》，伯益为秦赵之祖，嬴姓之所宗。秦赵以西方之国，而用东方之姓者，盖商代西向拓土，嬴姓东夷在商人旗帜下入于西戎，《秦本纪》说此事本甚明白。少昊在月令系统中为西方之帝者，当由于秦赵先祖移其创说于西土，久而成土著，后世作系统论者。遂忘其非本土所生。"又说嬴姓一支为少昊后世，"分配在今山东南境，河南东端，南及徐州一带。殷代有奄，为大国。有费，鲁公灭之。盖鲁的本嬴姓本土，所谓'奄有龟蒙，遂荒徐宅，至于海邦，淮夷蛮貊'，是指周人略嬴族之故事。因周人建国于奄土，嬴姓乃南退保淮水，今徐州一带。及周人势力稍衰，又起反抗，西伐济河。周人只能压迫之，却不能灭之，故曰：'徐方不回，王曰旋归'，可见是灭不了的。入春秋徐始式微，而殷人所置嬴姓在西土者，转而强大，其一卒并天下"①。卫聚贤在《赵秦楚民族的来源》一文中，认为赵秦楚"三者均夏民族熊氏族之分化"。秦祖中潏未在西戎前，嬴姓多诸侯，即奄、郯、徐、江、黄、葛、谷等国。"是秦民族发源于山东，至山西、陕西、甘肃，然后再向东发展。"《春秋》庄公三十二年"秋，筑台于秦"，说明鲁古有秦，而秦发源于山东；又《楚辞·九歌》有"东皇太一"，《史记·秦始皇本纪》言李斯上秦王号以"泰皇最贵"，亦有秦有东来之迹。② 黄文弼针对蒙文通"秦为戎族说"撰《嬴秦为东方民族考》一文，力主"秦为东方民族说"。认为秦人在西戎只发生在中潏之后，中衍之后、中潏之前秦之先佐殷周为诸侯，其嬴姓居地在东方。皋陶与伯益虽不同姓，然同为帝颛顼后裔，皋陶之后封地在淮水以北及湖北东北部；伯益之后嬴姓诸国皆在今山东南部，江苏北部，安徽东北部，自徐州以东至于海滨。"皋陶与伯益后裔之封地，东西相接，而嬴姓诸国最在中国东南部，滨海。故与其谓秦为西戎，不如谓秦为东夷较合事实也。""嬴姓在殷时，与殷共存亡者，皆以其同为东方民族之故也。"又指出，秦人始祖传说取材与殷相同，同以吞鸟卵为传

---

① 傅斯年：《夷夏东西说》，载《中央研究院历史语言研究所集刊》外编第一种《庆祝蔡元培先生六十五岁论文集》，1933年3月。
② 卫聚贤：《赵秦楚民族的来源》，载《古史研究》第三集，上海商务印书馆1937年版。

说中心,且叙述及诞生方式完全相同,故必同出一源。① 陈秀云《秦族考》一文,从秦人先世的神话传说和殷人传说相同、秦人与殷商有密切的关系、嬴姓诸国多在东方和"秦"与"嬴"原为东方地名四个方面揭示秦人为东方民族。② 徐旭生《中国古史的传说时代》一书也主张秦之祖先为东夷民族。③

持秦人东来说的学者人数较多,如顾颉刚、郭沫若、范文澜、徐旭生、马非百、王玉哲等皆主此说,其观点大体与上述相类。

二 新东来说与西来说

从20世纪70年代后期开始,一方面随着学术环境的改善,另一方面由于一批重要的秦文化遗址的相继发现,为更加深入和全面地探索秦人历史提供了前所未有的机遇与条件。于是,关于秦人族源的研究不仅呈现勃兴势头,而且取得了一系列新的成果和突破。无论是东来说还是西来说,都在进一步挖掘文献资料和民俗资料基础上,又依据大量的考古资料、甲骨文和金文资料,多学科开展深入的或综合的探讨。时至今日,虽然两种观点的争论仍在继续,但在论辩中提出的不少新观点、新视角、新材料、新理论或新思路、新方法,确为秦人族源问题研究的深化和最终解决奠定了坚实的基础。为了便于后面的讨论,兹将赵化成先生关于20世纪以来两种观点的概括性论述列之于下,然后再分别讨论。

关于东来说,主要观点有四个方面:

(1) 秦人与东方的殷人、夷人都有起源于"玄鸟陨卵"的神话传说,即有着共同的鸟图腾崇拜。

(2) 秦为嬴姓,而嬴姓族多居于东方,如西周、春秋时期的徐、郯、江、黄、奄等国。

(3) 秦人祀少昊之神,传说少昊为嬴姓祖,居于东方。

---

① 黄文弼:《嬴秦为东方民族考》,《史学杂志》1945年创刊号。
② 陈秀云:《秦族考》,《文理学报》1946年第一卷第1期。
③ 徐旭生:《中国古史的传说时代》,广西师范大学出版社1985年版,第170页。

(4) 秦的祖先与殷王朝关系密切，如费昌、孟戏、仲衍、蜚廉、恶来都曾为殷臣。

关于西来说，主要观点也有四个方面：

(1) 秦之祖先世系较连贯，可信程度较大是自中潏以后，已"在西戎，保西垂"。

(2) 秦为西戎族，其远祖戎胥轩已称戎，并与申戎通婚，在西方。春秋之时东方诸国多称秦为戎。

(3) 秦人祭祀用马，与中原诸国不同。秦人杂祀，崇拜草木、山川、禽兽，秦之风俗与戎狄同。

(4) 秦人由东方而西迁的可能性不大，中潏时已在西戎，周公东征迁之于理不合。①

上述概括反映了两种观点的主要根据和基本理由，本阶段两种观点的讨论也是围绕上述论点而提出了一系列新论据而展开的。

(一) 新西来说

此说在这一阶段经过一些学者引入考古资料和民族学资料，而提出了不少新的论据和材料，使研究和论说进一步深化。持这一观点的学者主要有熊铁基、俞伟超、叶小燕、刘庆柱、刘雨涛等。

熊铁基《秦人早期历史的两个问题》一文，利用文献资料对秦人西来说进行了有力的申论，他认为"夏、商、周、秦的早期历史，神话多于史实，秦尤其如此，它本身非华族，在强大起来之后，就要为自己的祖宗世系伪造一批英雄故事，后世的北魏、元朝、清朝都是如此"。因此，他主张西来说，理由一是商、周时代，秦的祖先都是活动在西方。二是秦人自己讲自己祖先的活动，可靠的都是讲在西方的活动。三是春秋到战国初年，华夏族的诸侯国（包括华化较早的），一直把秦国当戎狄看待，这不单是地理形势上的限阻，更重要的是夷夏之别传统观念的影

---

① 赵化成：《寻找秦文化渊源的新线索》，《文博》1987年第1期。

响。所以，秦是西方民族，华化较晚，而且与中原文化的关系不深。①

利用考古资料来充实西来说是本阶段的一大特点。俞伟超《古代"西戎"和"羌"、"胡"考古学文化归属问题的探讨》一文提出，秦墓中出现的屈肢葬、铲型袋足鬲、洞室墓和围墓沟等文化特征，源于羌戎文化，故秦人是西戎的一支。他认为，能够清楚地说明辛店文化是西戎文化之一的根据，在于它跟秦人文化有很大的相似之处，至少有三点很突出：其一是流行蹲曲特甚的屈肢葬，最迟从春秋时起，秦人之墓主要是这种屈肢葬，一直到秦始皇时期。这几乎成为区别秦人墓与其他各春秋战国墓的重要特征。其二是秦人在其根据地，即汧、渭之间的宝鸡和甘肃东部一带，直到战国时代还使用一种双耳高领的铲形袋足鬲，这是辛店文化陶鬲中所特有的。其三是洞室墓，它初见于马厂，最迟到卡约文化时就很流行。在陕西地区东周的秦墓也流行洞室墓。这显然同羌戎系统文化有联系，说明秦人的文化传统，同羌人是有特殊关系的。这种洞室墓，在河南等地，则要到战国中期以后才逐渐出现并流行，显然是从秦人那里传去的。②后来他又在《关于"卡约文化"和唐汪文化的新认识》一文中进一步指出：铲形袋足鬲是甘青地区古代文化带给秦文化的影响，秦墓文化特征与西部半山文化、马厂文化和卡约文化的因素具有内在的联系。③叶小燕《秦墓初探》一文将秦墓资料与甘青地区民俗习惯相结合，提出秦人流行西向墓，"可能暗示了秦人是源于西方的"④。刘庆柱《试论秦之渊源》一文，通过对殷周时期关东、关中与甘肃地区的考古学文化对比，明显地发现秦文化与甘肃地区的古文化属于同一文化的早晚关系，而与关东、关中地区的古文化属不同地区的不同文化。他进而从秦的葬俗、鸟图腾崇拜和陶器组合及其纹饰特点三个方面探析了秦之渊源，认为"屈肢葬俗无疑应属于秦的自身文化传统"。他还指出："春秋战国秦墓中屈肢西首的秦人头向可能表示其祖籍所在的意义。"又

---

① 熊铁基：《秦人早期历史的两个问题》，《社会科学战线》1980年第2期。
② 俞伟超：《古代"西戎"和"羌"、"胡"考古学文化归属问题的探讨》，载俞建超《先秦两汉考古学论文集》，文物出版社1985年版，第185页。
③ 俞伟超：《关于"卡约文化"和唐汪文化的新认识》，载俞建超《先秦两汉考古学论文集》，文物出版社1985年版，第205页。
④ 叶小燕：《秦墓初探》，《考古》1982年第1期。

说:"值得注意的是,辛店文化的屈肢葬与春秋秦的屈肢葬惊人相似,如辛店文化姬家川遗址 M2,有一屈肢葬,其足跟已靠近臀部,屈度特甚。显然辛店文化的屈肢葬是我们寻找春秋秦屈肢葬源流的重要线索。"而"以鸟为图腾的秦文化可能为马家窑文化的后裔"。①

主张西来说的学者,还从民族、民俗和宗教学等角度,就秦人葬俗、祭祀仪式与对象、"万物有灵"的原始宗教特征与戎狄相同而有别于中原等方面,对西来说进行了补充。特别引起注意的是,持此观点的学者从秦墓等发掘资料所揭示的考古学意义上的秦文化特征,与甘青地区的西戎文化因素存在着有机的密切联系,且在很大程度上与之融合在一起,这是一个无法否认的历史真实。当然,经过本阶段学者们的努力,西来说的观点虽更为完备,但由于其对传说时代秦人历史的记载,即中潏以前的秦人历史,仍缺乏令人信服的解释;其所证明秦人来自西方的材料又多为春秋以后,且直接印证的材料也不多,故仍然不为大多数学者所接受。

(二) 新东来说

在一批学者进一步完善发展西来说的同时,则有更多的学者支持东来说。顾颉刚、马非百、林剑鸣、邹衡、伍士谦、何汉文、黄灼耀、段连勤、尚志儒、何清谷、杨东晨、何光岳、李江浙、常青、汪勃、尹夏清、牛世山、赵化成、高洪福、韩伟、严宾、史党社等学者都有专文或专著探讨这一问题,从而使东来说在原来从文献资料印证的基础上,又得到从考古、民族、文字、民俗、宗教、历史地理等多学科、大视野、全方位的综合论证,并取得一系列新的突破,大有使东来说几成定论之势。

顾颉刚先生作为史学巨擘曾对秦人东来说专文进行了深入研究,在《从古籍中探索我国的西部民族——羌族》一文中,其结论指出:"秦本东夷,在周公东征后西迁。"② 2000 年,其撰写于 20 世纪 60 年代,堪称鸿篇巨制的《鸟夷族的图腾崇拜及其氏族集团的兴亡》一文发表,系统

---

① 刘庆柱:《试论秦之渊源》,《人文杂志》1982 年增刊《先秦史论文集》。
② 顾颉刚:《从古籍中探索我国的西部民族——羌族》,《社会科学战线》1980 年第 1 期。

而全面地对"秦本东夷"等诸问题,通过完整搜集传世文献、甲骨文和金文资料进行了细致入微的论证。该文指出:"殷祖契是由他母亲简狄吞了玄鸟卵而生的,秦祖大业也是由他的母亲女脩吞了玄鸟的卵而生的。他们为什么会有这样雷同的神话?那就因为殷秦两族都出于鸟夷,鸟是他们的图腾,他们全族人民的生命都是从鸟图腾里来的,只是第一位祖先的代表性特别强,所以把鸟生的神话集中在它的身上而已。"①

林剑鸣《秦人早期历史探索》一文,从秦人早期传说与信仰崇拜、经济生产、政治关系、早期活动地域四个方面,揭示秦人与殷人有共同的玄鸟崇拜,都以牧畜、狩猎为主要经济生活,政治关系密切,早期都生活在以山东半岛为中心的地区。因而,秦认同殷人祖先原系东方之氏族,共同起源于一个东方的氏族部落。② 接着,他又在《秦史稿》一书中,从墓葬材料中证明,在陕西凤翔秦公陵园的22座秦公大墓,虽然规模很大,但只有属于诸侯级的中字和甲字形墓,而无亚字形的天子墓。"这表明秦国陵墓形式仍遵循着殷制",说明秦与殷人祖先关系十分密切。③ 段连勤《关于夷族的西迁和秦嬴的起源地、族属问题》一文,从传世文献中另辟蹊径,提出了夷族西迁和秦人起源的新线索。认为夏初东夷族分为九部,史称九夷,分布于今曲阜周围之地,即今山东西南部和河南东部。畎夷即九夷中的一部,夏末,在黄河下游崛起的商族与造反的九夷人联合,灭夏后西进泾渭流域扫除夏朝残余势力。于是,此前一直未见有东夷活动的关中地区,夏亡后,突然出现了东夷人的活动,即《竹书纪年》所载:"桀三年,畎夷入于岐以叛。"此当为畎夷迁至关中时的最初居地。他指出:"西周春秋时期,今陕西兴平东南有犬丘,亦曰废丘;甘肃天水西南亦有犬丘,史称西犬丘或西垂。此两犬丘当为畎夷入居泾渭流域后的居地。这一点可以从《春秋》经传对春秋时期卫国境内的犬丘的解释看出来。《春秋》隐公八年云:'八年春,宋公卫侯遇于垂。'《左氏传》曰:'八年春,齐侯将平宋卫,有会期。宋公以币请于

---

① 顾颉刚:《鸟夷族的图腾崇拜及其氏族集团的兴亡》,载《史前研究》,三秦出版社2000年版,第151页。
② 林剑鸣:《秦人早期历史探索》,《西北大学学报》1978年第1期。
③ 林剑鸣:《秦史稿》,上海人民出版社1981年版,第19—20页。

卫，请先相见。卫侯许之，故遇于犬丘。'显然，《春秋经》所说的垂即《左传》所说犬丘，所以杜预《集解》注曰：'犬丘，垂也，地有两名。'可见犬丘即垂，垂即犬丘，都是指的同一地方。"因此，"由山东曹县、河南永城县的犬丘，到陕西兴平、甘肃的犬丘，这正是畎夷由我国东方移至我国西方所走过的足迹"。秦的祖先，正是在这次夷人向我国西部的迁徙浪潮中，作为这个迁徙队伍的一支，来到陕西关中地区的，中潏时秦人已至天水的犬丘。从嬴秦同犬丘（西垂）的关系，嬴姓氏族与古国的关系，秦的原始宗教观念三个方面，都可以证明秦嬴是起源于东方的夷族。①

日本学者御手洗胜在《颛顼与乾荒、昌意、清阳、夷鼓、黄帝——关于嬴姓族的祖神系谱》一文中，②对杨宽在《中国上古史导论》一书中主张的颛顼既是上帝，也是帝尧的观点进行了批评。认为嬴姓的祖先神是允格，亦即伯益，颛顼、乾荒、昌意、清阳、夷鼓、黄帝与沇水之神允格在起源上实是一神。其主要观点一是认为《左传》昭公十七年关于"颛顼之虚"和昭公九年颛顼之族"陈，水族也"的记载，可知颛顼是与水有密切关系的神，即水神而非火神。二是"颛顼"之语实际上是《左传》昭公元年所见的水神允格的转音，进一步则是与允格的倒转音伯益有其声转关系。《尔雅》所载河济之间兖（沇）州即以卫为中心的地域，有清冽的地下水浸出，汇集成菏泽、巨野泽、雷夏泽以及更南的孟豬泽，与诸泽连接的是清冽的沇水（济水），沇水的沼泽地带是适合农耕和鸟兽繁殖的好地方，于是当地有以允格作为沇水之神而加以崇拜的现象。三是《山海经》有黄帝生昌意，昌意生韩流，韩流生颛顼之说，《竹书纪年》还有昌意生乾荒一说。乾荒即是韩流，乾荒二音由嬴姓族神允格的转音而来，故乾荒与颛顼在起源上是为一神。四是清阳、昌意都是少昊的别名。五是清阳又是黄帝之子玄嚣的别名，黄帝25个儿子中，同姓的只有清阳和夷鼓二人。夷鼓之"夷"与伯益之"益"义相同，夷郭

---

① 段连勤：《关于夷族的西迁和秦嬴的起源地、族属问题》，《人文杂志》1982年增刊《先秦史论文集》。
② 该文由王孝廉翻译，收入王孝廉《中国的神话与传说》，台湾联经出版事业公司1983年版，第239—272页。

（伯）正是伯益的倒转音，故黄帝与伯益在起源上同为一神。清阳、夷鼓为巳姓，少昊姓有嬴、己、巳之说，实际巳与嬴两族都以少昊为祖先神，巳姓清阳（少昊）之父是巳姓之神的黄帝，黄帝称"有熊氏"，而敬嬴又作熊嬴，可知有熊氏即是有嬴氏。因此，黄帝源于伯益（允格），允格是嬴姓氏族神少昊（金天子）的祖父，黄帝之子的夷鼓、清阳，与其父黄帝同是嬴姓氏族之神。

在支持东来说的学者中，从传世文献、文字学、民族学和民俗学等视角，多侧面论证，得出了与顾颉刚、林剑鸣先生大致相同的结论，兹不赘述。从文献角度支持秦人起源于东夷的学者中，尚有李江浙、牛世山对秦人起源地提出了更为具体的范围。李江浙先后发表《越为大费支族考》《大费育稻考》和《秦人起源范县说》诸文，认为"秦之先皋陶和大费的初居之地，在今日山东省曲阜市与费县地区为中心的鲁中南及附近地带"。在古史传说中，大费的封地不止一处，而与秦联系在一起的，则独有"秦"，其地即后来的鲁国之"秦"，在今河南范县。① 牛世山《秦文化渊源与秦人起源探索》一文，主张秦人族属和最早起源地，可在晚商和西周时期与秦人有关的地名中找到线索。认为："西垂与犬丘之间、两地与商代晚期和西周时期的秦人之间似乎都有某种有机联系，这可能暗示两地与秦人的起源地有关。《春秋》隐公八年即有垂地：'八年春，宋公、卫侯遇于垂。'而《左传》隐公八年则作犬丘：'八年春……遇于犬丘。'垂与犬丘为一地，这与秦人在西方的居地同名。杨伯峻先生认为其地在今山东曹县之北，在商代以前，这里为东方夷人的势力范围，或许这一带正为秦人的起源地。"②

对东来说更为有力的探讨来自考古学界。邹衡1980年发表《论先周文化》一文，为东来说提供了新证据："《亚隼罐》的族徽，其所代表的可能是一个善于捕鸟（或从丁山广其义为捕鸟兽）的氏族。古者以官职为氏，那么，此氏族中必定会有一个善于捕鸟（或鸟兽）的祖先，曾经充任过商朝或其以前的鸟（或鸟兽）官，而他的子孙又住在今陕西、甘

---

① 李江浙：《越为大费支族考》，《民族研究》1986年第3期；《大费育稻考》，《农业考古》1986年第2期；《秦人起源范县说》，《民族研究》1988年第4期。
② 牛世山：《秦文化渊源与秦人起源探索》，《考古》1996年第3期。

肃一带的先周文化地域内。说到此，人们将不难把这个氏族和秦的祖先联系起来。"所以，甲骨卜辞中的㠱氏族和金文中的㠱氏族很可能就是秦的祖先费、蜚、非之类了。武丁以后，商王经常派㠱族今陕西的"京"地"衰田"（开垦土地和开拓疆土）。"㠱族到了该地，免不了入境从俗，年代经久，自然也就逐渐被当地同化，成为当地的居民了，因而在商末，陕西的㠱族使用先周文化也就不足为奇了。秦的祖先本来起源于东方，后来为什么又到了西方，在这里似乎已得到了说明。联系到以上族徽中有加'西'字的，也许正是因为该族已经住在西方的缘故。"①

韩伟先后发表《关于"秦文化是西戎文化"质疑》和《关于秦人族属及文化渊源管见》等文章，对刘庆柱等学者主张将屈肢葬、铲形袋足鬲、洞室墓看作"既是戎人或羌人的文化特征，又是秦人自身的文化传统的观点"表示异议。他结合自己多年在陕西地区的考古实践与研究，认为屈肢葬虽然在春秋秦墓中已经出现，但嬴秦的统治阶级尤其是宗室贵族，并不采用屈肢葬式。因此，"屈肢葬俗无疑应属于秦的自身文化传统"的看法，应予否定；而且，用孤例推断辛店文化是春秋秦屈肢葬源流的重要线索，恐失偏颇。铲形袋足鬲在秦墓中的出现，不会早于战国时代，它不是从春秋到战国期间秦墓中始终存在、延绵不绝的典型器物。"因而，把铲形袋足鬲当作秦文化的特征之一，并断定这种东西就是戎人文化的表征，或者说由此得到了齐家文化、辛店文化与春秋战国秦文化之间'渊源关系的重要线索'，似乎缺乏坚实的基础。"关于洞室墓，在陕甘两省可能属于春秋的秦墓中均未见到。出现于战国中晚期的秦代洞室墓，与殷周时期的卡约文化中间横隔着春秋这一段时间未见洞室墓。说卡约文化与秦文化有共同性，是同出一源的，似缺乏说服力。② 赵化成《寻找秦文化渊源的新线索》一文，根据其在甘肃天水市甘谷县毛家坪和麦积区董家坪新发现的西周时期秦文化遗存材料，通过分析比较，认为"辛店文化不会是秦文化的渊源"。屈肢葬应当是秦人特有的葬俗，是秦文化的一个重要特点。秦的西首墓可能与屈肢葬一样也与甘青地区古代

---

① 邹衡：《夏商周考古学论文集》（第二版），科学出版社2001年版，第299—301页。
② 韩伟：《关于"秦文化是西戎文化"质疑》，《青海考古学会会刊》1981年第2期；《关于秦人族属及文化渊源管见》，《文物》1986年第4期。

文化有一定关系。春秋战国时期秦墓中出现的铲形袋足鬲和战国中期出现的洞室墓，在毛家坪西周时期秦墓中均未发现，故均与秦文化渊源无关。①

祝中熹在《早期秦史》一书中，对秦人东来提出新的观点，认为《山海经·大荒南经》所载羲和"生十日"轮番运照的传说和《尚书·尧典》所载尧命主管祭日、测日的"羲和"四人的宾日、饯日活动，实际反映的是史前盛行的阳鸟崇拜习俗。阳鸟图腾部族的首领"羲和"当为虞夏时代东方"九夷"中的凤夷和阳夷的结合群体，尧命"羲和"四人中的和仲"宅西，曰昧谷。寅饯纳日，平秩西成"，就是让和仲一支追寻太阳的归宿而西行，确定日落的"西极标位"点，一直到西方的"西"定居下来，和仲所宅之"西"就是秦汉时陇西郡的西县。羲、和历来被认为是重、黎的后裔，重、黎又是少昊、颛顼的后代。而秦人也以少昊、颛顼为始祖，则羲、和与秦人皆属阳鸟图腾的同一血缘祖系。夏末商初，畎夷西迁，初至关中的犬丘（即汉代槐里，今陕西兴平），后至西邑所在的西汉水上游，后来的犬夷就是畎夷的后裔。畎夷赶走了最早开发西邑的秦人先祖和仲一族，商末周初，嬴秦人首领中潏"在西戎，保西垂"，与犬戎展开了长期争夺西垂控制权的斗争，这里又成为秦人的根据地。②

不难看出，东来说相较于西来说有更为充足的史料基础，其所主张的玄鸟崇拜、秦与殷的文化相似性、嬴姓与"秦"地名在东方的存在、中潏以前秦人在东方的历史线索等，揭示了传说时代秦人与东方夷族之间的密切关系，也构建了秦人族源的基本轮廓。但东来说并非无懈可击，如中潏以前的秦人在东方历史活动的确切考古证据仍稍显薄弱，尚需进一步强化。

三　诸说平议

在秦人族源的讨论中，东来说与西来说似乎成为论辩的主流，而且，两种观点各执一端，长期驳难，水火不容。其实，在这两种观点之外，也有第三种观点存在，如北来说、二源说，还有不确定说，考古专家赵

---

① 赵化成：《寻找秦文化渊源的新线索》，《文博》1987年第1期。
② 祝中熹：《早期秦史》，敦煌文艺出版社2004年版，第13—40页。

化成根据早期秦文化墓葬的发掘资料,认为"秦人究竟是东来还是西来目前尚难以下结论"①。同时,不少学者也已尝试超越非此即彼的模式,另辟蹊径,以打破僵局,求得问题的正解。这方面也已经取得一些可喜的收获,为秦人起源问题的探讨开辟了新的视域。

(一)北来说

在东来说与西来说之外,还有北来说,只是主张北来说的学者比较少,因而关注度低一些。翦伯赞、吕振羽、吴泽等学者都认为秦人起源于北方的夏族。如翦伯赞即主张:"秦代王朝的创立者——秦族,本是夏族的一支,即羌族的后裔。"认为:"《史记·秦本纪》云:'秦之先,帝颛顼之苗裔孙曰女脩。女脩织,玄鸟陨卵,女脩吞之,生子大业。'大业是为秦之始祖。按《国语·鲁语》上谓'夏后氏禘黄帝而祖颛顼',《秦本纪》亦谓'秦之先,帝颛顼之苗裔。孙曰女脩',是传说中谓夏与秦同祖也。又《管子·小匡篇》云:'(齐桓公)乘桴济河……逾太行,与卑耳之貉拘秦夏。'是春秋时,秦族尚称秦夏也。又《左传》襄公二十九年传载吴公子札聘鲁,鲁使工为之歌,歌至秦,公子札曰:'此之为夏声。'是春秋时,秦之声,尚称夏声也。根据以上各种传说,吾故曰,秦为夏族之一支。夏族居住鄂尔多斯,故秦族始祖,亦当流浪于此。"②吕振羽认为"商族自东来","夏族自西来",而后来夏族"向东南者一部分便发展成为后来的周、姜等等,一部分又形成后来的秦的先世"③。相对于前两说,北来说在秦人族源上又提出了一些新的思路和视角,对于深入探索秦人族源,无疑具有一定的启迪意义。

(二)二源说

黄留珠较早注意到超越西来说与东来说的对立,从而在秦人、秦文化渊源上提出了涵盖东、西二说的"二源说"。其在《秦文化概说》一文中曾提出:

---

① 赵化成:《寻找秦文化渊源的新线索》,《文博》1987 年第 1 期。
② 翦伯赞:《秦汉史》,北京大学出版社 1999 年版,第 1 页。
③ 吕振羽:《史前期中国社会研究》,河北教育出版社 2000 年版,第 228—229 页。

应当承认，各派观点均抓住了早期秦人的某些特征，作了极为有益的探讨，但亦不能不看到，彼此也都存在一些明显的不足之处。目前来看，在这一问题上要有所突破，必须依靠考古工作新的重大发现。也许东来说与西来说都只看到了问题的一个方面，二者结合起来才能更好地反映事物的全貌。①

在《秦文化二源说》一文中，黄留珠先生进一步指出：西来说与东来说"就前者而言，它敏锐地捕捉到了秦文化与西戎文化融合的历史真实；就后者而论，它成功地揭开了中潏以前秦人活动于东方的秘密。二者对于深化秦文化的研究，均有重要意义。而这一点，恰恰也正是二说相统一相结合的基础之所在"。所以，在二说均对秦文化的历史真貌有所揭示的共同点基础上，"综合各自的合理部分，撷取其精华，从而形成认识秦文化渊源问题的新思路。如果用一句话来概括这一思路，那就是'源于东而兴于西'"。并指出：

所谓"源于东"者，是讲秦人、秦文化的原始发祥地在东方；而"兴于西"者，是说秦人、秦文化的复兴之地在西方。易言之，就是说秦文化有两个"源"：一曰"始发之源"，一曰"复兴之源"。依据通例，始发源与复兴源是不同的，二者不可混为一谈。然而由于秦人经历了一个漫长的由东而西的迁居过程，在迁居之后，深受西方戎人文化的影响，乃至被戎化，这样其复兴就不是以原有文化为基础，而是在"戎化"这一全新的起点上开始的。这种几乎从零开始的复兴，使秦文化成为一个特殊的变例——即它在西方的复兴具有某种始发或曰再次起源的性质。唯其如此，所以才出现了东来说与西来说长期互相对峙的局面。其实，两说都探索到了真理。只是人们受习惯思维模式的制约，总以为世上之事，不是你吃掉我便是我吃掉你，从来没有考虑还会有你我共存的现象。结果遂使两种事实上都已触及真理的观点，不仅没有缩小距离，反而强化了其间

---

① 黄留珠：《秦文化概说》，载《秦文化论丛》第一辑，西北大学出版社1993年版。

的抗争性。①

黄先生的这一见解，为秦人族源与秦文化渊源的破解，在理论和方法上都具有重要意义。也启发和推动秦史学界对这一问题作更加深入和透彻的探讨。田亚岐、王炜林从考古资料出发对黄留珠学术观点提出论证予以支持。②

(三) 整合说

近几年来，又出现了不少关于秦人起源的新解释和新思路，其研究视野开阔、广搜博采，也不拘泥于东西论争，故可称之为"整合说"。这种探讨值得关注，也为秦人起源的讨论突破东西之争奠定了基础。

其一，孙新周在《岩画·鹿石·嬴秦民族寻根》一文中，③ 依据岩画、鹿石资料、语言学知识与文献史料相结合，以颛顼、戎胥轩、飞廉等秦先祖为主线，用新的视角揭示了秦人是与斯基泰（塞种）有姻亲关系的东夷人。该文认为："嬴秦民族源于东夷部族，在向西方迁徙的过程中与斯基泰人联姻，成为骁勇善战的半游牧民族，为商王朝保西垂；飞廉是其著名人物，死于周武王灭周的事变中，后化为风神；鹿石是飞廉族秦人的纪念碑和保护神；逃往晋的秦人后为赵，徙往陇东犬丘的秦人后为秦。秦人源于东夷，兴于西戎，盛于中原。"

其二，朱学渊在《秦始皇——是说蒙古语的女真人》一书中，主要以比较语言学的方法对中国北方诸民族及其渊源进行了别开生面的研究，其中，该书的第七篇即书名篇，专论秦人族源。他的研究将语言学与秦人早期史料结合，通过比较研究，认为秦人是月氏的同类，具有通古斯民族的血缘，属于鸟夷部落，嬴姓是"安姓"或"金姓"，秦部落的语言

---

① 黄留珠：《秦文化二源说》，《西北大学学报》1995年第3期。
② 田亚岐、王炜林：《早期秦文化"源于东而兴于西"的考古学观察》，载《祝贺林沄先生七十寿辰论文集》，科学出版社2008年版。
③ 孙新周：《岩画·鹿石·嬴秦民族寻根》，《天津师范大学学报》（社会科学版）2007年第4期。

像是蒙古语。①

其三，叶舒宪《熊图腾：中华祖先神话探源》一书，② 有专篇《秦人崇拜熊吗——中原通古斯人假说与秦文化源流》，认为秦人是具有通古斯血缘和熊图腾与鸟图腾合一的东夷族。从甘肃礼县圆顶山秦公贵族墓出土的"兽流扁体盉"和四轮车形器均有熊和虎、玄鸟造型装饰物，证明秦族信奉的神话动物虽有多样性，但以熊虎和玄鸟为主，因而，秦人也盛行对熊的崇拜。由此可能殷商、秦、赵、楚的熊图腾与夏代的鲧禹启化熊神话一脉相承，共同来自黄帝族的熊图腾。嬴秦一族长期处在华夏与戎狄之间，从其先祖大费佐禹治水、驯鸟兽又给出另外一个与熊图腾有关的姓氏线索，即费姓与嬴姓同出一源，费姓的源流清楚地显示出同北方通古斯人——今天仍然崇拜熊图腾的北方游猎民族的关系。俄罗斯学者史禄国、费孝通和朱学渊都认为以长城为界与汉族政权长期对峙的戎狄—匈奴—靺鞨—女真—满族一线贯穿下来的北方游牧族群即通古斯人，在6000年前活跃于中原，可能就是河南濮阳西水坡蚌塑龙虎墓的主人，公元前1000年时离开中原到达塞外。匈奴有费氏，党项有费听氏，满族也有费氏，这正说明了费氏子孙"或在中国，或在夷狄"之说，实际就是通古斯人在中原与夷狄之间迁徙变化的轨迹。秦先祖大费与通古斯族群联系起来的姓氏符号，为秦人种族文化渊源提供了清楚的线索。兴起于西北的秦人与通古斯人的关系，从东北红山文化和甘肃、宁夏齐家文化中的玉文化可以看出，以内蒙古草原为通道两者连接成一个玉文化传播带，说明两者关系也极为密切。

（四）突破与超越

综上所述，可以清楚地看到，长期以来拘泥于非此即彼的秦人起源的东、西之争，实际上都只看到秦人起源这一问题的不同方面，或者说是只触及秦人起源的不同阶段。其实，这两种观点及其大量成果都为揭

---

① 朱学渊：《秦始皇——是说蒙古语的女真人》，华东师范大学出版社2008年版，第59—66页。

② 叶舒宪：《熊图腾：中华祖先神话探源》，上海锦绣文章出版社2007年版，第165—200页。

示秦人起源的真貌做出了贡献，使秦人"源于东而兴于西"的基本线索和轮廓渐趋清晰。而秦人是与斯基泰（塞种）有姻亲关系的东夷人、秦人是月氏的同类并具有通古斯民族的血缘、秦人是具有通古斯血缘和熊图腾与鸟图腾合一的东夷族等一系列新见解的提出，既超越了单纯的东、西之争，又进一步证实秦人最初兴起于东夷；同时，更重要的是这些研究为我们更加深入地探讨秦人起源，提供了许多新的线索、新的视角和新的话题，启示我们探讨秦人起源不仅要关注东夷和西戎，还需要将北方和西北草原民族纳入视野；必须在更为广阔的空间和更为复杂的部族关系中，在上起尧舜下至春秋的长时段内，通过综合研究和全息判断去审视秦人起源问题。

因此，要求得秦人起源问题的突破和正解，尚需另辟蹊径，在整合已有成果与综合研究的基础上，力求宏观建构和微观突破。一方面，需要广纳博采现有研究取得的成果，抽取其中合理的成分和有用的线索，剔除门户之见，进行整合研究，为进一步研究奠定基础。另一方面，除了要继续进行文献、民俗、文字、神话传说资料的挖掘和探幽索隐之外，尤其要借助考古学、文化人类学的新成果并与历史学有机结合，对新石器时代以来中原地区、陕甘地区乃至北方草原地区与秦文化有关的文化遗存进行系统研究和类型分析，寻找与之相关的直接和间接的新资料、新证据，以揭示秦人起源、秦人西迁、秦人兴起的具体线索、路线和过程，使若明若暗且有断裂和缺环的秦人起源历史逐步丰满起来。近几十年来，上述地区大量与秦人起源相关的考古遗址、文化遗存的陆续发现，特别是秦人兴起之地陇右天水地区一批秦人墓葬与青铜器等文物的发现和出土，为我们揭开长期困扰史学界的秦人起源之谜提供了前所未有的良好条件。只要我们本着科学的态度、求实的精神和开放的视野，继续深入研究下去，秦人起源的历史真貌终将得以完整复原。

（原刊《社会科学战线》2011年第9期）

近百年来秦早期历史研究述评

传统意义上的秦史研究自秦亡之后即已开始，如汉初陆贾《新语》和贾谊《过秦论》等总结秦亡汉兴原因的著述就是代表，而《史记》等著作乃集大成之作。现代意义上的秦史研究起自20世纪初，至今约近百年时间。秦早期历史及文化的研究，也是伴随秦史研究的深入和考古资料的发现开始起步。

一 近百年来秦早期历史及文化研究概述

现代意义上的秦早期历史研究，肇自王国维关于秦都邑和秦公簋铭文的考释，① 由此开启了史学界对于秦早期历史与文化的研究与关注。其研究情况大致可分为三个阶段，即新中国成立以前的起步阶段，20世纪90年代以前的缓慢发展阶段和此后的全面展开研究阶段。

（一）20世纪前半期的秦早期历史及其文化研究

本阶段是秦早期历史研究的起步阶段，主要是提出了秦文化这一命题并将其纳入学术视野。其标志一是王国维、蒙文通、② 卫聚贤、③ 黄文弼、④ 陈秀云⑤等学者在其撰述的专篇论文中，对秦都邑、秦人起

---

① 王国维：《秦都邑考》《秦公敦跋》，《观堂集林》卷一二，中华书局1961年版。
② 蒙文通：《秦为戎族考》，《禹贡》1936年第6卷第7期。
③ 卫聚贤：《赵秦楚民族的来源》，载《古史研究》第三集，上海商务印书馆1937年版。
④ 黄文弼：《嬴秦为东方民族考》，《史学杂志》1945年创刊号。
⑤ 陈秀云：《秦族考》，《文理学报》1946年第一卷第1期。

源及其族源进行了探讨,从而将秦早期历史作为学术问题纳入视野。其中,陈秀云1946年发表于《文理学报》的《秦族考》一文,首次提出了"秦文化"这一概念,认为秦文化原是承袭中原的夏、殷、周文化而来的"中原本位"文化,并对秦文化的特色与戎化问题也作了探讨。二是一些学者在最早撰著的通论性专著中也对秦早期历史有所论述,如章嶔《秦史通徵》、① 吕思勉《先秦史》、② 马元材《秦史纲要》、③ 翦伯赞《中国史纲》(第二卷)、④ 黄灼耀《秦史概论》⑤ 等作品中,均对秦早期历史有所涉猎。三是以王国维、马叙伦、商承祚、胡受谦、刘文炳、郭沫若、冯国瑞等为代表的学者对秦早期青铜器秦公簋铭文的研究;⑥ 以及苏秉琦在20世纪30年代主持对宝鸡斗鸡台屈肢葬墓的考古发掘工作,⑦ 揭开了关注秦早期文化的序幕。这些工作虽然是初步的,而且研究内容仅涉及秦人族源等个别问题,但其开创奠基之功非常重要。

(二) 新中国成立以来至1990年前的秦早期历史及其文化研究

新中国成立以来的第二阶段,由于"文化大革命"前后我国史学研究的重点集中于政治史、经济史和农民战争史等领域,而对于民族史、文化史的研究异常薄弱,除了像范文澜《中国通史》等通论性著作少量涉及秦早期历史,还有一些考古发掘的成果之外,鲜有高质量的成果问世。"文化大革命"之后,秦史研究异军突起,秦早期历史的研究也随之受到学术界的青睐。一是由于云梦秦简、秦陵兵马俑等一些重要遗址与文物的发现,加之学术环境的好转,直接推动了史学界对秦史研究的关注,也带动了对秦早期史的探索。二是一批学者推出一系列有关秦早期

---

① 章嶔:《秦史通徵》,天行草堂主人遗稿丛刊本,1935年。
② 吕思勉:《先秦史》,开明书店1941年版。
③ 马元材:《秦史纲要》,重庆大道出版社1945年版。
④ 翦伯赞:《中国史纲》,上海大孚出版公司1947年版。
⑤ 黄灼耀:《秦史概论》,广东文理学院历史系1947年刊印。
⑥ 冯国瑞:《天水出土秦器汇考》,陇南丛书编印社1944年石印本。
⑦ 苏秉琦:《陕西宝鸡县斗鸡台发掘所得瓦鬲的研究》,载《苏秉琦考古学论述选集》,文物出版社1984年版。

历史与文化研究的学术论文,如以林剑鸣、①熊铁基、②黄灼耀、③伍仕谦、④何汉文、⑤段连勤、⑥高福洪、⑦刘庆柱、⑧何光岳、⑨韩伟、⑩严宾、⑪赵化成、⑫李江浙、⑬常青⑭等学者为代表,就秦人族出东夷或是西戎、秦人活动范围与疆域、秦人西迁路线与次数、秦早期都邑、原始宗教观念与鸟崇拜、秦与嬴姓诸国关系、"嬴"与"秦"之本义探讨、嬴秦姓氏分衍与秦人始祖、嬴秦起源地、秦人固有的文化传统、文化继承关系与文化特点、秦赵同源等问题,以文献史料为基础,结合考古资料、古文字资料和民俗传说研究资料,进行了广泛探讨。这些专门探讨秦早期历史与文化的成果,才真正开辟了这一研究领域的广阔天地。三是以林剑鸣《秦史稿》⑮和马非百《秦集史》⑯的出版为标志,首次构建了秦史研究的完整体系。林剑鸣《秦史稿》出版于1981年,书中用两章的篇幅论述了秦早期历史,代表了当时对秦早期历史最为详尽的研究;并推动了史学界对秦早期历史的更加关注和深入探讨。马非百《秦集史》一书是作者为补二十四史中独缺《秦史》之憾而穷毕生之力的作品,书"略仿纪传体史书成例",分纪、传、志、表四部分。记述上起非子邑秦下至二世胡亥,完整记述了秦国发展的历史。书中采用"编者按"的形

---

① 林剑鸣:《秦人早期历史探索》,《西北大学学报》1978年第1期。
② 熊铁基:《秦人早期历史的两个问题》,《社会科学战线》1980年第2期。
③ 黄灼耀:《论秦文化的渊源及其发展途径》,《华南师范大学学报》(社会科学版)1981年第3期。
④ 伍仕谦:《读〈史记〉札记》,《四川大学学报》1981年第2期。
⑤ 何汉文:《嬴秦人起源于东方和西迁情况初探》,《求索》1981年第4期。
⑥ 段连勤:《关于夷族的西迁和秦嬴的起源地、族属问题》,《人文杂志》1982年增刊《先秦史论文集》。
⑦ 高福洪:《秦人族源刍议》,《内蒙古师院学报》(哲学社会科学版)1982年第3期。
⑧ 刘庆柱:《试论秦之渊源》,《人文杂志》1982年增刊《先秦史论文集》。
⑨ 何光岳:《秦赵源流史》,江西教育出版社1994年版。
⑩ 韩伟:《关于秦人族属及文化渊源管见》,《文物》1986年第4期。
⑪ 严宾:《秦人发祥地刍论》,《河北学刊》1987年第6期。
⑫ 赵化成:《寻找秦文化渊源的新线索》,《文博》1987年第1期。
⑬ 李江浙:《秦人起源范县说》,《民族研究》1988年第4期。
⑭ 常青:《秦文化渊源初探》,《北京大学研究生学刊》1998年第1期。
⑮ 林剑鸣:《秦史稿》,上海人民出版社1981年版。
⑯ 马非百:《秦集史》,中华书局1982年版。

式，表示作者的观点和意见。《秦集史》虽系未完成之作，但全书资料翔实，考证多有创见，并吸收了云梦秦简、秦陵兵马俑等新的考古资料，因而该书是一部极具参考价值的秦史专著。

尽管从20世纪80年代前后开始，对秦早期历史文化的研究步伐大为加快，但就整体而言，仍处于缓慢发展和奠定基础阶段。

（三）秦早期历史文化研究的新阶段

从20世纪90年代开始，秦文化研究不仅成果迭出，而且渐成秦史研究的热点。就成果数量而言，不到20年时间的成果超过了前80年的总和；就研究内容而言，几乎涉及秦早期历史与文化的各个方面；就研究领域而言，扩展到风俗、鬼神信仰、音乐、文学、价值观念等以前无人涉及的方面；就研究方法和手段而言，除了传统的文献考据法之外，考古学方法、文化类型学方法、历史地理学方法、民俗学方法等被广泛运用于研究之中。

第一，一批重要的秦早期文化遗址与文物的发现，主要有陕西秦公大墓、[①] 边家庄、[②] 塔儿坡[③]等遗址的发现；甘肃天水地区毛家坪和董家坪遗址、[④] 放马滩秦墓、[⑤] 清水县刘坪遗址、[⑥] 张家川马家原遗址等的发现；[⑦] 西汉水上游礼县大堡子山秦公陵园遗址、[⑧] 圆顶山贵族墓地[⑨]以及

[①] 韩伟、焦南峰：《秦都雍城考古发掘研究综述》，《考古与文物》1988年第5、6期合刊。
[②] 尹盛平、张天恩：《陕西陇县边家庄一号春秋墓》，《考古与文物》1986年第6期。
[③] 咸阳市文物考古研究所编著：《塔儿坡秦墓》第五章，三秦出版社1998年版。
[④] 甘肃省文物工作队、北京大学考古学系：《甘肃甘谷毛家坪遗址发掘报告》，《考古学报》1987年第3期。
[⑤] 甘肃省文物考古研究所、天水市北道区文化馆：《甘肃天水放马滩战国秦汉墓群的发掘》，《文物》1989年第2期。
[⑥] 李晓青、南宝生：《甘肃清水县刘坪近年发现的北方系青铜器及金饰片》，《文物》2003年第7期。
[⑦] 甘肃省文物考古研究所、张家川回族自治县博物馆：《2006年甘肃张家川回族自治县马家源战国墓地发掘简报》，《文物》2008年第9期。
[⑧] 早期秦文化联合考古队：《2006年甘肃礼县大堡子山祭祀遗址发掘简报》，《文物》2008年第11期。
[⑨] 甘肃省文物考古研究所、礼县博物馆：《甘肃礼县圆顶山98LDM2、2000LDM4春秋秦墓》，《文物》2005年第21期。

西山、鸾顶山遗址的发现。① 这些重要的考古发现和大量文物的出土，不仅提供了前所未有的秦早期历史与文化的实物资料，而且，秦早期文化遗址集中在秦人早期活动的核心地域天水一带发现，这本身就是一个重大突破。使备受人们怀疑与争论的《史记》所载秦人早期历史有了坚实的考古学依据和实物资料支撑；也使扑朔迷离的秦人早期发展历史的客观存在得到落实；秦早期历史及其文化研究也在秦史研究中拥有了自己的一席之地。所有这些，客观上为秦早期历史与文化研究的深入和新突破提供了良好的条件。

第二，成立专门的学术组织，形成固定的研究阵地。陕西作为秦人长期活动、崛起和建都之地，研究秦史具有得天独厚的条件。1990年，由陕西从事秦文化研究的史学、艺术、文博、考古工作者联合成立了"秦文化研究会"，这一学术团体以组织秦文化的研究和学术交流活动，加强与省际、国际的交流合作，出版秦文化研究的书刊、资料为主要任务。与此同时，研究会又编印出版了连续性书刊《秦文化论丛》，至今已出版13辑。《考古与文物》《文博》《西北大学学报》《陕西师范大学学报》《西安财经学院学报》（现更名为《陕西财经大学学报》）等学术期刊，都辟有秦文化研究的专栏，从而使秦史研究和秦早期历史文化的研究有了阵地与平台。2005年秦文化研究会与西北大学、天水师范学院在秦人故里天水联合举办秦文化研讨会，主要对秦早期历史与文化进行了探讨，并将研讨会论文结集为《早期秦文化研究》一书出版。② 此外，还有中国先秦史、秦汉史学会等学术团体，以及秦汉史学会编印的《秦汉史论丛》连续性书刊，也比较多地开展了对秦早期历史的研究。这些团体与书刊的出现，再加上全国各地的其他学术组织与个人以及相关的学术刊物的加盟，使秦史研究包括秦早期历史与文化的研究，进入了一个有组织、有计划、研究力量趋向整合的发展阶段。

第三，综合研究成果迭出。对秦早期历史与文化的研究，考古资料具有举足轻重的地位，也正是借助考古学资料才有了秦早期历史与文

---

① 甘肃省文物考古研究所、中国国家博物馆、北京大学考古文博学院、陕西省考古研究所、西北大学文博学院：《西汉水上游考古调查报告》，文物出版社2007年版。
② 徐卫民、雍际春主编：《早期秦文化研究》，三秦出版社2006年版。

这一研究领域。本阶段研究工作的快速发展主要得益于一批新的考古资料的发现。因此，本阶段研究的一个显著特点就是综合研究既推出了一批优秀学术成果，而且也促进了研究向纵深发展。一是学者们将文献史料与考古资料、民俗资料、古文字研究相结合，在一些秦早期历史的基本问题上，如对秦人、秦文化东来说与西来说的研究在资料和考证方面更加充实，特别是在二元对立之外，黄留珠又提出了"源于东而兴于西"的秦文化二源说，[①] 这无疑为打开这一问题争论的僵局和新的突破带来希望。二是考古学界经过长期不遗余力的田野调查和认真研究，取得一大批考古成果和学术成果，并通过秦早期墓葬、青铜器、秦系文字等方面的研究，初步构建起了秦早期史的历史编年，为早期历史与文化的研究奠定了坚实的资料基础和年代基础。三是许多领域取得新的成果和突破，如在秦人西迁、秦与嬴姓诸国的关系、秦人与秦文化起源的关系与异同、秦文化形成的时间、秦文化渊源与邻近地区考古学文化的关系、秦文化与周文化及西戎文化的关系、嬴秦称谓本义及"秦""秦夷""戍秦人"问题、秦早期都城等方面的探讨，或对老问题有了新的认识和看法，或发掘了新材料，提出了新见解，或填补了空白，或开拓了新的领域。

第四，出版了一批高质量的学术专著。随着对秦早期历史与文化关注的升温和研究的不断深入，近十多年来一些研究秦史或秦早期历史的学术专著相继问世。杨东晨《秦人秘史》[②] 一书虽然是秦史著作，但用四个章节的篇幅从东西方两大部落集团的融合与嬴姓族的发展入手，对秦之先祖、嬴姓诸国的兴亡与复立、秦政权的草创等问题，通过大量考古与民俗材料进行了深入探讨。何光岳《秦赵源流史》[③] 从民族源流的角度对秦早期历史作了别开生面的深入研究。王学理、尚志儒、呼林贵等《秦物质文化史》[④] 则从考古学文化的角度，全面论述了秦人在物质文化方面取得的成就，不少内容涉及秦早期历史与文化。樊志民《秦农业历

---

① 黄留珠：《秦文化二源说》，《西北大学学报》1995年第3期。
② 杨东晨：《秦人秘史》，陕西人民教育出版社1991年版。
③ 何光岳：《秦赵源流史》，江西教育出版社1994年版。
④ 王学理、尚志儒、呼林贵等著，陕西省考古研究所秦汉研究室编：《秦物质文化史》，三秦出版社1994年版。

史研究》①则从农业史专题的角度，探讨了秦人从西垂立国前后到秦统一的农业发展，对秦早期农业的发展也进行了深入研究，并有专章进行论述。徐卫民《秦都城研究》对秦早期都城有专门论述。②陈平《关陇文化与嬴秦文明》③是"早期中国文明丛书"中的一种，对从关陇远古文化到有秦一代的文明多有详尽的论述。书中以先西垂的嬴秦文明和西垂前期、西垂后期的陇上秦文化为题，对秦早期文化进行了探讨。王学理、梁云《秦文化》④一书从考古学文化角度，对秦文化考古工作进展和秦文化研究进行了论述和研究。滕铭予《秦文化：从封国到帝国的考古学观察》一书，⑤主要依据考古资料，对秦人从起源到统一的历史与文化进行了深入研究，其中，有专章论及秦早期文化的起源与发展。所论令人耳目一新。以这些著作为代表，秦史秦文化研究显示出勃兴的势头。

值得一提的是继马非百《秦集史》之后，王蘧常老先生积 50 年之功所撰《秦史》一书于 2000 年出版。⑥作者以补正史独缺秦史之志，按古史体例，分纪、表、考、传全面记述了秦人从起源至秦朝灭亡的历史。其中"纪"又分为"世纪"和"本纪"；"考"类似正史的"志"。全书共 53 卷，"表"与"考"共 13 卷，有 8 卷仅有目而无文，其中，"表"缺 3 卷，"考"缺 5 卷，又残 1 卷。该书虽为未完成之作，但老先生广搜博引，探微发幽，尤重史证，详注文献出处，是一部资料和学术价值兼备的专著。

第五，秦人故里高度重视早期秦史与秦文化研究，研究成果相继问世。甘肃天水、礼县一带秦早期文化遗址陆续发现，引起了地方政府对秦文化研究的关注，也吸引当地高校学者和文博工作者立足区位优势对秦早期文化的探索。天水市作为中国历史文化名城，提出以"五大文化"为其古代文化的代表，其中就有秦早期文化。天水市政府组织编写的"天水历史文化丛书"中对秦早期文化有专门论述。天水学者雒江生《秦

---

① 樊志民：《秦农业历史研究》，三秦出版社 1997 年版。
② 徐卫民：《秦都城研究》，陕西人民教育出版社 2000 年版。
③ 陈平：《关陇文化与嬴秦文明》，江苏教育出版社 2005 年版。
④ 王学理、梁云：《秦文化》，文物出版社 2001 年版。
⑤ 滕铭予：《秦文化：从封国到帝国的考古学观察》，学苑出版社 2002 年版。
⑥ 王蘧常：《秦史》，上海古籍出版社 2000 年版。

国名考》一文对"秦"之本义为禾（即谷子）和作为秦国名的来历作了翔实考证。① 雍际春《嬴秦故园——天水秦文化寻踪》一书，② 作为专门探讨秦早期历史文化的著作，通俗而概要地对秦人早期历史、天水一带秦早期文化遗址与文物作了论述与介绍，并从礼制、建筑、金属铸造、丧葬、信仰宗教、音乐、文学、民俗等方面对秦早期文化及其特点进行了概括和论述。徐日辉《秦早期发展史》系统而全面地对秦早期历史进行了探讨，③ 内容涉及秦人族源与西迁、秦嬴的确立与都邑、秦的扩张与建国、秦与西戎的关系、秦早期的军事、政治、经济与文化等。

秦西垂所在地礼县也非常重视秦早期文化的研究，成立秦西垂文化研究会，编印《秦西垂文化论集》和《秦西垂陵区》两书。④ 前者为资料汇编，将近百年来我国学术界有关秦早期历史与文化研究的主要论文、核心文献史料汇集于一书，并按族源争鸣、西垂发祥、都陵研究、器铭考释、发掘纪实分类排列。后者为秦西垂陵区出土秦早期主要器物的彩印图录，收录了大堡子山、圆顶山和礼县境内所出秦文化相关器物的照片，并标明器物尺寸。书前收有曾长期在礼县工作过的学者祝中熹为图版所写的介绍——《秦西垂陵区》一文，对大堡子山秦公陵园和圆顶山秦贵族墓地出土器物进行了详细介绍，并将自己对嬴秦与西垂的学术研究与见解融入其中。这两本资料性的图书，为人们了解和进一步研究秦早期文化提供了极大方便。祝中熹还撰写了《早期秦史》一书，⑤ 分族源、西迁、都邑、邻交、崛起、遗存六篇，对鸟图腾与阳鸟部族的形成、部族迁徙与嬴秦西迁、早期都邑与西垂地望、秦嬴与殷商、西周、西北诸戎的关系、西垂创业与部族崛起、西垂陵区与重要器物等问题，都进行了深入研究。陇南市西和县文博工作者陈泽《西垂文化研究》一书，⑥ 主要对秦公簋铭文及器主与时代、秦早期都邑与庙畤陵墓、秦人西垂文

---

① 雒江生：《秦国名考》，载《文史》第三十八辑，中华书局1994年版。
② 雍际春：《嬴秦故园——秦早期文化寻踪》，甘肃人民出版社2000年版。
③ 徐日辉：《秦早期发展史》，中国科学文化出版社2003年版。
④ 礼县秦西垂文化研究会、礼县博物馆：《秦西垂文化论集》，文物出版社2005年版；《秦西垂陵区》，文物出版社2004年版。
⑤ 祝中熹：《早期秦史》，敦煌文艺出版社2004年版。
⑥ 陈泽：《西垂文化研究》，五洲文明出版社2005年版。

化进行了研究，旁及秦公钟、秦子钟、格伯簋铭文考订和秦金石文字序列的研究。其对秦公簋铭文的重新考释和定器主为秦襄公的考订，独树一帜，该成果得到有关学者的认可，曾先期刊于北京大学《古代文明研究通讯》。

上述研究和成果，标志着对秦早期历史与文化进行全面系统的梳理与研究，进而构建其解释体系和总结式著述的条件已初步具备。

二 秦早期历史及其文化研究的主要收获

我们今天从事秦早期历史与文化的研究，拥有比古人甚至20世纪前半期学者优越得多的条件和优势，这一方面是因为大批考古资料与文物的发现与出土，使秦早期历史与文化的研究成为可能；另一方面，近20多年来学术界一大批研究成果的问世，也为秦早期历史与文化的研究奠定了坚实的学术基础。纵观自20世纪以来的秦早期历史与文化研究，其主要收获有以下几个方面。

（一）秦早期历史研究的基础资料建设成果辉煌

在秦史研究中，对秦早期历史研究的特殊之处就在于其基本内容与面貌特征，主要依赖于考古发现与出土文物。所以在很大程度上可以说是考古重大发现和研究，催生和开辟了秦早期历史与文化研究这一学术领域。因而，秦早期历史与文化的研究与深入，是与考古学的重大发现及研究相同步的。如前所述，在关中一带商周时期秦文化重要遗址与秦文化类型的确认和众多中小型秦墓的发现；甘肃天水一带渭河上游、西汉水上游礼县等地秦墓及重要文物的出土，既使《史记》所载秦人早期在关陇一带活动崛起的简略史实得以确认，而且大大补充了许多史料未曾记载的内容和历史细节。

另外，以马非百《秦集史》、王蘧常《秦史》为代表的秦早期历史史料建设，包括其他大量专著、论文对秦早期史料的挖掘；以顾颉刚为代表的的学者从神话、考古、民俗资料中对秦人早期起源、嬴姓起源、鸟图腾、东夷文化资料的整理研究；以林剑鸣为代表的学者对秦早期历史体系的构建；以段连勤等为代表的学者对秦人西迁与起源历史的研究与资料揭示；以叶小燕等为代表的学者对秦人早期墓葬的研究与文化编年序列的建立；以俞伟超为代表的学者关于秦与西戎文化关系的研究与史料整理；以李江浙等为代表的学者关于秦人在中原活动的揭示；以李学勤为代表的学者关于秦青铜器的考释；以徐卫民为代表的学者关于秦人都邑墓葬的研究等，从不同的侧面和角度对秦早期历史的研究及其资料挖掘，都取得了可喜的收获。

这些秦早期文化遗址与文物的大量问世，多角度、全方位进行学术研究和资料挖掘，初步完成了秦早期历史研究的资料建设工作，这标志着一个全面而系统、综合而科学地开展秦早期历史与文化研究的时代业已到来。

（二）秦早期历史的基本线索和年代序列初步建立

长期以来，学术界对于秦早期历史特别是对中潏以前的秦人历史的研究与论述，仅停留在伯益之后真伪的辨别和争论上。近20多年来的重要考古发现和学术研究，通过考古文化类型系列、文化类型、墓葬时代系列、青铜器编年、秦系文字等方面的研究和序列确认，初步建立了秦早期历史与文化的年代序列，秦早期历史的发展线索已基本清晰。如关于秦人族源尽管还存在东来说与西来说等这样那样的争论，关于秦早期文化也有源于商周文化、周文化与西戎文化的不同认识，但是，关于这些问题的基本资料和内容线索已大致搜罗毕集。如关于秦人西迁与进入陇右的时间，尽管存在迁移次数多少的争论，但商末周初秦人已到陇右的认识已基本成为共识。如关于秦人商周以来的早期活动及其线索，从关中到陇右无论是文献记载还是考古资料已大都得以揭示。于是，将上述资料与文献史料相结合，秦早期历史与文化的年代序列与发展线索便比较完整地显现出来。

（三）秦早期文化的研究受到高度关注

秦人历史从商末中潏算起至秦朝灭亡，前后至少800多年，这一时期，正是中华上古文明快速发展，思想文化领域由百花齐放的轴心时代向整合一统过渡的时代。在这一进程中，秦人及秦文化无疑发挥了关键作用。因而，不论是就秦人自身文化的发展而言，还是从中华文化的整合再造而言，探讨和揭示秦文化的来源、形成、内涵和特点，都是至关重要又饶有兴味的课题。所以，伴随秦人早期历史资料的不断发现和研究的深入，学术界对秦早期文化的研究和关注就成为必然。近20多年来，在秦早期文化的研究中，学者们通过考古材料和史料的结合，在文化来源、形成时间，文化成分、基本面貌和文化特征等方面，进行了广泛深入的研究和争鸣。虽然对这些问题的认识目前还不一致，但是，涉及秦早期文化的基本材料和线索都已被整理和挖掘出来，秦早期文化在秦文化和中华文化发展中的重要性也普遍受到人们的高度重视。秦文化与东夷文化、秦文化与商周文化、秦文化与西戎文化的关系，秦文化与中国传统文化的关系，秦文化在宗教信仰、价值观念、丧葬习俗、文学艺术、秦系文字等方面的研究也都取得不少的进展。

（四）研究内容、领域空前拓展，研究方法趋向多元

秦早期历史与文化的研究有赖于考古发掘与研究，而考古发掘与研究不仅推动了秦早期历史与文化的研究，而且也极大地为多学科开展综合研究和拓展研究领域提供了方便。在研究方法上，除了传统的文献考据法之外，考古学的文化类型学方法、考古学文化的方法、年代学和编年的方法、器物组合的方法等已广泛地运用于研究之中；还有文字学方法、器形学方法、民族学方法、历史地理学方法、历史比较法、民俗学方法等多方法的运用与综合研究，开创了秦早期历史与文化研究的新局面。从研究内容与领域来看，一方面，借助考古资料和民俗资料，对秦人早期历史的研究从一般由商周开始而上溯到夏初甚至更早；对许多问题的探讨已突破线性的粗线条论述，而进入到微观的多角度深入研究。另一方面，以前较少涉及或没有触及的一些内容和领域，如秦早期科技与金属铸造、秦早期艺术、秦早期物质文化的发展、葬俗葬仪、建筑、都城、音乐等内容与领域的拓展和深化，将秦早期历史与文化的研究推向新的高度。

三　反思与展望

纵观近百年来的秦早期历史研究，一方面可以说对于秦早期历史的

研究不仅从无到有，而且成绩斐然。但另一方面，也应看到，学术界关于秦早期历史与文化的研究也还存在不少的问题与不足，这既有研究时间不长、资料不足等客观原因，也有方法、观念和理论研究滞后的欠缺，归纳起来，主要有以下四个方面的问题。

（一）对秦早期文化的内部结构和层次关系研究不够

伴随秦早期历史研究的不断深化，近年来对秦早期文化的研究也渐成高潮，取得可喜的收获。然而，已有的研究多侧重于秦文化来源、特点和诸要素的探讨，而于这些问题的进一步深化，特别是关于秦早期文化的内部结构如文化的各种来源中，何为其固有成分的传承与保留，何为外来因素，何为吸收与融合基础上的创新等问题，则注意不够或鲜有涉足。对于秦文化内部的结构层次及其相互关系的研究可以说至今还很薄弱。而这些问题，无论对于秦文化的研究还是中国传统文化的形成研究，都是至关重要而不可或缺的。

（二）对秦早期文化发展的理论建构和逻辑体系尚待加强

由于起步较晚和研究分散等原因，在秦早期文化研究中存在着理论研究滞后、逻辑解释体系尚待确立等问题。历史研究离不开史学理论的指导，而具体的断代史或专题史的研究，也同样需要与之相关的理论建构与逻辑解释体系，对于新开拓的秦早期文化研究则尤其如此。所以，在秦早期文化研究中，就不可避免地存在着对同一问题有截然不同的认识，对同一史料得出完全相反的结论；甚至对同一问题的讨论不仅着眼点不同，而且自说自话，互不搭界。这种研究与争论，固然有助于研究的深化，但毕竟有隔靴搔痒之嫌。之所以有这样的问题，正是理论研究滞后的表现。因此，对秦早期文化研究的深入与突破，首先应在理论研究和逻辑解释体系上要有建树和突破。

（三）对秦早期文化本质特征的认识有待提高

历史发展与文化的演进，既是连续的，也有转型。而每一次转型与扬弃，又必然是在已有基础之上的跃进和创新。秦人特殊的历史和发展道路，以及独具魅力与特色的文化，历史地完成了国家一统和文化的整合。从这一角度出发，探索和揭示秦文化的丰富内涵与本质特征，无疑是理解秦人崛起和探索中华一统的关键与核心所在。然而，时至今日，人们对秦早期文化的具体内涵与本质特征的研究，既关注不够又少有成果问世。

（四）观念认识尚需统一和提高

在秦早期历史与文化的研究中，曾长期流行着一种观点，就是秦人在东入关中之前，尚处于非常落后的状态，其文化的形成与发展主要是在东入关中以后。这一占统治地位的流行观点，既有史料缺乏的限制，更有长期以来惯性思维和固有观念的束缚。而当陇右毛家坪遗址、大堡子山秦墓遗址等一批考古重大发现问世之后，仍然有一部分学者或低估其价值，或视而不见，或作出误释误判，致使在对秦人早期的西迁历史及活动地域、都邑地望、文化来源等一系列问题的探讨上，长期处于两种或多种观点相互牴牾和聚讼纷纭的状态。这种局面在很大程度上就是由人们对秦人早期历史与文化的基本认识存在明显差异所致。因而，要深化和进一步推动秦早期历史与文化的研究，一个非常急迫和核心的问题，就是必须提高和统一对秦人早期历史与文化的基本认识，进一步解放思想，排除传统观念与思维模式的干扰与束缚。我们对秦早期历史与文化的研究，既要从秦人崛起发展的整体进程中去把握和研究，又要将秦早期历史与文化置于其所处的历史长河中进行考察与探索，还应该以科学的理论与方法为指导，科学地、辩证地从多角度、多层面和全方位开展研究。唯其如此，才能开创秦早期历史与文化研究的新局面。

（五）研究范围和视野尚需进一步拓展

秦人起源"东来说"与"西来说"是一个研究秦早期历史以及文化来源首先需要解决的问题，两种观点的对立与辩难，都需要进一步从考古和史料中挖掘新线索、新证据加以充实和拓展。如从"东来说"而言，认为秦人族出东夷，嬴姓起源、鸟图腾、秦人远祖少昊、颛顼等都出自东夷部族等，这些基本认识主要来自对上古古史传说资料研究的成果，坚持"西来说"者对此多持否定态度，认为不足征信。那么，上述认识要得到"西来说"者的认可，就需要另辟蹊径，只有从新石器时代以来东夷文化的演进过程中找到与秦人先祖有关的可信资料并加以合乎逻辑的解释，舍此别无他途。这方面在杨东晨、陈平等人的研究中已经有所体现，还需进行更为广泛的研究、甄别和解构。所以，只要将秦人如何起源、秦人如何西迁等问题的探究与东夷考古研究结合起来，随着我们对东夷文化中秦文化的寻踪、区分和揭示都会迎刃而解。

近几年来，一方面随着天水地区一批秦人早期文化遗址的发掘，特别是清水县刘坪出土北方草原系青铜器和金饰片，张家川回族自治县马家塬战国墓地发现的大量墓葬和精美文物，反映出秦文化、西戎文化和北方草原文化呈并存状态。这些以前未曾有过的现象和文物的出土启示我们，对于秦人起源和秦文化的兴起，应该置于更为宽广的视野下加以审视和探讨。另一方面，朱学渊提出"秦始皇是说蒙古话的女真人"；①孙新周依据岩画、鹿石资料、语言学知识与文献史料相结合，提出秦人是与斯基泰（塞种）人有姻亲关系的东夷人的新观点；②叶舒宪在其新著《熊图腾：中华祖先神话探源》一书中，有专篇《秦人崇拜熊吗——中原通古斯人假说与秦文化源流》，认为秦人是具有通古斯血缘和熊图腾与鸟图腾合一的东夷族。③这些见解振聋发聩，令人耳目一新。不论他们的观点是否成立，他们宽广的视域和多角度对秦人早期历史进行探微的方法无疑极富建设性，也预示着只有在充分考虑远古部族大流动、文化大交流的背景下，大范围、多角度、综合性地开展秦早期历史研究，才能有所突破和超越。

回顾秦早期历史与文化研究所取得的巨大成绩，反思研究中存在的不足与问题，我们深切地体会到，一方面，已有的成果与收获，为今后秦早期历史与文化的研究奠定了良好而坚实的基础，为秦早期历史和早期文化的研究的整合与集成作了必要而又较为扎实的准备。另一方面，我们也应看到，加强理论研究，改变思维模式与固有观念，构建秦早期

---

① 朱学渊：《秦始皇是说蒙古话的女真人》，华东师范大学出版社2008年版，第59—61页。

② 参见孙新周《岩画·鹿石·嬴秦民族寻根》，《天津师范大学学报》（社会科学版）2007年第4期。

③ 参见叶舒宪《熊图腾：中华祖先神话探源》，上海锦绣文章出版社2007年版，第155—200页。

历史与文化的研究的解释体系与逻辑体系，采用多学科研究的科学方法，进一步拓展研究范围与视野，开展多角度、全方位的综合研究，是深化秦早期历史与文化研究的突破口所在。朱学渊等人对秦早期历史的研究，既超越了单纯的东、西之争，又进一步证实秦人最初兴起于东夷；同时，更重要的是这些研究为我们更加深入地探讨秦人起源，提供了许多新的线索、新的视角和新的话题，启示我们探讨秦人起源不仅要关注东夷和西戎，还需要将北方和西北草原民族纳入视野；必须在更为广阔的空间和更为复杂的部族关系中，在上起尧舜下至春秋的长时段内，通过综合研究和全息判断去审视秦人起源和早期历史，秦早期历史与文化的研究就有可能进入全新的境界。

（原刊《社会科学评论》2009 年第 4 期）

近百年来关于秦文化研究的回顾

近代以来，秦文化概念的提出和秦文化研究的开展，发端于考古新材料的发现和对秦史问题的新探讨。从20世纪初王国维对秦都城和"秦公簋"器铭的研究和考释，蒙文通、卫聚贤等人关于秦民族源流的探赜，到30年代前国立北平研究院组成陕西考古调查队，对西安、咸阳一带的秦城址如阿房宫、犬丘、雍城等遗址进行的勘察，特别是从1934—1937年，苏秉琦先生等三次发掘了宝鸡斗鸡台沟东区周、秦、汉墓葬，不仅获得一批珍贵的资料，而且经过对器物形态学和工艺学的研究，对墓葬葬俗制度的考察，第一次将秦文化从周文化和汉文化中单独区分出来。[①] 虽然其时并未指明这就是秦文化，但毕竟是从周文化和汉文化中，划分出一种新的文化形态，现代意义上的秦早期历史及其文化的研究，正是由此起步的。

新中国成立后，20世纪50年代中国科学院考古研究所对陕西长安县客省庄东周墓、西安半坡战国墓、宝鸡李家崖等墓葬的发掘和将这类墓葬确定为秦国墓葬，人们已基本上将屈肢葬式、西向墓和随葬品中的铲形袋足鬲看作是秦文化的墓葬特征。60年代以来，秦文化考古进入丰收期，如对秦都雍城、咸阳、栎阳以及阿房宫遗址，郑国渠渠首遗址，都江堰遗址，灵渠遗址和一大批秦代中小型墓葬的发掘，特别是秦始皇帝陵兵马俑的出土，湖北云梦睡虎地秦简、四川青川秦木牍、陕西凤翔秦公大墓的出土和发掘等一系列重大考古发现，大大拓展和深化了秦史研究的领域与内容。进入80年代，开始了对秦文化整体面貌的系统研究和

---

① 苏秉琦：《苏秉琦考古学论述选集》，文物出版社1984年版，第112页。

探讨,逐步建立起秦文化的标尺系列。特别是1981年北京大学考古系对甘肃省甘谷县毛家坪遗址的考古发掘,将秦文化考古由春秋战国上推到西周时期,从而揭开了对秦人族属和文化渊源讨论的新篇章。接着,90年代甘肃礼县大堡子山秦公墓葬的被盗和清理发掘,礼县圆顶山秦人春秋贵族墓葬的发掘和大批精美青铜器、车马坑的出土,为探索秦人的早期历史发展和文化创造活动提供了坚实的考古资料基础。2004年甘肃省文物考古研究所、陕西省考古研究院、中国国家博物馆考古部、北京大学考古文博学院和西北大学考古文博学院5家机构联合启动了早期秦文化调查、发掘与研究课题。在长达10年之久的系统考古调查和发掘中,先后对礼县西汉水上游、清水县和张家川县牛头河流域进行了考古调查,发现前者有38处,后者31处以秦人早期文化为主的遗址,并对礼县西山遗址与城址、鸾亭山祭天遗址、大堡子山城址及建筑基址与乐器坑进行了发掘;对清水县李崖西周中期秦贵族墓葬遗址、甘谷县毛家坪墓葬遗址进行了系统的发掘。这些重大发现和大批文物的出土,为我们探讨秦人早期历史和文化的形成,提供了丰富的第一手资料,秦文化研究也由此成为一个学术热点,并取得可喜的成果,从而开启了科学揭示秦文化的新阶段。

然而,由于秦人在古国之前的起源既漫长又复杂,而其西迁过程又曲折迷离,加之文献记载简略,因而对秦文化的讨论,就必须借助考古材料才能有所突破。但是,由于学者各自对于文献与考古材料的认知不同,自然存在不同的观点和争议,这主要集中在秦文化概念、文化来源、文化形成时间和文化特点及其成因等几个既相互交织又互相联系的问题上。

一 关于秦文化概念的讨论

自20世纪30年代苏秉琦在整理斗鸡台沟东区墓葬时,就敏锐地意识到屈肢葬墓可能是不同于周文化和汉文化的"一支早已华化的外族文化"之后,1946年,陈秀云发表《秦族考》一文[①],有专节探讨"秦文化之

---

① 《文理学报》1946年第一卷第2期。

构成"。作者认为秦文化原是"承袭夏、商、周以来的文化，构成略有地方色彩而富有中原气息的'中国本位'文化"。这是首次论及秦文化的构成并提出了"秦文化"概念，但那时并没有对秦文化这一概念作出明确的解释。

明确提出秦文化概念并开展研究，大约是20世纪80年代以来才开始的。林剑鸣《从秦人价值观看秦文化的特点》[①]一文最早从价值观角度对秦文化特点进行了探讨。黄留珠《秦文化概说》[②]一文认为：秦文化，具体指秦族（即建国前的秦人）、秦国和秦朝文化。就秦族、秦国文化而言，它们是中国的一种地域文化；就秦朝文化来看，它则远远超出了中国地域文化的范围，是统治整个中国的文化，亦即中国文化。何清谷亦认为秦文化是指秦国和秦朝统治时期的境内文化，包括统治民族和被征服民族的文化以及相互吸收、融合、同化，并在此基础上形成的文化[③]。葛剑雄在《移民与秦文化》[④]指出，对秦人历史和文化进行具体研究或论述时必须区别其不同的时间或空间界限，秦文化可概括划分为四种含义：以文化的载体为划分的"秦人文化"；以文化的地域范围划分的"秦国文化"；在秦朝的疆域内存在过的是"秦朝文化"，可以看成华夏各族和居于秦长城以南的戎、狄、羌、氐、蛮、夷、越等各族文化的总和；"秦地文化"是指在秦地存在的文化。这些讨论为此后人们对秦文化概念的探讨奠定了基础。

对秦文化的讨论是伴随考古新发现而展开的。王学礼、尚志儒、呼林贵所著《秦物质文化史》[⑤]一书认为：秦文化"是秦人在其特定的历史环境中所产生的共同区域文化"。王学礼、梁云又在《秦文化》[⑥]一书中进一步将秦文化表述为："指存在于一定时间、分布于一定空间，主要由秦族秦人及相关人群创造和使用的有自身特点的考古学文化遗存。它包括目前发现的遗迹和遗物的总和及其所反映的物质和精神两方面的内

---

① 《历史研究》1987年第3期。
② 《秦文化史论丛》第一辑，西北大学出版社1993年版。
③ 《嬴秦族西迁考》，载《秦文化论丛》第一集，西北大学出版社1993年版。
④ 《秦文化论丛》第三辑，西北大学出版社1994年版。
⑤ 三秦出版社1994年版，第3页。
⑥ 文物出版社2001年版，第3页。

容。"这种基于考古学层面的表述和界定,实际言说的是一种地缘文化。为了寻求突破,梁云《秦文化的发现、研究和反思》①一文提出界定秦文化的首要标准是文化特征,而非时间、空间、国别。实际上,我们考察和探索秦文化,既要有时间观念,又要有空间意识,还要把握"秦人"的本质含义和文化的来源。时间、空间、国别(族体)和文化特征,再加上文化起源均应是界定秦文化必须关注的要素。

随着讨论的深入,人们又提出秦早期文化概念,黄留珠《进入21世纪以来的早秦文化研究》(《社会科学评论》2007年第1期)认为所谓早秦文化,一般是指襄公始国前的秦文化。或以秦人都邑为准,指文公迁都汧渭之会前(即公元前762年之前)的秦文化。雍际春《秦文化与秦早期文化概念新探》②认为,秦早期文化就是指秦人经过漫长的起源而形成自为的民族之后,由其在陇右天水地区创造和发展起来的本族文化。从广义而言,所谓秦文化,就是指伴随秦人兴起、建国和统一的过程,而由其创造、发展并不断得到扩充的物质文化与精神文化的总和。这一文化从性质上看,它有一个从由地域文化上升为大一统的国家文化再降为地域文化的演变过程。从时间上划分,则有秦早期文化、秦国文化、秦朝文化和秦地文化之分。从空间上分析,又有天水秦文化、秦国文化、秦朝文化和秦地文化之别,其中,除了秦朝文化外,其余三者均属地域文化。赵东《秦文化与秦文化余续渊流——广义上的秦文化再审视》,③陈斯雅、王东《综论早期秦文化的发现与研究》,④亦赞同这一概念,赵东又进一步认为秦文化的内涵还应该更广泛些。从更广义上看,秦文化应该是"秦"及与"秦"相关的文化的总和。

二 关于秦文化来源的讨论

由于秦人历史的特殊性,学者们对秦文化的探讨大多是从论述秦人

---

① 《中国历史博物馆馆刊》2000年第2期。
② 《西安财经学院学报》2007年第4期。
③ 《西安财经学院学报》2012年第3期。
④ 《西安财经学院学报》2014年第1期。

族属族源引出的。学者们将文献记载与考古发掘相结合，通过文化来源、文化要素或考古类型学等多角度展开研究，概括起来主要有一源说、二源说和多源说三种观点。

一源说大致认为秦文化源于夏商周文化，也就是说秦文化来源于华夏文化。但持这一观点的学者在具体看法上还是有差异，或认为秦文化源于夏商周，或源于夏商，或源于商周，或源于先周文化，或源于周文化。黄灼耀《论秦文化的渊源及其发展途径》①认为秦人从承袭周文化当中，把夏、殷文化遗产接过来。梁韦弦《秦的民族与文化及中国封建专制主义的形成》②和《秦文化及其影响》③认为至迟春秋时期秦人已经有了自觉的华夏民族意识和反映华夏族特点的思想观念，与中原华夏族使用同种语言文字，饮食服冠、宫室车舆等与中原华夏族基本一致，所居乃华夏民族的摇篮地之一。刘庆柱《试论秦之渊源》④指出，马家窑文化（甘肃仰韶文化）—齐家文化—辛店文化—春秋秦文化是秦文化的发展序列，它是"华夏文化"中的一支地方遗存。

主张秦文化源于商周文化的学者主要依据考古新材料立论。韩伟《关于秦人族属及文化渊源管见》⑤根据对考古材料的研究认为秦文化与殷周文化有着明显的继承关系，而与戎人文化距离较大。何汉《试论古代秦国的重要建树》⑥认为秦国文化吸取了和继承了商、周文化的一切基本要素。张天恩《试说秦西山陵区的相关问题》⑦通过对秦西山陵区和圆顶山墓地之位置选择、陵区特点、铜器、陶器等文化因素与周及诸侯国的比较分析，认为秦人在商代使用的是商文化及先周文化，在西周使用的则是周文化。也就是说秦文化先后主要受商、周文化的影响。康世荣《秦西垂文化的有关问题》⑧指出，1974 年曾在礼县城关镇西山雷神庙遗址出土商末遗物"亚字鼎"，至少能说明中潏保西垂时，商文化已经在这

---

① 《华南师院学报》1981 年第 3 期。
② 《人文杂志》1990 年第 4 期。
③ 《贵州社会科学》1989 年第 12 期。
④ 《人文杂志》1982 年增刊《先秦史论丛》。
⑤ 《文物》1986 年第 4 期。
⑥ 《历史教学》1987 年第 7 期。
⑦ 《考古与文物》2003 年第 3 期。
⑧ 《陇右文博》2002 年第 2 期。

里传播。

持秦文化源于周文化观点的学者中又有源于先周文化与周文化和源于周文化之别，也有学者还认为秦文化也吸收了六国文化的成分。牛世山《秦文化渊源与秦人起源探索》①通过对毛家坪西周时期五类秦文化遗存的主要文化因素分析认为，寺洼文化、辛店文化、刘家文化均与秦文化渊源无关。西周时期的秦文化与西周文化和先周文化的关系最为密切。从陶器的基本组合分析，秦文化应源于先周文化。刘军社《从考古遗存看早期周秦文化关系》②认为含有商文化因素的壹家堡类型文化一、二期遗存，相当于二里冈上层到殷墟一期之间，其主人就是早期秦人，该文化遗存就是早期秦文化。其一期遗存既有商文化因素，也受到先周文化影响，其二期遗存已完全周式化，故其文化面貌呈现出浓厚的周文化色彩。王辉《秦族源、秦文化与秦文字的时空界限》③认为秦文化吸收西周及六国文化，对之融合、整合，并根据秦国的实际加以发展，创造出富有秦国特色的全新型文化。

二源说观点主张秦文化源于周文化和西戎文化。持此种观点的学者在具体看法上也有差异。20世纪70年代，俞伟超《古代"西戎"和"羌""胡"考古学文化归属问题的探讨》④认为秦人是西戎的一支，但受周文化影响强烈，也可归入周文化这一大文化圈。侯毅《论秦文化的起源与发展》⑤认为，秦文化来源于中原商周和羌戎文化两个源头。黄留珠《秦文化二源说》⑥在调和秦文化东来与西来说的基础上，提出秦文化"源于东而兴于西"的"秦文化二元说"。认为秦文化有两个"源"，一曰"始发之源"，一曰"复兴之源"。秦人经历了一个漫长的由东而西的迁居过程，在迁居之后，深受西方戎人文化的影响，乃至被戎化，这样其复兴就不是以原有文化为基础，而是在"戎化"这一全新的起点上开

---

① 《考古》1996年第3期。
② 《考古与文物》2000年第5期。
③ 《秦俑博物馆开馆三十周年国际学术研讨会暨秦俑学第七届年会论文集》，三秦出版社2010年版。
④ 《先秦两汉考古学论文集》，文物出版社1985年版，第182页。
⑤ 《山西师大学报》1987年第3期。
⑥ 《西北大学学报》1995年第3期。

始的。这种复兴具有某种始发或曰再次起源的性质。刘雨涛《秦与华夏文化》①则提出秦文化源于戎狄文化，认为秦是西戎民族，其文化与华夏文化不同。秦统一中国，实际上是西戎民族进入中原并加入中华民族的伟大行列，同时也必然是西方戎狄文化传入，渗透到中原和对华夏文化的大破坏。

多源说观点主张秦文化来源东夷、西戎和商周文化。常青《秦文化渊源初探》，②认为秦族起源东方，而秦文化是在西方形成的。戴春阳《秦人·秦文化浅议》③主张秦人是东西两极在特定的历史条件下融汇组合的新的民族文化共同体。秦文化的内涵不仅是以东向直肢为代表的嬴秦宗室和以西向屈肢为代表的陇东土著的结合，而且还包括属于中原文化传统的"周余民"，因而，"秦人"是一个包含有多种文化成分的复合文化集团。汪勃、尹夏清《嬴秦族西迁对秦文化形成的作用》④主张秦文化是嬴姓氏族迁到陇东地区的这一支系列所创造的，可能包括东夷文化、甘青地区古文化、殷商文化、先周文化等。谷玉梅《秦人起源与早期秦文化特色》⑤认为秦文化以东夷文化为张本，成长历程中遭遇了舜禹华夏文化、夏文化、戎狄文化、商文化、西垂的戎文化、周文化等。田亚岐《早期秦文化多元因素逐步形成及其特征》⑥也认为秦文化先后受到商文化、先周文化和西迁诸地土著文化的影响，西周以后秦文化以商周文化为主体，并不断融入戎狄、吴、楚、巴蜀即北方古文化等多中心的文化因素而得到稳步发展。陈斯雅、王东《综论早期秦文化的发现与研究》⑦认为秦早期文化是东方商文化、东夷文化与西方周文化、西戎文化互动、融合的结果。

---

① 《孔子研究》1988 年第 2 期。
② 《北京大学研究生学刊》1988 年第 1 期。
③ 《西北史地》1991 年第 2 期。
④ 《文博》1993 年第 5 期。
⑤ 《管子研究》2014 年第 1 期。
⑥ 《秦俑博物馆开馆三十周年国际学术研讨会暨秦俑学第七届年会论文集》，三秦出版社 2010 年版。
⑦ 《西安财经学院学报》2014 年第 1 期。

三 关于秦文化形成的时间

关于秦文化形成的时间，是一个与秦人族体形成、秦人早期历史相交织的问题，对秦文化形成时间迟早的认定，也必然反映了研究者对秦人族体形成和早期历史的不同看法。学术界对此讨论较多，概括起来主要有春秋早期说、西周说和商末周初说三种观点，每种观点内部又有一些差异。

第一种观点认为秦文化形成于春秋早期。由于秦人早期史料比较匮乏，加之传统习惯思维的限制，对秦文化的形成时间在早期的研究中看法相对保守。黄灼耀《论秦文化的渊源及其发展途径》[①] 认为秦为诸侯后，其文化亦迅速发展，从文公时代起开始脱离蒙昧状况。翦伯赞《秦族的渊源与秦代封建专制主义国家的创立》[②] 认为在春秋初年，秦人进入关中因袭周族的文化遗产而勃然兴起。随着秦人早期考古资料的不断发现和研究的深入，秦文化形成于春秋早期说已被学界突破。

第二种观点认为秦文化形成于西周时期，具体又有西周早期或前期、西周时期、西周后期等差异。持西周早期或前期为秦文化形成期的观点，论者将嬴秦迁居天水、非子封秦建邑及其文化创造等结合起来。赵化成《寻找秦文化渊源的新线索》[③] 认为秦人早在商代末年已活动于甘肃东部，其文化年代上限可至西周早期。雍际春《论天水秦文化的形成及其特点》[④] 认为自中潏至非子八代秦人在天水地区的创业活动，使秦人摆脱困境，走向复兴，秦文化即由此产生。持秦文化形成于西周说者主要以天水地区发现的秦人早期考古遗址和文物立论。尚志儒《早期嬴秦西迁史迹的考察》[⑤] 认为，毛家坪发掘的西周秦墓的陶器组合、器形与同时期的西周同类器几乎没有区别；墓葬亦与春秋战国秦墓具有明显的继承关系，而且与陕西关中地区发掘的同类墓葬也完全相同，"这种情况说明秦文化

---

① 《华南师院学报》1981 年第 3 期。
② 《秦汉史》，北京大学出版社 1999 年版，第 1 页。
③ 《文博》1987 年第 1 期。
④ 《天水师范学院学报》2000 年第 4 期。
⑤ 《中国史研究》1990 年第 1 期。

的这一显著特点，至少在西周时期已经形成了"。秦文化形成于非子邑秦之后的观点将秦人族称与考古发掘相结合。张天恩《早期秦文化特征形成的初步考察》①通过对与秦人有关的大堡子山类型、毛家坪类型、河西河滩类型三类周文化遗存的分析比较，认为在西周中晚期之际，大堡子山类型的嬴秦民族逐步融合了另外两支周文化类型，形成了初期的秦文化，从西周晚期后段开始，走上了与关中及东方列国不同的发展道路。因此，早期秦文化的形成，应该是西周晚期的后段。

第三种观点主张秦文化形成于商末周初。汪勃、尹夏清《关于秦人族源和秦文化渊源的几点认识》②认为毛家坪秦文化遗址和壹家堡遗址的发掘，说明秦文化形成于殷墟三期，与通过文献研究的结论是一致的。后起的秦人其历史发展与文化的形成深受周人影响，人们称这一进程为"周式化"。刘军社《壹家堡类型文化与早期秦文化》，③认为嬴秦基本生活用器（主要指陶器）"周式化"的过程，大致开始于商代早偏晚些时候。梁云《秦文化的发现、研究反思》④认为如果把秦文化起源阶段包括在内，其年代上限可追溯到商代晚期。史党社《秦人早期历史的相关问题》，⑤认为从商末周初起，一个新的文化类型——秦文化在天水一带形成。

四 关于秦文化构成和发展的讨论

关于秦文化的发展阶段和内容构成，就宏观而论，滕铭予《秦文化：从封国到帝国的考古学观察》⑥认为其发展可以分为西周时期的形成期、春秋早中期的确立期、春秋晚期到战国中期的稳定期和战国晚期到西汉初年的转型期等几个阶段。关于秦早期文化，雍际春《嬴秦故园：天水

---

① 《秦文化论丛》第十辑，三秦出版社2003年版。
② 《秦文化论丛》第三辑，西北大学出版社1994年版。
③ 《秦文化论丛》第三辑，西北大学出版社1994年版。
④ 《中国历史博物馆馆刊》2000年第2期。
⑤ 《秦文化论丛》第九辑，西北大学出版社2002年版。
⑥ 学苑出版社2002年版，第156—159页。

秦文化寻踪》①认为包括农牧、礼乐、建筑、青铜、丧葬礼俗、多神信仰与宗教祭祀、音乐、文学、板屋民俗和科技文化等方面。关于春秋时期的秦文化，陈春慧《从文化结构看秦对外来文化的吸收》②认为秦人占据周人故地后大量吸收周文化，包括沿用西周文字，在宫殿、宗庙建筑方面承袭了周人的一整套礼仪制度，大量吸收西周的葬仪制度，农业和手工业方面学习周人的先进技术和经验，音乐、文学、艺术方面接受了西周的雅乐，学习继承了周人的天文、历法等。王健《秦文化——一种多维推进化模式》③认为"专化"塑造了秦人尚武重战崇力效死的文化精神，秦文化在整体上是一种兼容清新刚健质朴勇武的积极气质和残忍尚诈原始野蛮的落后品格的文化矛盾体，本质上是一种非理性文化。田文棠、杜乃俭《秦文化的历史构成与现代诠释》④认为秦文化包括"开地千里"的农耕文化，圜道一统的思想文化，雄伟壮阔的建筑文化，融合中外的佛教文化，保健养生的医学文化，太虚气本的哲学文化以及崇尚修身观念、精神文明等精粹。张少斌、许亚刚《秦统一中的文化因素》⑤认为商鞅变法改变了秦国的社会风尚，并且逐渐形成了以集权统治为核心的政治文化，以重利尚武为核心的军事文化，以勤劳淳朴为核心的农耕文化，从而改变了以游猎为主体的流民文化，以法家思想为核心的急功近利的社会风气。秦人尚武的精神、旷达的性格、淳朴的品质，正是秦人文化精神的体现，也是秦王一扫天下的精神支柱。

丧葬习俗往往是最具传承性和体现文化传统的文化要素之一，苏秉琦先生最早把屈肢葬、铲脚袋足鬲、洞室墓作为秦人墓葬的三大特征，俞伟超《古代"西戎"和"羌"、"胡"考古学文化归属问题的探讨》《关于"卡约文化"和唐汪文化的新认识》⑥认为这三个秦人墓葬特征就是秦的自身文化传统，并强调铲形袋足鬲是甘青地区古代文化带给秦文

---

① 甘肃人民出版社2000年版。
② 《秦文化论丛》第三辑，西北大学出版社1994年版。
③ 《社会科学》1992年第3期。
④ 《西安财经学院学报》2007年第6期。
⑤ 《绥化学院学报》2011年第2期。
⑥ 《先秦两汉考古学论集》，文物出版社1985年版。

化的影响。韩伟《关于秦人族属及文化渊源管见》①则认为以上三个特征均不是秦的传统文化。叶小燕《秦墓初探》②又提出西首墓也是秦文化特征。赵化成《寻找秦文化的新线索》③结合毛家坪秦墓资料认为屈肢葬、西首墓是秦文化的特点,而铲形袋足鬲和洞室墓不是秦文化传统。梁云《从秦墓葬俗看秦文化的形成》④的研究认为秦人上层盛行仰身直肢葬式,下层则盛行屈肢葬式。赵化成《试论秦文化与域外文化的交流》⑤在广泛比较秦文化与甘青地区马家窑及诸青铜文化的基础上,又从中西文化交流的大视野出发,进一步认为秦人盛行屈肢葬与甘青地区羌戎文化无关,屈肢葬也非秦人下层专有,部分上层贵族也使用屈肢葬。这一葬仪在青铜至铁器时代的中、西亚和南西伯利亚却非常盛行,而且也盛行西首墓,故秦民间受域外某种原始宗教文化的影响而采用屈肢葬是完全可能的。

时祭和多神崇拜是秦文化一大特色,高次若《秦人时祭、陈宝祠与秦族源》⑥指出,秦人在享国初年不设宗庙,却频频置时,并有三时祭祀白帝少昊,以祭祀的方式来表达对祖先的悼念,其功能如同周人的宗庙。陈宝祠是秦人原始的图腾崇拜思想意识的反映,具有宗庙的性质。陈鸿《出土秦系文献吉祥语研究》⑦认为秦系文献的吉祥语在民俗文化上有宗周思想的遗风,但又有所发展;在宗教文化上呈现出道家文化的原始色彩。阳清《秦"大梓牛神"传说及其巫文化气质》⑧认为秦"大梓牛神"传说的背后,洋溢着浓郁的巫术文化气质,此乃古代社会结合巫舞而演示的一场较为正规性的巫术驱邪活动。闫德亮《秦人的发展及其神话的演变考论》⑨认为对祖宗祭祀、神灵崇拜及对华夏神话的认同是秦人的基本神话,它引领着秦人拓疆辟土,是秦人发展壮大的精神引擎。袁仲一

---

① 《文物》1986年第4期。
② 《考古》1982年第1期。
③ 《文博》1987年第1期。
④ 《考古与文物》2008年第1期。
⑤ 《秦文化论丛》第十二辑,三秦出版社2005年版。
⑥ 《周秦社会与文化研究》,陕西师范大学出版社2003年版。
⑦ 《福建师范大学学报》2001年第1期。
⑧ 《黑龙江民族丛刊》2007年第3期。
⑨ 《东岳论丛》2015年第9期。

《秦人的宗教信仰》① 认为秦人官方的宗教信仰包括天神崇拜、五帝崇拜、封禅大典、水德制度创立、名山大川祭祀、祖先祭祀和各种杂祀，形成了以天神信仰和祖先信仰为核心，辅之以名山大川等自然崇拜和多神崇拜的一套庞杂的信仰祭祀礼仪体系。

战国时期秦文化广泛吸收了六国文化，秦彦士《秦文化的重新审视——兼论秦国政治文化与"秦墨"》② 认为除了法家思想，儒家、墨家对战国后期秦政治、学术、文化都产生了深刻影响。关于墨学入秦，李学勤认为在秦孝公前后，何炳棣《国史上的的"大事因缘"解谜——从重建秦墨史实入手》③ 则主张早在献公时即已入秦，标志是前381年墨者巨子孟胜及其百八墨徒集体为楚阳君死难那一年，献公已与墨者开始合作，而且，秦之由弱变强，也是由墨者为其奠定的基础，而非孝公朝的商鞅变法。史党社《再论墨学与秦的关系——从何炳棣先生之说谈起》④ 亦赞成何氏墨学献公时入秦的观点，但认为战国时代对秦社会变革发生影响最大的还是商鞅变法那样的全方位历史大事，墨学对秦的影响可能并不如法家和兵家。

秦文化在漫长的形成发展过程中，既有对其他文化的吸收，也有文化的转型。梁云《论早期秦文化的两类遗存》⑤ 认为早期秦文化有"李崖型"和"西山型"两类遗存，分别代表了西周中期和西周晚期至春秋早期发展的两个阶段。该文化的器物群在西周中晚期之际发生转型，即舍弃了原来的殷商因素，而向周文化靠拢。田延峰《论秦早期的文化转型》⑥ 亦认为秦在商代及其以前可能经历过一个巫术兴盛的时代。从西周到春秋初期，受周文化的影响，秦经历了一个巫术文化主导地位被史官文化取代的文化转型，增强了秦的政治理性和历史意识，推动了秦国社会的飞速发展。商鞅变法促成了秦文化的转型是学界共同的看法。郝振南《文化整合思潮下秦人信仰成因探析》⑦ 认为商鞅变法后功利思潮笼罩

---

① 《秦始皇帝陵博物院》第三辑，三秦出版社2013年版。
② 《成都师范学院学报》2015年第6期。
③ 《光明日报》2011年6月3日。
④ 《秦始皇帝陵博物院》第三辑，三秦出版社2013年版。
⑤ 《西部考古》第七辑，三秦出版社2014年版。
⑥ 《西北大学学报》2010年第5期。
⑦ 《中国古代社会与思想文化研究论集》第四辑，黑龙江人民出版社2010年版。

整个社会价值观念，重功利、轻伦理的文化传统得以进一步彰显，原有的鬼神观念与融汇诸子百家的道统成为秦文化思潮的主流，儒道法墨、阴阳五行、数术方伎几大知识体系呈现出逐渐综合兼容的趋向。杨瑾《移风易俗对秦文化变革的影响》[①] 认为秦通过商鞅变法进行移风易俗，通过知识精英为主体自上而下的改革，产生了以"功利""尚武"为主要内容的新的时代精神。陈平《试论关中秦墓青铜容器的分期问题》[②] 认为秦献、孝二公的变法图强运动，打破了原来僻居西方的封闭局面，与关东诸国的联系加强，大量吸收外部文化因素，致使铜器群发生了突变。梁云《从秦文化转型看考古学文化的突变现象》[③] 进一步指出秦人对以三晋为代表的两周地区外部文化的大规模吸收引发了秦器物的突变，标志着秦文化由此发生了转型。孟祥才《论秦文化对东方六国文化的两次整合》[④] 认为秦统治者有意识地对东方六国文化进行整合有两次。一次是吕不韦主持编纂《吕氏春秋》，力图将东方六国思想文化的精华熔于一炉，以此作为未来统一帝国的理论基础。此次整合基本上是成功的。另一次是秦始皇在统一六国后搞"焚书坑儒"，推行"以吏为师""以法为教"的文化专制主义，拒绝吸纳东方六国思想文化的精华，尤其是齐鲁思想文化的精华。后一次整合是造成秦朝二世而亡的重要原因之一。

对秦文化具体内容的探讨，还包括政治与礼乐文化、音乐文化、建筑文化、文字与文学、民俗文化、教育学术、尚武精神与民族性格等诸多方面。对这些问题的讨论往往与秦文化来源、形成时间及特点等问题相交织，故不赘述。

五　关于秦文化特点的讨论

最早对秦文化特点做出评论的是陈秀云，认为秦文化尚战功，讲实用，是他们的特色[⑤]。从20世纪80代以来，关注秦文化及其特点的学者

---

① 《西安财经学院学报》2008年第1期。
② 《考古与文物》1984年第3、4期。
③ 《华夏考古》2007年第3期。
④ 《烟台大学学报》2005年第4期。
⑤ 《秦族考》，《文理学报》1946年第一卷第2期。

越来越多,对于秦文化特点的讨论,既涉及早期文化,也涉及对整个秦文化的看法。秦文化具有功利、实用、尚武、崇法、集权、军事、开放、兼容、进取、创新等特点与特征是大多数学者的共同看法。整体而言,人们对秦文化特点及价值的讨论,观点比较接近,而且都给予了积极的评价。

关于功利实用,林剑鸣《从秦人价值观看秦文化的特点》① 认为秦文化具有重功利、轻仁义,不重宗法,求"大"尚"多"的特点,在价值观上有浓厚的功利主义色彩。刘军社《秦人对周文化吸收的考古学观察》② 认为秦人好大喜功、讲实效、讲功利、奖励耕战、发展生产等文化特点。袁仲一《从考古资料看秦文化的发展和主要成就》③ 认为秦人早期的文化活动具有过上定居生活、学习吸收周文化和竖穴土圹西首墓等特征。就秦文化整体发展而论,秦人是个胸怀宽阔、富有开放意识和开拓精神的民族,其文化具有质朴,注重讲实效、功利等特点。彭卫《谈秦人饮食》④ 认为秦人饮酒只用耳杯,与周人及中原诸国用爵、角、钫、卣等多种酒器明显不同,比较直爽,没有纷繁的礼仪形式,体现出纯朴与实用的文化特点。

关于尚武崇法和集权军事等特点,黄留珠《秦文化琐议》⑤ 认为,秦文化的鲜明特色可概括为"三个主义",即集权主义、拿来主义和功利主义。后来,他进一步指出,秦文化相较于其他诸侯国带有更多的军事性,如"择勇猛者立之"的王位继承制,特殊的庶长制,以置县作为主要统治形式等,都是具体表现《重新认识秦文化》⑥。邬昊阳、陈晓鸣《秦文化对秦朝兴亡的影响》⑦ 认为重尚武,兴法度,法武结合是秦文化的主要特征。黄栋法《秦文化主要特征探析》⑧ 认为秦文化具有鲜明的集权主义倾向,重视法治而轻视德治,秦文化追求浩大,追求奢华,重视术数,

---

① 《历史研究》1987 年第 3 期。
② 《宝鸡社会科学》1998 年第 4 期。
③ 《秦文化论丛》第一辑,西北大学出版社 1993 年版。
④ 《西北大学学报》1980 年第 4 期。
⑤ 《秦汉史论丛》第五辑,法律出版社 1992 年版。
⑥ 《西北大学学报》1996 年第 2 期。
⑦ 《三峡大学学报》2011 年增刊。
⑧ 《西安财经学院学报》2007 年第 5 期。

通行阴阳等特征。王志友《考古材料所见早期秦文化的军事性》①认为甘肃东部发现的周秦早期文化遗存是军事扩张的结果，早期秦文化的军事性具有阶段性，带有更多耕战色彩，其文化传播形式也主要是战争传播，即通过战争手段促进文化的传播和交流。

关于秦文化开放兼容和进取创新，田文棠、杜乃俭《秦文化的历史构成与现代诠释》②认为秦文化具有实用主义、功利主义和开放性、创新性等特征。陈更宇《早期嬴秦人生活方式的探索》③认为多样性、开放性和功利性皆是秦文化鲜明的特质。韩高年《〈秦风〉秦人居陇诗篇考论》④认为兼容并包，多元并存；崇尚事功，开拓进取；原始质朴，富神秘性是春秋时代秦文化的几个明显的特征。王客西《从秦的兴亡看秦文化的特质》⑤认为秦文化的优秀品质可以概括表述为：开拓进取，创新思变，求实重利，尚武尚法，勤勉诚信以及开放、兼容、博取等。秦王朝的早亡，是统治者背离秦文化的亲民、爱民和勤勉奋斗精神，并将秦文化的兼容、博取品格异化为文化专制主义的结果，同时也与秦文化在成为全国统一文化过程中的文化冲突有关。黄东旭《早期秦文化多元特质和源流问题浅析》⑥认为早期秦文化的形成，是一个以嬴秦族为核心的文化类型与周边其他相紧邻的族群及其文化势力互相影响、相互借鉴、吸收并创新融合而逐渐产生的过程，体现了秦文化的多元混合特质。

秦文化的上述特点，与其发展历史和特殊的发展环境有密切关系，学者们也试图对此作出探讨。关于秦早期文化，雍际春《论天水秦文化的形成及其特点》⑦认为秦早期文化是一种以华戎交汇、农牧并举为特征的文化，具有强烈的兼容性和博大的开放性，鲜明的功利色彩和进取精神，典型的尚武精神和质朴无华的风格四大特点。艾荫范《游牧文化和农耕文化联手打造辉煌——秦统一论纲（二）》⑧认为秦帝国承袭并发展

---

① 《兰州学刊》2014 年第 5 期。
② 《西安财经学院学报》2007 年第 6 期。
③ 《文史哲》2009 年第 5 期。
④ 《兰州学刊》2016 年第 2 期。
⑤ 《西安财经学院学报》2006 年第 5 期。
⑥ 《华中人文论丛》2014 年第 1 期。
⑦ 《天水师范学院学报》2000 年第 4 期。
⑧ 《辽宁工程技术大学学报》2007 年第 5 期。

了春秋以来中原列国的许多创造，但它也把北方的草原文化融进了缔造帝国、构建社会的制度、习俗和观念等种种创新之中。因此，从某种意义上说，秦汉帝国乃是游牧文化和农耕文化联手打造的辉煌。王绍东《论游牧文化对秦文化的影响与秦文化对游牧文化的整合》①认为秦文化是以游牧文化为基础形成的文化，但秦文化不是游牧文化的简单重复和翻版，秦在对游牧文化进行积极吸纳的基础上又进行了改造和整合，使它与先进的法家文化相结合，把其中的积极因素上升为国家的统一政策，从而使游牧文化的因子得到了升华。

由于秦文化发展具有阶段性和地域性变化。陈斯雅、王东②。认为秦文化是三代以来东（东夷、商人）西（周人、戎人）互动为主体的文化演变的结果，只有在"东西格局"的视域下，才能更好地理解秦文化。从空间和时间的视角进行考察，秦文化具有超地域的特征和跨时代的意义。王子今《秦文化的超地域特征跨时代意义》③认为秦文化有区域文化的含义，早期的秦文化又有部族文化的性质。秦文化又是体现法家思想深刻影响的一种政治文化形态，也是秦王朝统治时期的主体文化和主导文化。秦文化又是一种积极奋进的、迅速崛起的、节奏激烈的文化风格的象征符号。秦文化的创新理念、进取精神、开放胸怀、实用意识、技术追求等积极因素的特点，可以以"英雄主义"和"科学精神"简要概括。这一评价有助于我们全面认识秦文化。

综观百年来的秦文化研究可以清楚地看到，1981 年甘谷毛家坪遗址的发掘不仅开启了探究秦人族源和早期历史的新阶段，也迎来了科学揭示秦文化的新热潮，秦文化研究无论在数量、质量还是在深度和广度上，近 30 多年的成果都远超过此前；而且，多学科攻关，多角度观察，多层面探析和新方法、手段的使用，大大推进了秦文化研究不断走向深入。这其中，考古新材料包括简牍资料的发现和研究无疑发挥了先导和引爆作用；而近年来学术界对于中华文明、传统文化的重新审视和对秦统一价值的科学反思，则是促进人们高度关注秦文化研究的内在动力。在中

---

① 《北方民族大学学报》2011 年第 2 期。
② 《综论早期秦文化的发现与研究》，《西安财经学院学报》2014 年第 1 期。
③ 《长安大学学报》2010 年第 3 期。

华文明和历史的长河中,秦人幸运地成为从古典文明向传统文明的转型进程中的承上启下的担当者,完成了对多元一体民族认同和国家认同的文化整合,从而奠定了中华多民族大一统的制度和文化基础。人们高度关注和持续探究秦文化,其特殊魅力和独特价值盖在于此。所以,随着关陇地区近年来考古新材料的发现、公布和研究走向精深化,秦文化研究的丰收期即将来临。

(原刊《西安财经学院学报》2017年第4期)

秦文化与秦早期文化概念新探

所谓秦文化，顾名思义就是伴随秦人的兴起、发展和壮大而产生、发展、传承和流播的文化。秦文化形成于先秦时期，最初，它属于一种地域文化，与之同时的还有齐文化、鲁文化、赵文化等不少列国文化。后来，伴随秦国的崛起和扫灭六国，进而完成统一中国的伟业，秦文化也就由地域文化上升为曾一度统治中国的主流文化和强势文化。正是由于秦人历史和文化的发展与其他六国有所不同，故对经历不同发展阶段的秦文化，盖以"秦文化"命之，就有含混之嫌。于是，人们按秦人兴起、建国和完成统一的不同阶段，而将秦文化称为前后相继的秦族（人）文化、秦国文化和秦朝文化。对此，学术界的看法尚不一致，也有一些模糊认识，有必要再做新的探讨。

一 秦文化概念的提出

对秦文化的研究，始于20世纪30年代。最早是由苏秉琦将其作为一种新的文化类型从周文化和汉文化中分出并加以研究，① 但尚未提出"秦文化"这一概念。接着，1946年，陈秀云发表《秦族考》一文，有专节探讨"秦文化之构成"，认为秦文化原是"承袭夏、商、周以来的文化，构成略有地方色彩而富有中原气息的'中国本位'文化"，② 并从音乐、诗歌、文字诸方面论述了秦文化的构成。这就首次提出了"秦文化"概

---

① 巩启明、呼林贵：《秦文化的考古工作与研究》，载《秦文化论丛》第一集，三秦出版社1993年版。
② 陈秀云：《秦族考》，《文理学报》1946年第2期。

念,但对秦文化这一概念仍未作出明确的解释。明确提出秦文化概念并开展研究,大约是20世纪80年代前后才开始的。由于秦人历史的特殊性,当时学者们对秦文化的探讨大多着眼于族源的讨论,是从论述秦人族属族源而引出秦文化渊源的,故专门探讨秦文化或对秦文化概念加以阐释界定的文章并不多见。林剑鸣《从秦人价值观看秦文化的特点》一文,① 较早对秦文化及其特点进行了探讨。黄留珠《秦文化概说》一文,对秦文化概念进行了诠释。认为:

> 秦文化,具体指秦族(即建国前的秦人)、秦国和秦朝文化。这里,我们所说的"文化",不是单纯考古学的概念,而是把文化看作人类在社会历史发展过程中所创造的物质财富与精神财富的总和。就秦族、秦国文化而言,它们是中国的一种地域文化,其地域范围主要在今甘肃东部至陕西关中地区。就秦朝文化来看,它则远远超出了中国地域文化的范围,是统治整个中国的文化,亦即中国文化。当然,秦族文化、秦国文化与秦朝文化,并非彼此孤立存在,而是密切相关联的,后一种文化皆依次从前一种文化而来,并且明显呈现出了不断扩大的发展趋势。②

黄留珠还在《秦文化琐议》《秦文化二元说》《重新认识秦文化》等文章中,③ 对上述基本观点进行了引申和发挥。

葛剑雄在《移民与秦文化》一文中指出:秦人历史可以追溯至西周以前,秦国初建时仅在名义上拥有"岐以西之地",而到秦始皇统一后,秦朝的疆域已大大超出了六国旧地。"对涉及如此大的时间和空间范围、前后相差又如此悬殊的一种文化,我们泛称之为秦文化固然不错,但在具体研究或论述时却必须区别其不同的时间或空间界限,否则就无法作深入的探求。"基于此,他将人们一般所说的秦文化概括划分为四种含义:秦人文

---

① 林剑鸣:《从秦人价值观看秦文化的特点》,《历史研究》1987年第3期。
② 黄留珠:《秦文化概说》,载《秦文化史论丛》第五辑,法律出版社1992年版。
③ 三篇文章分别载《秦汉史论丛》第五辑,法律出版社1992年版;《西北大学学报》1995年第3期;《西北大学学报》1996年第2期。

化、秦国文化、秦朝文化和秦地文化。他认为"秦人文化"是以文化的载体为划分标准的,即指秦人所拥有的文化。秦人文化虽曾随着秦人的扩散而扩大,但除了个别特殊情况,其比较稳定的范围基本还是限于秦国比较稳定的疆域之内。"秦国文化"是以文化的地域范围为划分标准的,即指在秦国的疆域内存在过的文化。"秦朝文化"是指在秦朝的疆域内存在过的文化。在秦朝疆域内,不仅关东六国的文化已经都包括在内,就是南越、西南夷的文化也已有相当一部分包括在内了。秦朝的疆域远超夏、商、周三代,"所以秦朝文化可以看成为华夏各族和居于秦长城以南的戎、狄、羌、氐、蛮、夷、越等各族文化的总和"。虽因秦朝存在时间太短,秦朝文化还只是各种文化的简单聚合,而不是一个融合的整体。但这却为以后逐渐形成的以汉族文化为主体的华夏文化或中国文化奠定了基础,因为秦朝疆域既比西汉初期大得多,也是以后历代中原王朝的疆域中最稳定的部分。"秦地文化"是指在秦地存在的文化。秦地概念有广义和狭义之分,广义所称的秦地即《汉书·地理志》所载的地域,狭义的秦地一般指三辅和天水、陇西、安定、北地、上郡与西河等郡。葛先生进一步指出:

> 以上这四种文化有互相联系、互相重合的方面,如早期的秦国文化与秦人文化基本相同,秦国文化的终结与秦朝文化的开端完全一致,西汉时的秦地文化保存了很多秦人文化、秦国文化的内容,同时也存在着差异,或者是完全不同的概念,如秦朝文化已经包括各地、各族,远非秦人、秦国故地所能代表。①

葛先生对秦文化概念的分层表述和界定,使秦文化讨论中的一些模糊认识和歧义得以廓清,对于深化这一问题的讨论富有启发,也无疑具有建设性的指导意义。

王学理、尚志儒、呼林贵等所著《秦物质文化史》一书认为:秦文化"是秦人在特定的历史环境中所产生的共同区域文化"②。王学理、梁

---

① 葛剑雄:《移民与秦文化》,载《秦文化论丛》第三辑,西北大学出版社1994年版。
② 王学理、尚志儒、呼林贵等著,陕西省考古研究所秦汉研究室编:《秦物质文化史》,三秦出版社1994年版,第3页。

云在《秦文化》一书中进一步将秦文化表述为:"指存在于一定时间、分布于一定空间,主要由秦族秦人及相关人群创造和使用的有自身特点的考古学文化遗存。它包括目前发现的遗迹和遗物的总和及其所反映的物质和精神两方面的内容。"① 这样的表述和界定,主要是基于考古学层面的解释。

关于秦文化概念的讨论,还有不少的学者也提出了自己的见解,其观点大致与上述看法相类,兹不赘述。

二 秦文化概念的界定

以上关于秦文化概念的讨论和观点,对于我们准确把握和科学界定秦文化,是富有启发意义的,也是我们进一步探讨秦文化概念的基础和参照。现有的研究启示我们,考察和探索秦文化,既要有时间观念,又要有空间意识,还要把握"秦人"的本质含义和文化的来源。正是由于秦文化发展在时间上的漫长性和阶段性,空间上的流动性和扩展性,还有秦文化的创造者"秦人"含义的模糊性与延展性,以及秦文化来源的多元性与复杂性,决定了秦文化概念界定的困难和歧义丛生。

从时间尺度来说,自商周之际中潏"在西戎,保西垂"始,至公元前206年秦朝灭亡止,秦人历时800多年。其间,秦人经历了由西垂小族到非子受封附庸,由"西垂大夫"到襄公建国,由入主关中到统一中国这样一个发展壮大的曲折过程。如果再追溯其起源,则可由商周之际上推到尧舜禹时代,历时也超过2000年。在这样一个漫长的发展过程中,秦人既经历了几起几落的变故,又完成了由部族到附属方国,由诸侯国到大一统王朝的跃升与发展阶段。伴随这一漫长的过程和不同的发展阶段,秦文化也经历了起源、发展、演变和转型、扩散、衰落的复杂过程与双重变奏。

从地域空间角度分析,自中潏到襄公13代秦人主要以陇右天水一带为根据地,完成了由西垂小族到建立诸侯国的转折。从秦文公起,秦人东入关中,其疆域由岐丰之地到整个关中,然后再西达陇西,南及巴蜀,

---

① 王学理、梁云:《秦文化》,文物出版社2001年版,第3页。

最后扫灭六国一统天下。而西周之前，秦人还有一段起自东夷，西迁关中，再迁陇右的族群流动。随着秦人在空间上的流动不居和疆域的不断扩展，秦文化发展受到了来自地域、民族、经济等多重因素的影响和制约，也赋予了秦文化广阔的发展空间和多重的模式选择。

秦人初为嬴姓，周穆王封造父于赵城姓赵氏后，曾"皆蒙赵城，姓赵氏"，非子被周孝王封为附庸并在"秦"建立城邑后，遂以"秦"为国号，亦为姓氏。于是，国与姓既并称又合一。就秦人一支而言，无论姓嬴或是姓赵、姓秦，其实是一脉相承而来。我们习惯所称的"秦人"，实际就是包含了其前后相继的发展过程在内的整个历史而言，只是其所包含的具体内容则随着秦人的发展壮大而不断扩展，即由单一而至复合，由小而大，由具体而宽泛。具体而论，自夏商至西周时期的"秦人"，一般是指族称意义上的秦人，亦即后来秦人中的主体和核心部分；自春秋至战国时期的"秦人"，一般是指秦国人，即既包括前一时期的秦人，也包含通过征服与拓展疆域而汇入秦国的其他部族，如"周余民"和戎狄等；秦朝时期的"秦人"，则是其疆域内所有居民与部族的通称。秦人（族）文化、秦国文化和秦朝文化的概念与称谓即由此而来。也因此，秦文化的来源与内涵也趋于复杂与丰富。

就秦文化的来源而论，与"秦人"概念以及其在时间、空间上的演变相联系，秦文化在族源上既有"东来说"与"西来说"的争论与歧见，又有族群成分的扩展与延伸；在时间上既有自夏商至秦朝的不同发展阶段，又有从部族文化到地域文化、统治与主流文化的扩展与升华；在空间上既有从东夷到关中再到陇右的流动，又有从陇右到关中再到全国的扩展。这几重因素的交织与互动，决定了秦文化在来源上的多元性和在发展与内涵上的丰富性及复杂性。

我们知道，文化作为人类社会所特有的现象与财富，它的产生与发展，必然是与创造、拥有、发展和消费它的主人不可分离的，也与其出现、分布、扩展、式微的地域空间是息息相关的。人是文化的创造者、拥有者和享用者，人类的生存与发展，无不受制于地理环境和生存空间的影响与制约，文化既不可能独立于人类之外而存在，也不可能脱离于地域空间任意扩散或自由展布。因之，无论整个人类还是一个群体、一个部族、一个集团、一个民族或是一个国家，其生存与发展，总是在一定的地域与空间进行和展开的，附丽于人或人类社会的文化，也必然伴随人类生存地域的分布和扩展而存在与演变。所以，考察、认识和揭示任何一种文化，把握文化的主人与其分布地域，无疑是解决问题的关键和核心所在，而文化来源的多元性，文化发展演变的复杂性，文化分布的扩展与伸缩进退，均由此而派生。我们考察、研究、探索和揭示秦文化，也只有从这两个关键问题入手，与之相关的其他问题才有可能随之迎刃而解，舍此别无他途。

由此可见，要准确把握和科学界定秦文化，必须将时间、空间与其主人有机结合、综合考虑，并区分层次和分类加以解释，即可求得正解。

首先，既然现在人们一般将文化分为不同的形态和层面进行解构和研究，我们考察和揭示秦文化，也应引入这一视角。

其次，我们讨论的是秦文化，那么，秦人（族）应该始终是这一文化的主体或核心拥有者。不论这一文化如何演变、转型或重建，也不论这一文化曾单纯为秦人所拥有，抑或被众多居民和民族所享用，秦人始终是这一文化的控制者和引导者，亦即其主人的地位从未变更。否则，将这一文化称为"秦文化"，既无所依归，也毫无意义。

再次，判断和界定秦文化，还要区分广义和狭义之别，时间和阶段之分。否则，就会出现葛剑雄先生所指出的人们涉及和讨论的秦文化"往往并不是一回事"的现象发生。

基于此，从广义而言，所谓"秦文化"，就是指伴随秦人兴起、建国和统一的过程，而由其创造、发展并不断得到扩充的物质文化与精神文化的总和。这一文化从性质上看，它有一个从由地域文化上升为大一统的国家文化再降为地域文化的演变过程。这一文化从时间上划分，则有秦早期文化、秦国文化、秦朝文化和秦地文化之分。这一文化从空间上分析，又有天水秦文化、秦国文化、秦朝文化和秦地文化之别，其中，除了秦朝文化外，其余三者均属地域文化。

三　秦早期文化及其概念界定

秦早期文化作为秦文化发展的最早阶段和重要组成部分，它既有特定的时间和空间范围，也有特定的主人和具体内涵。我们认识和研究秦文化以及秦早期历史，这都是至关重要的。

从时间上讲，秦早期文化的起源以秦人的出现为依托，而秦人从起源到形成和快速发展，经历了漫长的曲折过程。秦人历史从襄公建国至秦朝灭亡历时 564 年；若从秦人有确切纪年的历史算起，自秦侯至秦朝灭亡历时约 650 年；自非子邑秦至秦朝灭亡历时约 680 年；而秦人世系清楚的历史又可从秦侯上推至商末周初的中潏；如果再追溯秦人的始祖和渊源，则可直追古史传说时代的尧、舜、禹时期。从上述秦人发展的历史阶段而论，秦朝历史最短，仅 15 年时间，秦国历史约 549 年时间，而此前漫长的秦人兴起和发展的历史均属早期阶段。秦人历史的早期阶段又可分为两个时期，秦人称"秦"之前为秦人、秦族的起源时期，非子邑秦至襄公建国是秦文化起源的主要时期。这一漫长阶段，既是秦文化起源和兴起的主要时期，也是秦文化主要特质和原初形态的奠基时期。其后，无论是秦文化的发展与演变还是转型与整合，都是在这一基础之上而进行的，就此而言，秦早期文化在整个秦文化发展历程中无疑最为重要。

一种文化的出现与延续发展，既是渐进的，又是前后相继的，因而，它不可能如同历史时期和历史阶段的划分那样整齐划一。也就是说，文化的起源一般要早于它的创造者历史的开端，而文化的转型或过渡则要晚于其创造者进入新的历史阶段的时间。秦人早期历史及其文化的形成正是如此。按历史阶段划分，从非子邑秦至襄公建国（约前 890—前 770 年），这 120 余年即是秦人历史的早期阶段，但秦人早在商末周初的中潏时已开始了其世系清楚、定居陇右和入乡随俗创造自己民族文化的活动。所以，秦早期文化开端于中潏入西垂。秦建国于襄公八年（前 770），文公四年（前 762）东入关中，迁都于汧渭之会，接着，宁公都平阳（前 714），德公都雍城（前 677）。秦建国以来的这 90 余年时间，既是秦国历史的草创时期，也是秦人迁都关中立足未稳之际，寻找、选择和开拓生存空间的阶段，直到德公即位定都于雍城后，秦国才真正进入了关中时代。所以，秦早期文化的下限，并不止于襄公建国，而应推至德公之前。于是，秦早期文化历时约近 400 年。

就空间而言，秦早期文化的起源是伴随秦人漫长而曲折的西迁历程和在陇右天水一带崛起建国而展开的。从夏商至西周，秦人大约经历了三次西迁，其活动地域涉及从山东、河南至关中，从关中再到天水，然后定居陇右天水一带。由于这段历史不仅史料记载简略、模糊，而且多有缺失，因此，秦人西迁陇右天水以前的历史及其文化，我们至今还很难作出详尽的梳理和系统的把握。但是，要讨论秦文化特别是秦早期文化，秦人西迁天水以前的历史，仍然是我们探讨和追寻这一问题不可或缺的重要背景和基础。而秦人西迁陇右后，其历史发展和文化创造活动不仅线索清楚，而且秦人也逐步拥有了相对稳定的发展空间和生存地域，于是，秦早期文化在这一地区产生和形成。

探讨秦早期文化的形成，尚有两个无法回避的问题需要明确：一是秦人之称"秦"何时开始；二是秦人族源与秦文化起源的相互关系。先说"秦"之来历。《史记·秦本纪》："孝王曰：'昔伯益为舜主畜，畜多息，故有土，赐姓嬴，今其后世亦为朕息马，朕其分土为附庸。'邑之秦，使复续嬴氏祀，号曰秦嬴。"此乃秦人称"秦"之始，人们也一般都以此作为"秦"之开端。但就目前所知，早在夏商时期"秦"字即已出现，而且与我们所说的秦人有关。在殷墟甲骨文中就有"秦宗""秦右宗""取（祭）秦""秦"等出现。帝舜曾封伯益为嬴氏，伯益即大费，其初居之地在今以山东曲阜和费县为中心的鲁中南一带。其受封之地不止一处，其中，"秦"地就在今河南范县。①《春秋》庄公三十一年（前663）所载"筑台于秦"即其地。《通志·氏族略》："鲁又有秦氏，居民秦邑，今濮州范县北秦亭是也。"此"秦"地与我们所说的秦人的关系怎样，学界的看法并不一致。一种观点认为范县"秦"地就是秦人祖先所居之地；另一种观点则主张范县"秦"地乃是与秦人同属伯益后裔而非直系的一支居地，虽与秦人以"秦"为氏有一定联系，但并非同支直系的线性关系，故范县之"秦"并非秦之开端。② 相较而言，后一种观点更具客观性。况且，秦人祖先在居西垂之前，其历史及文化活动既若隐若现、扑朔迷离，又居无定所，经常处于流动不居和迁徙之中，其文化活动充其量仅构成秦早期文化渊源和背景要素而已。

再说秦人族源和秦文化起源的关系问题。这是一个既相区别又相联

---

① 李江浙：《秦人起源范县说》，《民族研究》1988年第4期。
② 史党社：《秦人早期历史的相关问题》，载《秦文化论丛》第九辑，西北大学出版社2002年版。

系的问题。秦族源是指以秦族、秦国（朝）君主为代表的秦统治民族的族源，它以研究和探索秦人始祖及其族体形成、繁衍、兴衰、世系、迁徙以及与其他民族的关系为主要内容。秦文化的起源则是以秦人的形成为前提，以相对稳定的族群和地域为基础，进而以探讨和研究在秦人历史发展进程中其文化的孕育、文化要素的来源、文化的原初面貌以及基本特点为内容。两者之同在于均以"秦人"为对象，族源旨在探寻"秦人"由何而来？并以揭示其自然属性即血缘为依归，而后者则以"秦人"出现后文化如何产生为目的，主要以探讨其人文特征为宗旨。两者的不同显而易见，就族源而论，尽管在其形成与发展的过程中，也不排除融合、同化其他部族，但其发展主要呈线性状态；从文化起源而言，它既包含伴随秦人的文明进步而孕育、培植的固有文化，也包括通过吸纳、融合、移植等多种方式进行的文化创造活动。因此，文化的起源是一种多元并呈、多因交织、内外同构的状态。可见，秦人族源与秦文化起源，前者在时间上早于后者，后者以前者为前提。因而，两者探讨的内容不同，性质有别，时序相继，而且，族源仅仅是秦文化起源的背景而非主要内容，即先有秦人然后才有秦文化。所以，秦文化的起源固然与秦人的起源有必然联系，但秦人的起源不能等同于秦文化起源。

为了更清楚地说明秦文化的起源，有必要借鉴考古学上关于考古学文化的定义："分布于一定区域、存在于一定时间、具有共同特征的人类活动遗存"，就是一般所说的考古学文化。[①] 而更为详尽的表述是："代表同一时代、集中于一定地域内的、有一定地方性特征的遗迹和遗物的共同体。这种共同体，应该是属于某一特定的社会集团的。"[②] 可见，考古学上的文化概念是从具有共同特征或地方性特征的人类活动遗存这一角度来探讨特定的文化，它以地缘为纽带，并非指某一族体或民族，因而不是普通意义上的文化起源的概念。对此，李伯谦先生在《论文化因素分析方法》一文中有精辟论述。他认为在探明考古学文化及其渊源时，必须把与其有关的众多考古学文化因素进行比较研究，才能得到符合实

---

① 张忠培：《研究考古学文化需要探索的几个问题》，载《中国考古学——走近历史真实之道》，科学出版社1999年版，第162页。
② 《中国大百科全书·考古卷》，中国大百科全书出版社1986年版。

际的结论。而在现实研究中，人们"往往将考古学文化上的衔接关系误认为是文化传统上的传承关系，把复杂问题简单化了。事实上，一个考古学文化并不一定是由当地早于它的考古学文化直接衍变而来。在它的形成过程中，可能主要继承当地早于它的考古学文化因素，也可能接受当地和邻近地区早于它的多种考古学文化因素，甚至不排除由其它地区迁移而来"。① 在秦文化起源的研究中，考古学可谓捷足先登，领风气之先，而且成果斐然，也直接推动和催生了秦文化渊源与秦早期文化的研究。但是，也正是在秦文化渊源的研究中，自然不可避免甚至更多地存在着李伯谦先生所指出的现象发生。这正是秦人族源与文化起源研究中的一个盲区和薄弱环节。所以，有的学者在研究文化渊源的过程中，已经认识到一个考古学文化的渊源，同创造、发展该文化的主体的渊源之间不一定有明显的衔接关系，文化渊源与族源是不能混同起来研究的。② 如尹世平先生就认为周人的族源是源远流长的，但先周文化的渊源相对来说较短。③ 在这一点上，秦早期文化与先周文化的起源是相似的。

由此可见，尽管考古学关于文化的概念并不完全适用于一般文化的概念，但这一概念毕竟揭示了文化起源的一些共同要素，即"分布于一定区域、存在于一定时间"，这对我们准确把握秦文化起源却大有启迪意义。因此，我们可以将某一文化的起源表述为分布于一定区域，存在于一定时间，由特定的族群或民族所创造、发展，既自我认同而又有别于其他族群或民族的文化。以此而论，秦文化或秦早期文化的起源与形成，无疑是秦人入居陇右天水后，在承袭、保留其起源进程中固有的价值观念和行为习尚的基础上，又不断吸纳融合其他一些文化因素，并在其生存环境的影响和制约下交相互动的产物。

因此，所谓秦早期文化，就是指秦人经过漫长的起源而形成自为的民族之后，由其在陇右天水地区创造和发展起来的一种地域文化。这一文化既以秦族固有的价值观念和行为习尚为基础，又吸纳了商、周文化

---

① 李伯谦：《论文化因素分析方法》，《中国文物报》1988 年 11 月 4 日。
② 汪勃、尹夏清：《关于秦人族源和秦文化渊源的几点认识》，载《秦文化论丛》第三辑，西北大学出版社 1994 年版。
③ 尹世平：《关于先周文化的几个问题》，周秦学术讨论会打印稿。

和西戎文化等多种因素，也深深打上陇右地域环境因素影响的痕迹。因而，它是一种此前并不存在又有别于其他地域和民族的新的地域文化。在时间上它起自秦人入居陇右，下至秦德公元年（前677）迁都雍城之前；在空间上它主要分布于陇右天水，也包括进入关中的近百年时间；这一文化以秦人为主体，也包括已归附或融入秦人的其他部族与集团，它们都是秦早期文化的创造者和拥有者。从文化的起源和主要分布地域而论，秦早期文化也可称天水秦文化。

总之，秦文化起源于秦人西迁陇右之后，自中潏至德公之前为秦早期文化阶段，自德公至秦统一之前为秦国文化时期，完成统一的秦王朝时期为秦朝文化时期。这三个发展阶段的文化，可统称为秦文化。各阶段秦文化的发展，呈现出一种既前后相继又绵延壮大，既一脉相承又各显风采，既创新升华又不断融汇扩展的绚丽景象，充满着旺盛的生命活力与强劲的同化力。正因为如此，秦文化最终上升为一统中国的主流文化。秦王朝灭亡后，秦文化由主流文化复降为地域性的秦地文化。探寻秦早期文化的起源及其面貌与特点，其意义与价值就在于它是秦文化发展史上的最早阶段和源头所在，积淀和蕴藏着秦文化的种种原始基因和本质要素，科学认识秦文化和深入全面研究秦史，对秦早期文化的探索与研究无疑至关重要。

（原刊《西安财经学院学报》2007年第4期）

秦人早期历史研究及其价值探讨

秦王朝是中国历史上第一个大统一的中央集权的封建王朝，其在中国历史上具有极为独特的地位和重要作用。之所以如此，"并非仅因为由秦作了战国的终结，并开启了汉代文明；更重要的是，秦具有划时代的历史意义，即由之开辟了中国古代历史的新纪元，其后其前的历代王（皇）朝皆无可与之比拟者，二千年来的帝国制度正反两方面都可以从秦找到它的历史缩影，都可以从秦的制度中寻到它的根基和因子"①。所以，恽敬在《三代因革论》中就有"自秦以后，朝野上下，所行者皆秦之制也"的感慨。② 谭嗣同《仁学》一书亦有"二千年之政，秦政也"的结论。毛主席更是给予更高的评价："百代都行秦政法。"这说明，对秦史及秦文化的研究和探讨，远远超出了秦史本身。

秦史研究的魅力和价值还在于秦之完成大统一和其政权的迅速瓦解，这对立统一的两个问题，给后人留下了无尽的思考和启迪。它犹如魔方般长期困扰和吸引着历代统治者与学人，去探究其奥秘。因而，自秦亡后不久，即有汉初陆贾著《新语》和贾谊撰《过秦论》，研究总结秦亡的教训，由此开始了对秦史的研究。接着，从司马迁《史记》、班固《汉书》等正史，到历代政论文，研究秦史者代不乏人。人们从不同的角度试图对这两个无法回避的问题和疑案，进行研究和破解。这种探索和研究，极大地推动了秦史的研究工作。

在秦史研究中，还有一个饶有兴味而无法回避的问题，就是秦人由

---

① 张金光：《秦制研究》，上海古籍出版社2004年版，第11—12页。
② 恽敬：《大云山房文稿》卷一《三代因革论》。

统一到灭亡，虽然历时很短，但其由兴起到发展、建国进而一统天下，却经历了漫长而曲折的过程。在秦人漫长的发展历程中，它是如何由小到大、由弱到强，最后扫灭六合完成统一的？它是如何由边鄙小族而逐步走向历史舞台的中央的？它是如何在艰苦险恶、险象环生，经常危机四伏的环境中惨淡经营、致力发展从而实现崛起的？它是如何在列国争霸和七雄兼并中后来居上的？秦与六国的发展路径和历史结局缘何完全不同？秦文化与周文化、六国文化、戎狄文化的关系及异同究竟如何？秦文化的内涵、面貌、特征、优势何在？……这一个个耐人寻味的问题，长期困扰着人们，也吸引着无数先贤时俊的探研激情。然而，这些问题时至今日也没有得到理想的答案。历史研究和文化探索的魅力也正在于此。

历史的发展具有连续性，文化的演进也具有传承性。无论秦的统一与速亡，还是秦人历史与文化的独特性，其正解实际上只能从考察秦人发展历史和文化演进的足迹中去探寻，尤其是究本溯源对秦人源头和早期历史的探究更为必要。当然，这种探求，并非单纯的一族一国历史的线性考察，而是将秦人历史置于先秦历史的发展阶段和中国古代历史发展的整体进程中，加以宏观把握和具体探讨。只有这样，才有可能获取历史的真相和科学的答案。

纵观两千年来的秦史研究，人们的注意力主要集中于春秋以来特别是战国以来的秦人历史，而对于秦人早期历史的研究，成果寥寥，甚至空白。造成这种局面的最主要原因，是由于秦史资料尤其是秦早期历史资料的极度匮乏，还有传统观念认识的限制。近年来，随着考古发掘和新资料的发现，对秦人早期历史与文化的研究，其长期冷寂的局面业已打破，一些新的研究成果也在不断问世，但是，秦早期历史与文化研究相对薄弱和滞后的格局并未完全改观，许多问题仍未能取得令人满意的成果。而秦早期历史在秦史研究和先秦史研究中又是无法绕过的一环，这既是我们今天无法回避的课题，也为我们留下了一个可以有所作为的学术空间。

一 20 世纪中国史学的发展趋势与轨迹

秦王朝作为中国历史上的一个朝代和历史阶段，在中国古代历史中占有十分重要的地位。要了解和把握秦史研究的发展现状，就不能脱离中国史学发展的大背景。从 20 世纪初，伴随中国社会的转型，中国史学也开始了由传统史学向现代史学的转型，而且"经历了一场脱胎换骨式的改造"[①]。

具体说来，近代以来，伴随着中国反帝反封建和争取民族独立的革命需要，也由于达尔文进化论和西方社会学、政治学、经济学和史学论著的传入，促进中国史学开始了由传统史学向近代史学的转变。1902 年梁启超发表《中国史叙论》，后又发表《新史学》，呼吁"史界革命"，倡议建立"新史学"。他在批判传统史学的基础上，对新史学的性质与范围，历史哲学与史学的社会功能，史学与其他学科的关系等问题进行了讨论。提出了新史学的有关新概念和新范畴，如广义之史、狭义之史、局部之史、全体之史、公理公例等。这些新理论，从近代学术观念出发阐述了史学的基本问题，提出了中国史学近代化的理论模式。新史学的产生以历史进化论为指导，形成"新史学"思潮，在 20 世纪初至五四运动前后产生了很大影响。

五四运动后，马克思主义及其唯物史观在中国的传播，直接催生了中国马克思主义史学的产生。1924 年，李大钊所著《史学要论》出版，是我国第一部用唯物史观写成的史学理论著作，也标志着中国马克思主义史学的产生。中国马克思主义史学的发展又同中国共产党领导的中国革命密切相关，1930 年，郭沫若《中国古代社会研究》出版，是第一部用唯物史观写成的中国古史著作；范文澜、吕振羽、翦伯赞、侯外庐等学者在抗日战争和解放战争的艰苦年代，都为马克思主义史学的发展做出了贡献。在 1949 年前，马克思主义史学已得到很大发展，在诸多史学流派中成为主流思潮，并在历史观和方法论上把中国史学从近代化阶段推向科学化轨道。

[①] 王增瑜：《宋史研究的回顾与展望》，《历史研究》1997 年第 4 期。

在新史学兴起的浪潮中新历史考据学派也开始出现，它主要采用西方实证主义史学方法和进化论史观，结合新史料综合研究中国古史，取得一系列超越前代的研究成果，形成新历史考据学思潮。1921年，王国维《观堂集林》出版，提出著名的用地下文物与文献记载相印证的"二重证据法"研究历史，以达到"古史新证"的目的，取得一系列新成果。顾颉刚等人为代表的"古史辨"派，在历史考辨方面由"疑古"到"考信"，在古史考辨方面获得突出成就。陈寅恪、陈垣尤长于考据，前者以制度探源和"诗文与史事互证见长，后者以探求史源、区分类例为宗"①，并取得丰硕的学术成果。后三位学者也在新中国史学的发展中做出重要贡献。

新中国成立后，马克思主义成为指导思想并广泛传播，唯物史观得到普及。马克思主义史学迅速发展，一批老史学家自觉接受马克思主义唯物史观的理论和方法研究历史；一大批年轻的马克思主义史学工作者成长起来；大批新史学著作、教材出版，马克思主义史学教育体系和研究体系建立起来。然而，在持续十年的"文化大革命"中，史学界首当其冲，阶级斗争扩大化和批《海瑞罢官》，批"三家村"，"评法批儒"，使史学研究偏离科学的轨道，甚至成为"四人帮"搞政治影射的工具。

改革开放以来，中国史学进入了新的发展阶段并走向繁荣。一方面史学研究回到科学的道路，马克思主义史学理论在反思和深化的基础上得到发展，一些新思想、新理论、新方法和新手段被引入，从而使史学在理论、方法、价值取向、研究手段和模式等各方面都得到全面的更新和提升，为史学的全面发展和繁荣奠定了理论和方法基础。另一方面，随着史学研究机构、学术团体、专门刊物增多和研究队伍的壮大，人才培养体系的完善以及学术研究的日益深入，加之各学科的快速发展和科学技术的进步，又使史学研究在视野、领域、范围、深度和广度上空前开阔。于是，经过近四十年的发展和进步，史学研究在科学化的基础上除了重视传统的经济史、政治史和思想史之外，文化史、社会史、民族史、地方史、宗教史、专门史、中外关系史、国别史、地区史等都得到快速发展；人口史、妇女史、历史地理学、环境史、敦煌学、简牍学、

---

① 瞿林东：《中国史学的理论遗产》，北京师范大学出版社2005年版，第196—201页。

考古学等新学科也得到迅猛发展并取得不俗成就。特别是史学研究无论在理论和实践还是在具体问题的探究上，都不断在客观、细致、深入和微观的基础上进行专题探讨和理论概括，从而使新时期史学研究在各个领域都取得一大批高质量和高水平的学术成果，而且推动新时期史学研究呈现百花竞放和繁荣发展的良好态势。

纵观20世纪中国历史学的发展，其特点和成就可以概括为六点：一是进化史观是20世纪中国历史学的显著标志；二是唯物史观的运用是20世纪中国历史学的伟大进步；三是理性的觉醒、理性精神的发扬；四是高扬爱国主义精神；五是在各个分支学科的开辟和创造获得重大建树，建立了历史学全面、系统的学科体系；六是新史料大批发现，其质量之高、数量之多，远远超过以前任何朝代的发现。① 因此，在整个20世纪这个中国社会大变革和大转型的时期，也成为史学研究发生革命性转折和大发展的阶段。从史学理论到史学观念，从史学方法到治史手段，从体系构建到视野参照，从史料考订到撰著表述，都呈现出与传统史学迥然不同的面貌和气象。中国史学进入了一个全新的发展时代。我国史学的这些发展和进步，为秦史研究特别是秦早期历史的研究，奠定了比较深厚的学术基础，也开创了一个前所未有的良好基础和发展空间。

二　秦史研究的百年嬗变

20世纪在中国史学发生变革的诸多条件中，新材料的大量发现无疑是非常重要的一个方面。虽然运用出土材料研究历史古已有之，但真正引发史学研究革命性变化的则始于20世纪初现代考古学的诞生。因而，它不仅促进了史学研究的深化和发展，而且开拓了不少新的研究领域，如甲骨学、敦煌学、简牍学的出现即是如此。20世纪的秦史研究，正是随着地下考古材料的大量出土而取得突破性进展。从王国维对秦都城和"秦公簋"器铭的研究和考释，到蒙文通、卫聚贤关于秦民族源流的探赜，标志着现代学人不仅将秦人早期历史纳入视野，而且进行了拓荒性研究。与此同时，考古学家也涉足秦早期历史的探索。1933年，国立北平研究院为探究先周和

---

① 戴逸：《世纪之交中国历史学的回顾与展望》，《历史研究》1998年第6期。

先秦的历史文化遗址，组成陕西考古调查队，对西安、咸阳一带的秦城址如阿房宫、犬丘、雍城等遗址进行了勘察。接着，从1934—1937年，苏秉琦先生等三次发掘了宝鸡斗鸡台沟东区周、秦、汉墓葬，获得一批珍贵的资料。特别是经过对器物形态学和工艺学的研究，对墓葬葬俗制度的考察，第一次将秦文化从周文化和汉文化中单独区分出来。虽然其时并未指明这就是秦文化，但毕竟是从周文化和汉文化中，划分出一种新的文化形态，这无疑是一个创举。① 这些研究和探索虽然尚处在初期状态，但现代意义上的秦早期历史研究，正是由此起步的。

新中国成立后，1950—1951年，中国科学院考古研究所在陕西长安县（今西安市长安区）客省庄发掘了71座东周墓，1954年在西安半坡发掘112座战国墓葬，后又在宝鸡发掘了李家崖等墓葬。至20世纪50年代，人们已基本上将屈肢葬式、西向墓和随葬品中的铲形袋足鬲看作是秦文化的墓葬特征。此后的发掘简报或报告则进一步将这类墓葬确定为秦国墓葬。60年代以来，秦文化考古进入丰收期，如对秦都雍城、咸阳、栎阳以及阿房宫遗址，郑国渠渠首遗址，都江堰遗址，灵渠遗址和一大批秦代中小型墓葬的发掘，特别是秦始皇陵兵马俑的出土，湖北云梦睡虎地秦简、四川青川秦木牍、陕西凤翔秦公大墓的发掘等一系列重大考古发现，为人们提供了十分丰富而弥足珍贵的第一手实物资料，大大拓展和深化了秦史研究的领域与内容，推动秦史研究进入新的更高境界。进入80年代，人们在多年研究和积累的基础上，开始了对秦文化整体面貌的系统研究和探讨，逐步建立起秦文化的标尺系列，并在许多的分支和专门研究方面取得卓有成效的突破。

在秦史研究领域，对秦早期历史的研究和探讨，既十分重要，又不可或缺，但因资料限制而长期徘徊不前。这种状况终于在20世纪八九十年代出现了转机，一方面，林剑鸣、熊铁基、黄灼耀、伍士兼、何汉文、段连勤、高福洪、刘庆柱等学者在80年代初先后发表了一系列论文，对秦早期历史和秦人族源进行了深入探讨，引发了新中国成立以来秦早期历史研究高潮；另一方面，甘肃甘谷县毛家坪和天水董家坪西周至春秋

---

① 巩启明、呼林贵：《秦文化的考古工作与研究》，载《秦文化论丛》第一辑，三秦出版社1993年版。

秦墓葬遗址的发掘，接着是天水放马滩战国秦墓木板地图与竹简《日书》的出土，特别是在礼县大堡子山秦公墓、西垂陵区和赵坪秦贵族墓、清水县刘坪春秋墓葬的发现，为秦早期历史与文化的研究，提供了新材料、新内容和新视野，推动秦早期历史及其文化研究迈上新的台阶。秦早期历史及其文化的研究由此日益受到重视，也吸引越来越多的学者加入到研究中来，特别是人们依据不断发现的新考古材料，对秦早期历史及其文化进行了多层面、多角度的研究，提出并探讨了许多前人未曾涉足的新课题和新问题，获得一批高质量的学术成果，推动秦早期历史研究不断深入。尤其是随着秦早期历史与文化的神秘面纱开始被揭开时，学术界对其重要价值和特殊地位的判断也随之更加切合实际，这就为秦早期历史与文化研究有望获得突破性进展，奠定了良好的基础。

近几年，中国社科院考古所等五方联合考古队在礼县境内西汉水流域和清水、张家川牛头河流域系统开展的秦文化考古调查，又取得一系列重大考古发现，在礼县西山、大堡子山又有秦墓和青铜器、古城遗址的发现，在张家川县木河乡新发掘的战国时期西戎的大型墓葬，出土了一批精美的青铜及金银器，还有豪华车辆与车马器等。目前，考古发掘还正在进行当中，其丰富的内涵和文化面貌以及新遗址的揭示指日可待。在甘肃天水境内陆续发现的这批遗址和文物，为我们系统探索秦人早期历史发展线索、秦人西迁、秦人居地、秦早期都城和秦人西陵区以及秦早期文化的起源与面貌，提供了前所未有的第一手资料，也使秦建国前一段几呈空白的历史得以复原成为可能；而秦人在西周以来发展和崛起于天水地区这一长期以来多不为学界认可的局面，由于大量秦早期文化遗址与文物的不断发现而成为铁定的事实，这对于学界重新审视和判断秦早期历史与文化，无疑具有里程碑意义。因此，近二十年来，秦早期历史及其文化的研究渐成高潮，不仅成果较多，而且研究视野和范围也更为开阔，并在广度和深度上远远超越了此前的研究。

近二十年来，在甘肃天水地区已经发现和正在发现的秦早期文化遗址，以及学术界已经取得的研究成果，为全面探索和系统揭示秦早期历史及其文化面貌，奠定了坚实的基础。但是，在秦早期历史及文化的研究中，也存在一些问题和迷茫，至今制约和影响着研究的深入和突破。一方面，在与秦人早期历史相联系的秦人族源、迁徙时间与地域等问题上，人们的认识和看法有明显分歧。另一方面，受史料记载、传统流行观点和地域本位意识的限制与束缚，在对秦人早期历史面貌、文明水平和文化发展程度的认识和看法上，也是分歧较大。这种现象，既是秦早期历史与文化研究初始阶段必经的过程，也对在更深层面和更高层次开展研究，奠定了必要的基础。

三　秦早期历史及其文化研究的意义

张金光在《秦制研究》一书中，对秦王朝在开辟中国古代封建专制体制和制度的意义，有过比较全面的评价。指出：

> 关于秦，至少可以总结为九个根本方面在中国古代历史中具有长期的作用和几乎永久性的意义，也可以说是秦在中国古代历史上造就的九个开创性的"第一"，以为后世长期效法。(1) 秦开创了行用二千余年的皇帝制度；(2) 开创了国家大一统的政治传统。自此后，统一为常态，分裂为变局，分久而必合；(3) 开创了行用二千余年的专制主义中央集权制，在中央和全国地方推行官僚政治；(4) 奠定耕、战、防相结合的边防战略，创立了完整的长城边防体系，并开创了别具特色的长城文化带；(5) 秦的统一标识着我华夏民族共同体自形成而又发展到了一个新的阶段，既标识着汉民族的形成，同时又是以华夏（汉）民族为主体的大中华民族的开端；(6) "车同轨"，"书同文字"，度量衡的统一，以及"行同伦"，为大一统国家的管理提供了数字化基础和共同的文化心理基因；(7) 秦统一奠定政治边疆所表现出来的外向精神，对一个以农立国的民族来说，是最为可贵的，同时在世界历史范围内第一次留下了不可磨灭的永久性影响，国际社会至今仍相沿以"秦"作为对中华的代称；(8) 恢宏博大的气度，尚法制精神；(9) 秦不仅对中国古代土地国有制做了普遍的高度的发展，而且也由其第一次使土地私有制合法化，开启了土地私有制发展的历史长河。由上述看来，研

究秦史或者说秦文化便具有了很高的学术价值与现实意义。①

这段论述,其观点也许还有一些可商榷之处,但其对秦史及秦文化研究的价值与意义的论述,倒是比较全面而到位。就秦早期历史及其文化的研究而言,除此而外,它还具有其独特的价值和历史意义。

第一,秦王朝作为第一个大一统王朝,其兴起的漫长过程和曲折的成长历史,在先秦史乃至中国古代史上具有不可替代的独特地位。秦王朝追溯其建立国家的历史,只有五百多年的时间,若要计算其部族起源和发展的历史,虽若明若暗、不绝如缕,但其漫长进程则与夏商周三代相始终,这在上古史上是罕见的。秦人先祖从舜禹时代的显贵到夏代的沉沦,由叛夏归商、"以佐殷国"、"遂为诸侯"到商末周初的屡遭征伐和失姓断祀;秦人由周初的"在西戎,保西垂"到附庸小国再到西方霸主和一统天下,其兴起和发展的历程可谓一波三折、几经起伏。时而被推到历史的前台,时而又退居边缘甚至遭杀戮流放,其部族命运可谓悲惨异常。这样一个部族和国家的早期发展,是在危机四伏、险象环生的环境中进行的,其由衰到兴、由小到大、由弱到强的曲折发展与它后来居上、扫灭六合,是一个完整的部族、国家兴起和发展的进程,无论是研究秦国、秦朝的历史,还是探讨秦文化的面貌、特点和优势,都不能忽视或割断对其早期历史及其文化的追寻,其开创统一王朝建立帝国的历史奥秘和文化基因,无不深藏于秦人早期的历史进程之中。就此而言,对秦人早期历史及其文化的研究,甚至较对夏商周三代任何一个政权历史的研究更具重要价值和典型意义。

第二,秦早期历史的研究,可以为探讨夏商周三代历史提供独特的视角。三代时期可以说是中华民族、传统国家和传统文化的奠基阶段,这在很大程度上对其后民族、国家和文化的发展乃至走向具有规定性。而这一进程是在三代整合积累的基础上由秦王朝所完成的。在三代时期的大部分阶段,秦人始终处在历史边缘或下层而全程参与其中。因此,探究秦人早期历史的发展,揭示秦早期文化的本来面目,复原其部族命运的种种变故,既可以为研究三代历史提供一个独特的视角和侧面,有

---

① 张金光:《秦制研究》,上海古籍出版社2004年版,第11—12页。

助于对三代历史的深层研究；又可以从这一边缘、下层或者说从深层去触摸和审视华夏民族的文化生态。用苏秉琦在中国文明起源与国家形成上提出的文明起源"三历程"和国家形成"三部曲"与"三模式"理论，考察秦人发展与建国的历史，则秦人既经历了其文明起源的古文化、古城、古国进程，又经历了由古国、方国到帝国的国家形成的完整阶段和发展模式的"原生型"形态，①其完整性和典型性是其他部族及其国家的历史所无可比拟的。所以，对秦人早期历史的关注和探索，不仅为三代历史的研究提供了新的视角，而且，它对于从源头与深层揭示和管窥中华民族、传统国家和传统文化原初构成开辟了通道。

第三，对秦人起源与族属的追寻，是先秦时期民族发展与融合的一个活标本。秦人就其艰辛漫长的部族起源历史而言，可以说扑朔迷离、神秘莫测，至今还有不少缺环和谜团尚未解开。但就基本的线索而论，它由地居东方的东夷大族到"子孙或在中国，或在夷狄"的流动，由周人的杀戮征伐到避居西垂与西方戎狄为伍，由建国陇右再到东进关中，这一流动迁徙历时漫长，路途遥远，无异于是一次民族融合再造，文化交融重铸的浴火重生。这一过程又与夏商周三代历史相交织，与戎狄部族相杂处，是三代时期部族大流动、文化大交流的重要一页。越来越多的考古发现和文化人类学研究表明，上古人类的迁徙流动、文化交流，其范围、距离和深广度，远较我们的传统认知和想象更为广泛、频繁和密切，简直是无远弗届。所以，以秦人早期历史和文化创造活动为对象，搜其线索，抉其幽隐，剔其虚妄，补缀缺环，探其足迹，还原历史，其意义和价值就绝不仅限于对秦人早期历史和文化原生面貌的重建，而更在于透过秦人部族这一活标本，纵以观察其民族童年历史演化聚合的历历足迹，横以截取一个个部族融合、文化交融的节点和剖面，透视其民族与文化的结构特征与形态面貌。以此为支点和突破口，举一反三、见微知著，一幅我国民族童年的历史面貌和文化地图，就有可能重现。

第四，对秦人西迁动因、过程以及路线的考察，可以揭开先秦历史许多未解的谜团。在秦人、秦文化起源问题上，一直存在着"东来说"

---

① 苏秉琦：《中国文明起源新探》，生活·读书·新知三联书店1999年版，第130页。

和"西来说"的争论,纷纭至今。近几年来。又有一些学者提出秦人是信仰熊图腾崇拜的中原通古斯人命题,"秦始皇是说蒙古话的女真人";秦人是源于东夷、西迁过程中与斯基泰人联姻的半游牧民族等新观点。①这些看法,既大胆新奇又振聋发聩,令人耳目一新,无疑在秦人、秦文化起源的争论中再掀波澜。这也启示我们要在中国上古历史更为广阔的时空范围,多角度、多层面、综合性地探索揭示秦人历史的源头和发展进程。秦人初兴何处,族属何在,因何流动迁徙,如何迁徙,迁徙过程中又发生过哪些民族融合与文化交流活动,这迁徙与交流在多大程度上影响和改变了秦人部族构成和文化发展原貌。这一个个问题和谜团,既是研究秦早期历史和整个秦人历史无法回避的问题,又与三代历史进程和中华民族的早期形成息息相关。

第五,秦早期文化的形成与发展,既是秦文化的原初形态和活水源头,也是秦民族再造和秦文化创始过程相交织的产物,它对于追溯中华民族文化源头具有重要意义。从夏禹到秦始皇近两千年的时间,秦人、秦国、秦王朝的历史一以贯之。秦人如何历经磨难和起伏而崛起,秦人在三代时期的地位和作用,秦人对三代历史发展的影响,秦与三代的关系与互动状况,秦早期文化在三代错综复杂的环境中如何兴起和发展,秦早期文化兴起的民族和历史文化背景,秦早期文化与三代文化相互影响和融通的具体过程,秦早期文化如何吸纳、整合夏商周文化和戎狄文化而升华为统一中国的秦文化。这一个个问题不仅与秦人历史的发展相互交织,而且与中华民族的早期形成、中华传统文化的最初构成密切关联。因此,对秦早期历史及其文化的探索和研究,既是一个秦史研究的课题,也是对中华民族、中华文化源头追寻探源不可或缺的重要一环。

因此,在前人研究的基础上,充分利用考古新发现和新材料,在中国古史和先秦历史的宏观视野下,以科学求实的态度和客观理性的精神,重新审视和全面考察秦人早期历史,系统构建秦早期历史与文化发展的

---

① 参见叶舒宪《熊图腾:中华祖先神话探源》,上海锦绣文章出版社2007年版,第155—200页;朱学渊《秦始皇时说蒙古话的女真人》,华东师范大学出版社2008年版,第59—61页;孙新周《岩画·鹿石·嬴秦民族寻根》,《天津师范大学学报》(社会科学版)2007年第4期。

框架和体系，揭示其发展线索、历史面貌、文化内涵及其形态特征，以推动秦早期历史乃至整个秦史研究的深化和新的突破，既是非常必要的，也是完全可能的。

（原刊《天水师范学院学报》2009 年第 4 期）

天水"两河流域"秦早期文化遗址的发现及其意义

从现有资料可知,早在商周之际,嬴秦或与之有关的商周文化就已经进入陇右天水一带。在以前的考古研究中,人们将甘肃地区的周代时段的文化遗址笼统地称为"周代遗存",秦人正是商末周初迁入陇右天水一带的,自然其文化遗存就包括在"周代遗存"之中。毛家坪遗址以及其A组遗存的发现,证明《史记》有关秦人早期活动的记载是正确的,秦人在西周初年确已活动于天水一带。

根据史党社1999年在陇右地区的文物调查,含有秦人早期遗址在内的"周代遗存""主要分布于西汉水流域的西和、礼县、泾水上游的平凉、灵台、泾川及渭河上游的武山、天水、清水等县市"。① 近年来,随着在礼县、清水等地一批新的周秦文化遗址的发现,商周之际以至春秋时期秦人在天水地区的文化遗存进一步被揭示,为我们了解秦早期在陇右一带人居、分布和发展的基本面貌,提供了重要依据。概括起来,天水地区有关秦人早期历史与文化的重要发现和考古发掘已有十项之多。

一 秦早期文化文物的最初发现

就天水地区秦公陵墓及其文物的发现来说,早在一千余年前的北宋,就已有文物出土。据宋人金履祥《资治通鉴前编》记载:宋"太宗时秦

---

① 史党社:《甘宁地区秦相关文物考察报告》,载《秦文化论丛》第八辑,陕西人民出版社2001年版。

襄公家坏，得铜鼎，状方而四足。铭曰：'大王迁洛，岐丰赐公，秦之幽宫，鼎藏于中。'"① 反映的是秦襄公护驾周平王东迁洛邑和秦人被赐岐丰之地的史实。此外，北宋还发现了盨和钟（又称昭和钟），② 其铭文与1919年在天水西南发现的秦公簋铭文相类，故学术界也认为钟与簋乃属同期之物。襄公鼎与盨和钟的出土，是天水地区秦公陵墓文物首次见于记载的发现。天水地区文物的第二次面世是1919年，这一年发现了后来驰名中外的秦公簋等一批秦墓铜器。据冯国瑞《天水出土秦器汇考》序文介绍："民国八年（1919年），天水西南乡出土铜器颇多，旋即散佚。今传世秦公簋初流传至兰州商肆，置厨中盛残浆，有贾客以数百金购之，其名乃大著。后为合肥张氏所得，携往北平。十二年（1923年），王静安先生即为之跋矣，于是举世皆知。"对于秦公簋的出土地点，冯国瑞只说了一个大概方位"天水西南乡"。因此，后人对具体出土地点多有争论，如有认为簋出于今天水市秦州区秦岭乡梨树坡、董集寨两村与礼县红河乡六八图村相交处的庙山顶端土堡内；也有认为在礼县红河王家东台的。不论谁是谁非，秦公簋出土于今天水市西南与礼县红河乡一带是肯定的。而且按冯国瑞所说，当时出土的"铜器颇多"，则秦公簋出土于当时发现的一座秦公墓是毫无疑问的。如果找到这座已经被盗的秦公墓，不仅秦公簋的出土地点就会大白于天下，而且对于秦人早期居地、都邑的具体确定，都将大有裨益。

1944年，天水秦墓又出土了第三批文物。据冯国瑞《天水出土秦器汇考》记载：民国"三十三年（1944年）秋，天水南乡暴雨后出土古车数两（辆），器饰零碎颇多，且有髹漆轵轮之屑，初未毁散"。冯氏曾请人前往，得到三件青铜车器。李学勤先生认为这次暴雨冲出的秦人墓葬，"显然是一处车马坑"③。

二　近三十年来西汉水流域秦早期文化遗址的发现

秦早期文化遗址在天水地区的第六次发现，缘起于礼县大堡子山墓

---

① 金履祥：《资治通鉴前编》卷九，文渊阁《四库全书》本。
② 薛尚功：《历代钟鼎彝器款识法帖》卷七，文渊阁《四库全书》本。
③ 李学勤：《探索秦国发祥地》，《中国文物报》1995年2月15日。

葬的被盗和大量文物流失。1987年以来，在礼县县城东13千米永兴乡平泉、文家村附近的大堡子山凹中，有群众在挖龙骨时发现小型秦墓，即有不法古董商窜入，唆使盗掘，规模愈来愈大。1993年秦公墓被盗掘发现，大量文物随之被盗并流落海外。1994年3月至11月，甘肃省考古研究所田野考古队对被盗秦墓进行了钻探和清理发掘，发掘大墓2座，瓦刀形车马坑1座，中小型墓9座，基本搞清了墓地的排列以及墓葬的分布情况。大堡子山作为秦人早期墓葬的发现，也就证实了秦人早期曾长期以犬丘为都史实的存在不容否认。

1997年、2000年，在礼县永兴乡赵坪圆顶山墓葬两次被盗后，甘肃省考古研究所先后于1998年、2000年两次对圆顶山墓葬进行了抢救性发掘。该墓区位于大堡子山秦公墓地东南的西汉水南岸。两次发掘了墓区4座中型、1座小型墓和1座车马坑，探明被盗车马坑1座。墓葬均坐西朝东。两次发掘均有精美青铜器等随葬品出土，计铜器50件，陶器8件，玉、石器65件，其中玉器39件，石器26件，料珠9件。戴春阳先生认为赵坪墓区两座中型墓所葬应是春秋早期的贵族夫妇。① 第二次发掘后，发掘者认为属于春秋中晚期秦国贵族墓地。② 这是秦文化在天水地区的第七次发现。

2003年甘肃省文物局邀请甘肃省文物考古研究所、中国国家博物馆田野考古部、北京大学文博学院考古系、陕西省考古研究所和西北大学文博学院考古系五家单位成立"早期秦文化调查、发掘和研究"课题组，组建"早期秦文化联合考古队"，于2004年3月开始对西汉水上游干流及其支流漾水河、红河、燕子河、永坪河流域，东起天水市秦州区天水乡，西至礼县江口乡，长约60千米的范围内进行文物勘察，历时一个月，共调查汉代以前各类遗址98处，其中，仰韶文化时代遗址61处，龙山文化时代遗址51处，周代遗址47处。周代遗址中包含周秦文化遗址37处，包含寺洼文化遗址25处。③ 在此基础上联合考古队于2004年9月

---

① 戴春阳：《礼县大堡子山秦公墓地有关问题》，《文物》2000年第5期。
② 甘肃省文物考古研究所、礼县博物馆：《甘肃礼县圆顶山98LDM2、2000M4春秋秦墓》，《文物》2005年第2期。
③ 甘肃省文物考古研究所、中国国家博物馆、北京大学考古文博学院、陕西省考古研究院、西北大学文博学院：《西汉水上游考古调查报告》，文物出版社2008年版，第5页。

至2006年，先后对鸾亭山、西山坪、大堡子山等重要遗址进行了发掘，收获颇丰。结合前期调查，这次历时数年的调查发掘，一是摸清了西汉水流域远古文化的分布、类型及其文化发展序列，为探索当地远古文化发展和秦人早期历史发展背景，提供了坚实的考古学基础。二是摸清了周秦文化包括寺洼文化遗址的分布和基本面貌，确立了3个周秦文化遗址分布群，为重点深入进行秦文化遗址考古打下基础。三是对鸾亭山、西山、大堡子山等重要遗址进行了发掘，发现了汉代祭天基址，西山古城、大堡子山古城以及建筑基址、乐器坑等，山坪遗址城墙夯土等。这些发现大大丰富了西汉水流域秦早期文化的内容，也使最终确定西犬丘地望、西畤遗址、秦公陵墓归属等问题，有了可资参照和深入探究的丰富材料。这一大规模的调查和科学发掘，应该是秦文化遗址文物在天水地区的第九次重要发现。

三 近三十年来秦早期文化遗址文物在天水地区渭河流域的发现

1982年到1983年，甘肃省文物工作队和北京大学考古学系对甘谷县磐安镇毛家坪遗址进行了两次发掘。遗址东西长300米，南北宽200米，面积约6万平方米。已发掘灰坑37个，房基4处，土坑墓32座，瓮棺葬12组。发掘和研究结果表明，毛家坪遗址有三种文化遗存，其中的"A组遗存"是从西周到春秋时期的秦人文化遗存；"B组遗存"则是东周时期另一族属的文化，可能与天水、陇东一带的羌戎民族有关。① 毛家坪遗址的发现，是历史上第一次在陇右天水对秦人文化遗存的考古发现，它不但证实了司马迁记载秦人商末周初进入天水史实的正确性，而且也为秦早期历史与文化的研究提供了一个非常重要的基点，由此也开启了重点和大规模对天水"两河流域"进行考古调查与发掘的新阶段。这是秦早期文化在天水地区的第四次发现。

---

① 甘肃省文物考古队、北京大学考古学系：《甘肃毛家坪遗址发掘报告》，《考古学报》1987年第3期。

1993年12月，天水市广播电视局在基建施工时，发现古墓葬一座，出土一批青铜器，计有鼎4件，盘和匜各1件。① 这批文物的形制与纹饰，均与西安一带西周晚期的同类器物相似或相近，具有西周晚期器物的特征，时代应为西周晚期或春秋早期。据此可知，这批青铜器的主人无疑应是秦人。这是秦早期文化在天水地区的第五次发现。

秦早期文化在天水地区的第八次发现是清水县刘坪的戎族墓地。刘坪村在清水县西北25千米、白驼乡政府南侧的桐温公路边。2000年经县政府批准，清水县博物馆清理了墓葬区被盗的一座较大墓葬，发现周围有小型葬十几座，墓区面积约有2万平方米。出土并经县公安局前后追回的文物共有铜、金器630余件。② 该墓葬被确认为具有地方特色的戎族青铜文化。五方联合考古队在前期考古调查的基础上，于2010年、2011年先后对清水县城北的李崖遗址进行了两次发掘。③ 大致确认该遗址为秦人早期受封秦邑（秦亭）的所在，这对摸清秦人早期在天水地区的历史线索具有重要价值。这是秦早期文化在天水地区的第十次发现。

四 秦早期文化遗址在天水地区发现的意义

以上十次秦早期文化遗址在天水两河流域的重要发现，无论在先秦和秦史研究还是天水地区地域历史文化的研究中，都具有非常重要的价值和意义。

首先，这些发现证实，司马迁《史记》所载中潏自商末周初迁居天水至襄公建国、文公东迁，十四代秦人三百多年一直定居于陇右。《史记》记载这段历史非常简略，但确为信史实录，足资为信。

其次，这些重要发现证实与秦人早期历史息息相关又长期聚讼纷纭的西垂、犬丘、西犬丘、西山、秦邑等一系列重要地名之地望在今天水地区，这大大开阔了人们科学认识秦人早期历史的时空视野，从而使坚

---

① 汪保全：《甘肃天水市出土西周青铜器》，《考古与文物》1998年第2期。
② 李晓青、南宝生：《甘肃清水县刘坪近年发现的北方系青铜器及金饰片》，《文物》2003年第7期。
③ 早期秦文化联合考古队：《甘肃清水李崖遗址考古发掘获重大突破》，《中国文物报》2012年1月20日。

持上述地点均在陇右以外论者的观点,失去了立论根据,对于深化秦早期历史与文化的研究意义重大。

再次,确立了天水地区是秦人、秦族的发祥地和秦文化的复兴地。大量地下考古材料的发掘出土,为破解扑朔迷离、线索不清的秦人早期历史提供了第一手资料,从而使科学认识和揭示秦早期文化的特点和基本面貌成为可能。

最后,这些重要发现,为研究商周史、周秦关系史,特别是对深化周秦与西戎关系演化的研究,提供了重要资料和独特视角。同样,这些重要发现,也大大丰富了天水乃至陇右地域历史文化的早期资料,为揭示天水和陇右地域文化的形成和早期面貌,奠定了重要的资料基础。

(原载雍际春等主编《嬴秦西垂文化——甘肃省秦文化研究会首届学术研讨会论文集》,甘肃人民出版社2013年版)

秦早期历史考证

嬴秦始祖考

我们目前所知的秦人先祖乃是女脩及其子孙大业和大费伯益，但是，据实而论，嬴秦始祖女脩与大业绝非母子，而是时代相差很远的两人，只是两人之间的世系传承因年代久远和史料缺乏而无从复原。由女脩到大费，大约代表了从五帝时代颛顼之后至夏禹时期嬴秦的部族历史。这是我们据以探讨秦人早期历史的重要依据。

一 女脩及其生活的时代

《史记·秦本纪》开篇即说："秦之先，帝颛顼之苗裔孙曰女脩。女脩织，玄鸟孕卵，女脩吞之，生子大业。"《史记·封禅书》又说："秦襄公自以为主少昊之神。"这些记载，都涉及秦人起源问题，我们有必要一一加以分析。

秦人母系先祖为"帝颛顼之苗裔"，这应该是可信的，也为陕西凤翔南指挥秦公一号大墓出土的石磬铭文"高阳有灵，四方以鼏"所证实。[1]至于女脩吞玄鸟卵而生子大业，则有着深刻的象征意义和丰富的文化内涵。

秦人最早见于记载的历史，就源自"玄鸟孕卵"这样一个神秘而动人的神话传说故事。一个姑娘仅仅是因为吞吃了燕子的蛋，就生了孩子，这在今天看来，未免荒诞离奇，也绝无可能。但是，这种离奇的传说故事，往往是一个民族原始文化的活水源头，是人类童年时代对社会生活

---

[1] 王辉：《论秦景公》，《史学月刊》1989年第3期。

历程心理体验的自然流露和曲折反映。因为在那遥远的洪荒时代，人们还不会使用文字记事述史，人类自身那些完整、真实的历史情节，大部分都伴随悠久的岁月流逝，在人们的记忆中渐次泯灭，而流传下来的，只是一些神秘离奇的传说或故事。这些传说与故事往往隐含着一个民族幼年成长和文化命运的种种积淀，透过神话怪诞不经的表象，剥去传说的神秘外衣，从中多少可以捕捉到一些反映历史事实的真实影子。

（一）女脩与中国上古感生传说

在中国上古神话传说中，类似女脩吞燕卵而生子的部族首领"感生"的传说，是比较普遍的现象，仅在华夏民族中就有许多这样的材料，例如：

> 大迹出雷泽，华胥履之，生宓牺。（《太平御览》卷七八引《诗·含神雾》）
>
> 少典妃安登游于华阳，有神童感之于常羊生神子，人面龙颜好耕，是为神农。（《路史·后记三》注引《春秋·元命苞》）
>
> 付宝见大电绕北斗，巨星明郊野，感附宝，孕二十四月，生黄帝于寿丘。（《帝王世纪》）
>
> 女节感流星生少昊。（《宋书·符瑞志》）
>
> （女枢）"见摇光之星"，生颛顼。（《今本竹书纪年》《山海经》《诗·含神雾》）
>
> 庆都与赤龙相配而生尧。（《诗·含神雾》《太平御览》《初学记》）
>
> 枞华见大虹而生舜。（《今本竹书纪年》《尚书·帝命验》）
>
> 女嬉吞薏苡而生高密（禹）。（《吴越春秋》）
>
> 简狄吞玄鸟卵生契。（《诗·玄鸟》《史记·殷本纪》）
>
> 姜嫄践大人迹生弃。（《史记·周本纪》）

可见，在上古时代，伏羲、神农、黄帝、少昊、颛顼、尧、舜、禹、契、弃都是感而生之。说明在人类历史的童年，都有过一个特殊的始祖感生的时代。这些类似的传说有一个共同点，就是各位英雄始祖的出生，都"知其母,不知其父"。这似乎是将各族的历史都上推到母系氏族社会。然而,就秦人始祖而言,女脩乃颛顼的苗裔孙,女脩生子大业,大业生子大费,大费即伯夷则与舜、禹是同时代人,而舜禹时代早已告别了母系氏族社会时代,已进入父系氏族社会的末晚阶段——奴隶制社会即将产生的前夜。况且我们习知的三皇五帝均为父系世系,亦即在舜禹之前,父系氏族社会已经经历了一个漫长的发展阶段。那么,颛顼以及秦人先族始祖女脩和大业究竟生活在什么时代,女脩和大业两人是真正的母子关系吗?这就是我们解开秦人起源和时代背景的关键所在。

(二) 女脩生活时代蠡测

一般认为,颛顼出自以太昊为初祖的东夷族,由太昊集团中的颛臾和须句两个胞族结合而成的新部落,故称颛顼。其强大以后,颛顼继少昊而成为东夷部落联盟的首领,后又继黄帝而立,成为夷夏大联盟首领而位居"五帝"次席。女脩为颛顼之苗裔,其必在颛顼部族形成之后,而颛顼族早在太昊时代即已出现,那么,女脩生活的时代必早于颛顼继黄帝而立之时。杨东晨指出:"东夷太昊时代,已存在少昊、蚩尤部族;少昊时代,已有颛顼部族;颛顼时代,仍有众多氏族部落方国的存在。只不过是在某一历史阶段,某个部族居于统领地位罢了。"[①] 此论很有道理。远古部族的兴衰演化,都有一个历时漫长、若明若暗、起伏不居的过程,包括商、周、秦族的兴起,无不如此。《左传》昭公二十九年:

> 少昊氏有四叔,曰重、曰该、曰修、曰熙,实能金木及水,使重为句芒,该为蓐收,修及熙为玄冥,世不失职,遂济穷桑。

在《礼记·月令》中,以句芒神配木德青帝太昊,以蓐收神配金德白帝少昊,以玄冥神配水德黑帝颛顼,则少昊氏四叔中的句芒神—重应为木正,蓐收神—该应为金正,玄冥神—修和熙二人应同为水正。少昊氏四叔中有一位"修",陈平认为,这位"修"就是秦人始祖母女脩:"少昊氏四叔中,特别值得注意的是那位与'熙'同作水正的'修'。颛

[①] 杨东晨:《秦人秘史》,陕西人民教育出版社1991年版,第30页。

项是北方水德黑帝，也是一位水神，古黑与玄同意。因此，颛顼族应当就是少昊氏五鸟氏的玄鸟氏部族，玄鸟氏又简称玄或玄夷。而水正'修'与'熙'又合称水神'玄冥'，其中'修'恰为'玄'，而'熙'恰为'冥'。是知少昊氏四叔中的水正'修'，当为少昊五鸟氏玄鸟氏部族酋长，也就是颛顼氏部族的酋长。"① 这一论述富有启发性，也很有见地。玄鸟氏族部落酋长修，陈平认为就是那位吞玄鸟卵而生子大业的颛顼苗裔孙女脩，也就是"颛顼修"。修乃女脩，顺理成章，但认为她也曾是颛顼部族的酋长，则未必恰当可信，史称女脩为颛顼之苗裔孙，而非颛顼族首领，其义甚明。如果少昊四叔中的水正"修"就是颛顼苗裔孙女脩，则女脩生活的时代，当为与黄帝、少昊约为同一时代。其时，黄帝、少昊部族均以男性为首领，而玄鸟氏部族仍以女性为首领，说明当时是一个由母系正向父系过渡的时代，故而才有以父系与母系计算世系并存的现象发生。

女脩生子大业，大业生子大费，父子曾辅佐舜和禹，则上距黄帝时代的女脩至少相差"五帝"中的颛顼、帝喾、尧三帝，时间跨度约有数百年乃至上千年。由此可以肯定，《史记·秦本纪》所谓女脩生子大业，绝非两代之间的母子关系，而是相差数十代的始祖母与后裔子孙的关系。实际上，在他们两位之间，应当还有许多个女性先祖和男性首领，只是由于时代久远，口耳相传，人们已经无法确知女脩至大业之间的世系传承和各代酋长的名字，故而在后起的祖先始生传说中，就以所知的最后一位女族长和第一位男性族长浓缩和简化为母子关系。刘宝才指出，英雄祖先神话的发生，以英雄祖先做出显赫业绩为前提，大费时该部族已经十分强大，而至孟戏、中衍之后，中潏之后已不见其与鸟类的关系。所以，女脩吞鸟卵生子大业的传说，其发生的时代最早不会早于大费一辈，最晚不应迟于孟戏、中衍一辈。②

据此我们可以肯定，秦人先祖母族源自颛顼族，所知其最早的祖先即是女脩，时代约与少昊、黄帝时代相当。

---

① 陈平：《关陇文化与嬴秦文明》，江苏教育出版社 2006 年版，第 155 页。
② 刘宝才：《关于女脩吞鸟卵生大业的讨论》，载《秦文化论丛》第二辑，西北大学出版社 1993 年版。

二　少昊族与嬴秦先祖

既然秦人先祖母族出颛顼部族，则"秦襄公自以为主少昊之神"的少昊部族必为其父系始祖所在部族。

据《国语·晋语四》记载，"惟青阳（即少昊）与夷鼓为己姓"。又云："惟青阳与苍林氏同于黄帝，故皆为姬姓。"《左传》记载嬴姓郯子称少昊为其"高祖"。《说文》："嬴，帝少昊之姓也。"司马迁据此认为少昊之后郯、莒二国俱为嬴姓。这种一人三姓之说，似乎让人无所适从。其实，这可能正是上古时代伴随部族发展和繁衍，部族和姓氏不断派生和分蘖的一种真实反映。《拾遗记》即谓"少昊嬴姓，皋陶偃姓"。段玉裁说"偃、嬴，语之转耳"。刘节就认为偃姓出于己姓，嬴姓出于偃姓。① 段连勤以为己、嬴古音同，己为嬴音之转。② 据此则偃、嬴俱出于己姓，或者说，此三姓俱与少昊部族及其部族分化有关，则秦人必与少昊族有关，即秦人父系先祖乃族出少昊部族或者支族。

其实，少昊族与其后的颛顼族一样，也是从太昊部族分化进而兴起的一个部族。其在东夷集团的分布和居地主要位于今山东地区的西部。东夷集团最初的五方五行五色与五帝相配的系统由少昊氏"四正"发其端，复经少昊氏凤鸟、玄鸟、伯赵、青鸟、丹鸟之"五鸟氏"与黄、黑、白、青、赤五色相应，进而配五方帝而形成。③ 在这一系统中，少昊部族居于东夷的西部，故以少昊为西帝，即为西方金德白帝，又以蓐收神该相配。该为少昊四叔即四正之一，该所在部族当为少昊部族，而在"五鸟氏"中，其所对应的当为伯赵氏。杜预注"伯赵"云："伯赵，伯劳也。"段连勤指出，与秦同族的赵国是周穆王封造父于赵城而为赵氏，在少昊氏五鸟氏族中就有一个伯赵氏，伯赵亦是一种鸟名，"造父以鸟名族及国，不也是以鸟为图腾吗"？伯赵氏也就是

---

① 刘节：《中国古代宗族移殖史论》，正中书局1948年版。
② 段连勤：《关于夷族的西迁和秦嬴的起源地、族属问题》，《人文杂志》1982年增刊《先秦史论文集》。
③ 陈平：《关陇文化与嬴秦文明》，江苏教育出版社2005年版，第153—155页。

白鸟氏,① 商周金文中"伯"与"白"两字可通用,常以白字代伯字。由此可知,所谓"秦襄公自以为主少昊之神",就是因为少昊即是秦人先祖所在部族之故。陈平进一步指出,《左传》僖公二十一年风姓四国"实司太昊与有济之祀"。杜预注:"司,主也;太昊,伏羲;四国,伏羲之后,故主其祀。"可知"司"为"主"的同义语,则秦襄公"主少昊之神"就等于"司少昊之祀"。风姓四国主太昊之祀,是因为他们都是太昊之后,同理,秦襄公"主少昊之神",也就是秦公自认为是少昊之后的缘故。

由此可知,秦人既出于颛顼族,又主少昊之神,正好是其先祖母族和父族分别来自少昊五鸟氏中的玄鸟颛顼族和伯赵少昊氏族,这两个氏族可能就是上古相互世代通婚的对偶部族。所以,秦人母系源出玄鸟氏颛顼族,父系源出伯赵氏少昊族,这两个部族共同孕育了秦人先祖。

三　大业及其事迹

《史记·秦本纪》明载女脩吞玄鸟卵而生子大业,《索隐》云:"女脩,颛顼之裔女,吞鳦子而生大业。其父不著。而秦、赵以母族而祖颛顼,非生人之义也。按:《左传》郯国,少昊之后,而嬴姓盖其族也,则秦、赵宜祖少昊氏。"《正义》又云:"《列女传》云:'陶子生五岁而佐禹。'曹大家注云:'陶子者,皋陶之子伯益也。'按此即知大业是皋陶。"

(一) 皋陶与大业非一人

前已述及,女脩与大业并非母子,而是秦人始祖中分别能够追溯到的最早女性始祖和男性始祖,两人的时间相去甚远。大业是否为皋陶,亦即大业、皋陶为一人还是两人,历来都有争论。但细究起来,大业与皋陶应为两人而非一人。史载大业娶少典之子女华为妻,生子大费,大费即伯益。皋陶与伯益同朝辅佐舜、禹,《荀子·成相》云:"禹得益、皋陶、横革、直成为辅。"《吕氏春秋·求人》云:"得陶、化益、直窥、

---

① 段连勤:《关于夷族的西迁和秦嬴的起源地、族属问题》,《人文杂志》1982 年增刊《先秦史论文集》。

横革、之交五人佐禹。"直窥即是直成。"把益与皋陶并列，且把益置于皋陶之上，说明他们之间非父子关系。"① 一方面，大业与皋陶居地有别，《史记·五帝本纪》《索隐》引《帝王世纪》云：皋陶"生于曲阜，偃地，故帝（舜）因之而赐姓曰偃"。曲阜，系少昊之墟。而伯益族地居嬴，即今山东莱芜嬴水流域一带。另一方面，两族姓氏由来亦不同，皋陶以生地而姓偃，伯益承袭少昊嬴姓。帝舜重封伯益为嬴姓部落长时，只封伯益，而不封皋陶，说明皋陶并非伯益之父。清人梁玉绳《史记志疑》云："舜赐伯益嬴姓，不赐陶。秦谓嬴姓始自伯益，故以伯益为首。皋陶乃偃姓，当为英、六诸国之祖。秦与皋陶无涉。"大业与伯益为父子关系，史有明文记载，向无争议，既然皋陶与伯益非父子，则皋陶与大业是两人而非一人无疑。

皋陶与大业虽非一人，皋陶与大费亦非父子关系，但两者当为少昊部族中相亲近的支系或胞族。皋陶族以皋鸡为图腾，伯益族以玄鸟为图腾，其实都是鸟图腾。杨向奎先生云："嬴、偃音同，或即一姓"，"徐之嬴姓，舒为偃姓，今知徐、舒为一，偃、嬴自非二矣"。② 郭沫若也说："皋陶是偃姓，伯益是嬴姓。偃、嬴，一音之转，当是从两个近亲部族发展下来的。"③ 可见，他们一为偃姓之祖，一为嬴姓之祖，同为少昊后裔，关系确是十分密切。

（二）大业的主要事迹

大业之名，《说文》云："业，大版也，所以饰县钟鼓。"《诗经·有鼓》："设业设簴。"传云："大版也，所以饰栒为县也。"《尔雅·释器》："大版谓之业，绳之谓之缩。"《尔雅·释诂》："业，事也。业，叙也。业，绪也。业，大也。"高鸿缙《字例》云：《诗》曰：簴业为枞。按业为加于栒上之大版，从木，丵声。业上有锯齿，略象镞岳并出，故取丵为声。古之悬钟鼓之架，直柱曰簴，横梁为栒。加栒上之大版曰业，每栒业上悬钟磬八曰肆，二肆为堵。钟曰编钟，磬曰编磬。朱骏声《说文

---

① 何光岳：《秦赵源流史》，江西教育出版社1994年版，第4页。
② 杨向奎：《夏民族起源东方考》，《禹贡》半月刊1937年第6—7期。
③ 郭沫若主编：《中国史稿》第一册，人民出版社1976年版，第114页。

通训定声》认为"业"者，皆象形非会意，其版如锯齿，令其相衔不脱，工致坚实也。何光岳据此认为业乃编钟和编磬架上的直木，刻有锯齿和人字形花纹，以悬挂乐器。大业或因创作这种乐器架而得名。① 其说当信。

大业作为秦人最早的男性始祖，其事迹于史无证。大业之子大费为嬴姓之祖，并封于嬴，则大业必有自己的居地，何光岳、陈平都认为其地在邺，即古邺城。② 其城址在今河北临漳县西南17.5千米的三台村及其以东，南距河南安阳市约20千米。古邺城始建于春秋齐桓公时代，后地属晋。战国初年邺为魏地，魏文侯七年（前439）开始曾一度为魏都。秦灭六国，邺县属邯郸郡，汉为魏郡治所，东汉末年邺县为冀州治地。三国时，曹操先置丞相府于此，后曹丕以邺为五都之一，邺城成为当时北方的实际政治中心。③ 其后，后赵、冉魏、前燕、东魏、北齐均以邺城为都，隋初邺城毁废于战火。在河北龙山文化涧沟型（发现于邯郸涧沟）遗址中，曾发现两口水井，邹衡据此并结合玄鸟故事和伯益居箕山之阴认为"涧沟型至少应该包括伯益之族或其所属部落在内的"④。由此而言，伯益之父大业之业（邺）邑，在今河北临漳的古邺城，邺之得名由大业居此而来。

大业为秦人第一位男性始祖，大业娶少典之子女华为妻，少典氏属黄帝族，则东夷族秦人先祖早在尧、舜之际，已与炎黄部族有了姻亲血缘关系，其部族融合与文化交流必随之发生。大业居地在古邺城，邺城与商都殷墟毗邻，也显示了秦人与商族关系亲密。这些信息，对于我们认识秦人起源和秦文化的渊源，极为重要。

（原刊《天水师范学院学报》2019年第1期）

---

① 何光岳：《秦赵源流史》，江西教育出版社1994年版，第3页。
② 陈平：《关陇文化与嬴秦文明》，江苏教育出版社2005年版，第162页。
③ 陈桥驿主编：《中国七大古都》，中国青年出版社1991年版，第142页。
④ 邹衡：《夏商周考古学论文集》，科学出版社2001年版，第242页。

秦人先祖伯益事迹考略

伯益，本名大费，又称柏翳、伯翳。在秦人世系中，伯益作为大业之子，为嬴姓始祖。考诸史乘，伯益不仅是一位在舜禹时代功勋卓著的人物，也是秦人早期历史中一位承上启下的关键人物。本文对此作一探讨。

一　伯益名号来历

《史记·秦本纪》云："大业取少典之子，曰女华。女华生大费，与禹平水土。"《索隐》："扶味反，寻费后以为氏，则扶味反为得。此则秦、赵之祖，嬴姓之先，一名伯翳，《尚书》谓之'伯益'，《系本》《汉书》谓之'伯益'是也。寻检《史记》上下诸文，伯翳与伯益是一人不疑。而《陈杞世家》即叙伯翳与伯益为二，未知太史公疑而未决邪？抑亦谬误耳？"对此，史者多有考辨，以为伯翳与伯益为一人。

考之文献，伯益与伯翳事迹相同。《国语·郑语》："嬴，伯翳之后也"；《帝王世纪》："伯翳为舜王畜多，故赐姓嬴氏"；《汉书·地理志序》："嬴，伯益之后也"。《郑语》又云："伯翳，能仪百物以佐舜者也"；《地理志序》亦谓："伯益能仪百物以佐舜"；《论衡·谈天》："禹主治水，益主记物"；《别通篇》："禹益并治洪水，禹主治水，益主记异物。"《尧典》以益作朕虞，掌上下草木鸟兽；《地理志序》亦称："伯益知禽兽"；《潜夫论·志氏姓》："伯翳佐舜禹，扰驯鸟兽"；《史记·秦本纪》："大费作舜，调训鸟兽，鸟兽多驯服，是为伯翳"；《后汉书·蔡邕传》："伯翳综声于鸟语。"《论衡·逢遇篇》："禹王天下，伯益辅治"；

《史记·自序》："维秦之先，伯翳佐禹。"《资治通鉴外纪》："伯翳、伯益乃一人，声转，故字异也。"据此可以肯定，伯翳与伯益实为一人。

关于伯益与大费之名，梁玉绳以为费为国名，系舜所封。《史记志疑》："案：费是国名，《竹书》'费侯伯益'是，《史》误以大费为名，故不曰咨益而曰咨费。"又《古今人表考》："益始见《虞书》。伯益始见《列子·汤问》。益又作蒜，又作化益，又作柏翳。字虞佘。禹举益于阴方之中，舜封之费，故曰大费，亦曰费侯，亦曰百虫将军。赐姓嬴。父大业，母少典之子女华。益知禽兽之言，能与鸟语。年过二百。以夏启六年薨。子恩成。《左文十八传》《水经·洛水注》以益在八恺中，非也。伯翳即伯益声转字异，自是一人。《诗·秦风疏》、本书《地理志》注、《后汉书·蔡邕传》注甚明。惟《史记·陈杞世家》误叙为二，汉刘秀校《山海经表》仍其说。罗泌遂分柏翳为少昊后，嬴姓，封费；伯益为高阳后，姬姓，封梁。均不足信。"其实，伯益本名当为单字"益"，如帝尧时即已举用的禹、皋陶等十位佐臣和《尚书》所载尧、舜大臣中，伯益俱称单字益。"伯"当为其受到封赐之后或大臣中地位最为显赫者，如大禹为舜臣时即称"伯禹"。《帝王世纪》："尧美其（禹）绩，乃赐姓姒氏，封为夏伯，故谓之伯禹。"杨宽对"益"之名实有十分精辟的论述，他指出：

> 《汉书·百官公卿表》云："蒜作朕虞。"应劭曰："蒜伯益也"，颜师古曰："蒜，故益字也。"伪《古文尚书》"益"作"蒜"，即本此。而《说文》云：嗌，籀文作"蒜"。
>
> 据此，益古或写作"嗌"，嗌咽声同，《说文》"嗌，咽也"，《尔雅》郭注："江东名咽为嗌"，而咽燕古又同音，"臙脂"或作"胭脂"，可证。是"益""燕"不仅声同，实本一字……《说文释例》云："伯益之名，或本取嗌义而借用嗌字也。"益名古本取嗌义而借用嗌字，"嗌"与"燕"则本为一字。"益"之传说又多与鸟类有关，并为玄鸟之后，而玄鸟即燕。……
>
> 玄鸟即燕，而鸣若嗌嗌。据此亦足证"嗌""燕"本同字，"燕"字像其形，"嗌"字则后出之形声字耳。
>
> 玄鸟又名乙，亦作鳦，《说文》云："乙乙，玄鸟也，齐鲁之间

谓之乙，取其鸣自呼。"燕"取其鸣自呼"则为"乙乙"，"乙乙"当即"嗌嗌"。燕即乙乙，"乙乙"又即"嗌嗌"，而益又作"嗌"，则益之即燕，又可证也。①

由此可知，伯益之名与燕有关，亦即与其部族玄鸟崇拜相关。

二 伯益的主要事迹

《史记·秦本纪》：伯益佐禹平水土，"已成，帝锡玄圭。禹受曰：'非予能成，亦大费为辅。'帝舜曰：'咨尔费，赞禹功，其赐尔皂游。尔后嗣将大出。'乃妻之姚姓之玉女。大费拜受，佐舜调驯鸟兽，鸟兽多驯服，是为柏翳。舜赐姓嬴氏"。伯益佐禹治水成功后，娶姚姓玉女为妻，调驯鸟兽，获赐嬴姓，这些活动对于秦人早期的发展都产生了非常重要的影响。具体而言，伯益的主要活动有以下几个方面。

一是佐禹平治水土。尧舜时代是一个自然灾害多发的时代，特别是洪水灾害经常发生，史称"汤汤洪水滔天，浩浩怀山襄陵"，民众不堪其忧。为解除水患，帝尧命鲧治之，结果"九岁，功用不成"②。到了帝舜时，帝舜又"举鲧子禹，而使续鲧之业"——"平水土"。于是，"禹乃遂与益、后稷奉帝命，命诸侯百姓兴人徒以傅土，行山表木，定高山大川"。禹吸取其父用堵塞之法治水失败的教训，"乃劳神焦思，居外十三年，过家门不敢入。薄衣食，致孝于鬼神。卑宫室，致费于沟淢。陆行乘车，水行乘舟，泥行乘橇，山行乘檋，左准绳，右规矩，载四时，以开九州，通九道，陂九泽，度九山。令益予众庶稻，可种卑湿。命后稷予众庶难得之食。食少，调有余相给，以均诸侯。禹乃行相地宜所有以贡，及山川之便利"③。这次治水绝非单纯的治水，而是导山、导水、开发土地、种植作物、修筑道路、安置人口（徙居）等相结合的一次大规模国土整治。在关键的治水环节，禹用疏导的办法大获成功，故史称

---

① 杨宽：《杨宽古史论文集》，上海人民出版社2003年版，第298页。
② 《史记》卷一《五帝本纪》，中华书局1982年版，第20页。
③ 《史记》卷二《夏本纪》，中华书局1982年版，第51页。

"唯禹之功为大，披九山，通九泽，决九河，定九州，各以其职来贡，不失厥宜"。于是，"众民乃定，万国为治"。①

这次治水工作除了禹本人卓越的规划组织和身体力行之外，还得到了伯益和后稷两位股肱之臣的鼎力相助。其中，伯益主要负责导山，后稷负责导水。《尚书·益稷》载，大禹曰："予乘四载，随山刊木，暨益奏庶鲜食。予决九川距四海，浚畎浍距川。暨稷艰食鲜食。"《孟子·滕文公上》又云："舜使益掌火，益烈山泽而焚之。禽兽逃匿。""禹掘地，而注之于海，驱蛇龙而放之菹。水由地中行，江淮河汉是也。险阻既远，鸟兽之害人者消；然后人得平土而居之。"平水土后，伯益又因地制宜，按照土地的高亢与卑湿，种植不同的作物，"予众庶稻"于卑湿之地种植，以发展农业生产，保障民众安居乐业。正由于伯益功勋卓著，故大禹才有"非予能成，亦大费为辅"的由衷赞叹。

二是担任朕虞，执掌山林川泽。《尚书·舜典》："帝（舜）曰：'畴若予上下草木鸟兽？'佥曰：'益哉！'帝曰：'俞！咨益，汝作朕虞。'益拜稽首，让于诸臣朱虎熊罴。"《史记·五帝本纪》又载："舜曰：'谁能驯上下草木鸟兽？'皆曰益可。于是以益为朕虞。益拜稽首，让于诸臣朱虎、熊罴。舜曰：'往矣，汝谐。'遂以朱虎、熊罴为佐。"于是，"益主虞，山泽辟"。帝舜曾分别委任伯益与禹等二十二位大臣为朕虞、司空、司徒、作士、共工、秩宗、典乐、纳言等职，各司其职，分掌其事。伯益所任的朕虞为山泽之官，主司山林、川泽、鸟兽事宜，这些方面当与后世农、林、牧、渔、矿、水利等都有关系。伯益通鸟语，驯鸟兽，直接推进了畜牧业的发展，进一步扩大了生产领域，有利于提高百姓的生活水平。由于伯益居职期间，"鸟兽多驯服，是为柏翳"。故被"赐姓嬴氏"。嬴作为少昊之姓，当为其部落中不少后裔支族所共有，而帝舜赐伯益为嬴姓，则标志着嬴姓从此成为少昊后裔伯益族专有，也表明伯益族由此取得了少昊部族主祀者的崇高地位。

三是佐禹平三苗之乱。《墨子》一书以神话形式记载了伯益佐禹平三苗之事。《尚贤》篇："尧举舜于服泽之阳，授之政，天下平；禹举益于阴方之中，授之政，九州成。"《非攻》篇又说："昔者三苗大乱，天命殛

---

① 《史记》卷一《五帝本纪》，中华书局1982年版，第43页。

之,高阳乃命禹与玄宫,禹亲把天之瑞令,以征有苗……有神人面鸟身,若瑾以侍,扼矢有苗之祥,苗师大乱,后乃遂几。"《随巢子》记述更详:"昔三苗大乱,天命殛之。夏后受于玄宫,有大神,人面鸟身,降而福之:司禄益食而民不饥,司金益富而国家实,司命益年而民不夭,四方归之。禹乃克三苗,而神民不违。"杨宽指出,"人面鸟身"神即是伯益。① 人面鸟身神"扼矢"而"苗师大乱";人面鸟身神降福而使其"益食""益富"和"益年"。伯益佐禹而"九州成",人面鸟身神佐禹平三苗而"四方归之"。无疑所言为一事,则人面鸟身者即为伯益。

四是占岁、凿井和造箭。伯益作为虞官,其部族无疑在长期从事农、林、牧、渔、水利诸业的过程中,积累了不少的知识和经验,也产生了与其职业相关的发明创造。《吕氏春秋·勿躬》:"羲和作占日,尚仪作占月,后益作占岁。"《海内经》云:"共工生后土,后土生噎鸣,噎鸣生岁十有二。"顾颉刚《尚书研究讲义》:"从羲和之生十日而作占日,常仪之生十二月而作占月之例推之,则后益即噎鸣。"后益占岁和噎鸣生岁实际上记载的都是伯益占岁一事。《说文》云:古者伯益初作井。《世本》又说"化益作井"。宋衷曰化益,伯益也。则伯益与井的出现有关,这已为河北邯郸涧沟龙山文化遗址发现水井所证实,而那里正是伯益之父大业之居地。伯益佐禹"随山刊木",催生了弓箭的发明。段玉裁《说文解字注》关于"弗""矫"二字的解释认为,大费之"费"所从"弗"本训"矫",其字从矢,即"揉箭钳也"。张揖《字诂》以为"至"字的双体为"臻"字的象形,与"秦"字相通。李孝定说"至"的甲骨文象从天远来降至地之形。李江浙又说甲骨文"各"字"示足有所至之形","各"与从"各"的字,古时都有"至"之义。据此"则知秦与至同,因而也和各同"。② 这"说明大费(伯益)及其族人是制箭能手。大费之所以能够佐舜调驯鸟兽获得成功,并且继舜之后为虞官,显然与此有关"③。

五是提倡德治法度,主张勤政爱民。伯益历事尧舜禹三帝,为三朝

---

① 杨宽:《杨宽古史论文集》,上海人民出版社2003年版,第302页。
② 李江浙:《秦人起源范县说》,《民族研究》1988年第4期。
③ 杨东晨:《秦人秘史》,陕西人民教育出版社1991年版,第59页。

元老，尤其在帝舜、大禹时可以说功高德昭，地位显赫。《尚书·大禹谟》等篇记载了伯益与帝舜、大禹、皋陶等君臣讨论如何治国安邦的片段，从中留下了伯益关于治国理政的一些见解：

益曰："都，帝德广运，乃圣乃神，乃武乃文。皇天眷命，奄有四海为天下君。"

禹曰："惠迪吉，从逆凶，惟影响。"

益曰："吁！戒哉！儆戒无虞，罔失法度。罔游于逸，罔淫于乐。任贤勿贰，去邪勿疑。疑谋勿成，百志惟熙。罔违道以干百姓之誉，罔咈百姓以从己之欲。无怠无荒，四夷来王。"

这些片言只语，概括起来，就是提倡德治法度，主张勤政爱民。它体现了伯益在长期辅佐尧舜和平水土、辟山泽、驯鸟兽的主政实践中注重文德教化，顺从民意，勤于理政的可贵思想。

三　伯益受封考略

《史记·夏本纪》云，大禹即位后，"举皋陶荐之，且授政焉，而皋陶卒。……而后举益，任之政"。又云：帝禹"十年，帝禹东巡狩，至于会稽而崩。以天下授益。三年之丧毕，益让帝禹之子启，而避居箕山之阳。……于是启遂即天子之位，是为夏后帝启"。按其记载"任之政"即是任命为摄政。伯益作为三朝老臣，继皋陶之后成为摄政辅佐大禹，大禹去世后，其子启要守孝三年，故"以天下授益"。则伯益曾在夏启守孝期间代行夏政长达三年。夏启即位后，伯益"避居箕山之阳"，当是离开朝廷回到本族居地。关于伯益归政，还有远比禅让血腥的记载。如《竹书纪年》则说："益干启政，启杀之。"《韩非子》亦云："启与友党攻益而夺之天下。"在禅让制向王位世袭制过渡的最后关口，可能后一种结局更符合历史的实际。

伯益在辅佐帝舜时曾受封并获赐姓，也包括封邑，如周孝王封非子为附庸时曾说："昔伯翳为舜主畜，畜多息。故有土，赐姓嬴。"在其他文献中则有其分别受封于费、嬴、秦诸地的记载。

《潜夫论·三式》:"伯翳日受封土。"

《越绝书·吴内传》云:"益与禹臣于舜,舜传之禹,荐益而封之百里。"

《古本竹书纪年》载:夏启"二年,费侯伯益出就国"。

《路史·国名纪》:"费,翳之封。音沸。费仲、费昌国。"

《路史·少昊纪》:伯翳"始食于嬴"。

《路史·后纪七》又云:"伯翳、大费能驯鸟兽,知其话言以服事虞夏,始食于嬴,为嬴氏。"

《盐铁论·结和》:"伯益之始封秦,地为七十里。"

费、嬴、秦三地,是否俱为伯益封地?按文献记载,在秦人早期历史中,赐土受封者主要为伯益和非子两人,后者封于陇西秦邑,殆无疑义。则伯益受封三地亦当可信。至于伯益何时因何受封三地,有必要考辨清楚。

按《史记·秦本纪》记载,伯益初称大费,佐禹治水有功,舜赐其姚姓玉女为妻,任虞官调驯鸟兽有功又被舜赐姓嬴氏,接着说:"大费生子二人:一曰大廉,实为鸟俗氏;二曰若木,实费氏。"梁玉绳在《古今人表考》中曾说:"益始见《虞书》。伯益始见《列子·汤问》。益又作蓉,又作化益,又作柏翳。字虞佘。禹举益于阴方之中,舜封之费,故曰大费,亦曰费侯,亦曰百虫将军。赐姓嬴。父大业,母少典之子女华。益知禽兽之言,能与鸟语。年过二百。以夏启六年薨。子恩成。"伯益历事尧、舜、禹三朝,事迹主要在舜、禹两朝,而伯益本名费或大费,则费为伯益初居之地,亦为最早受封之地。按《越绝书·吴内传》云:"益与禹臣于舜,舜传之禹,荐益而封之百里。"则舜确定禹为接班人和封伯益为同时之举,或当为舜所赐伯益姚姓玉女时所封。文献所谓"始食于嬴",显为舜赐伯益嬴姓之时所受封。如此则秦为伯益最后得到的封地。梁崔灵恩《毛诗集注》:"秦在夏商为诸侯,至周为附庸,则秦本建国,疑伯翳即封于秦。"伯益在大禹死后曾摄政三年,后归政夏启,然后"避居箕山之阳"。箕山或谓在河南登封,或谓在河南林县,李江浙考证认为箕山在今河南林县。① 登封、林县距秦地即今河南范县均不远。很可能伯益封秦与其"避居箕山"有关。

费、嬴、秦三个封地，费为伯益固有居地，其二子若木"实费氏"，则该地为伯益二子若木所继承，故为"费氏"。嬴乃伯益获姓受封之"始食"地，当为伯益及其三子恩成所居。秦自然就是伯益长子大廉鸟俗氏之居邑。

伯益佐禹平治水土有功，被舜赐予姚姓玉女，伯益与帝舜族的联姻，大大强化了伯益族与华夏族的融合与文化交流。伯益主司山林川泽，调驯鸟兽发展畜牧成绩突出，又被舜赐姓嬴氏，这又进一步提高了伯益族在东夷少昊部族的地位。伯益父子受封三地，为秦人后来的发展奠定了基础。由此，秦人早期历史翻开了新的一页。

（原刊《天水师范学院学报》2014 年第 2 期）

---

① 李江浙：《秦人起源范县说》，《民族研究》1988 年第 4 期。

"秦"国名本义溯源

秦人先祖本为嬴姓，商末时，其首领中潏归周，"在西戎，保西垂"，西迁天水之后，历经蜚廉、恶来革、女防、旁皋、太几、大骆而至非子。非子为周孝王养马有功而被封为附庸，并"邑之秦"。由此，秦人又有"秦"这一族称国号，对此，学界并无争议。但在"秦"之本义的训解上，大多沿袭许慎《说文解字》的"封国"说，而忽视了"禾名"说，实则本末倒置，本文就此作一探讨。

一 非子受封与附庸秦邑

自商末中潏西迁天水之后，秦人先祖世以西垂（又名犬丘或西犬丘，在今甘肃礼县境内）为中心，开始了其崛起建国的历史步伐。中潏下传七代至非子，非子为大骆次子，《史记·秦本纪》：周孝王时，"非子居犬丘，好马及畜，善养息之。犬丘人言之周孝王，孝王召使主马于汧渭之间，马大蕃息。孝王欲以为大骆适嗣。……于是孝王曰：'昔伯翳为舜主畜，畜多息，故有土，赐姓嬴。今其后世亦为朕息马，朕其分土为附庸。'邑之秦，使复续嬴氏祀，号曰秦嬴"。这段记载明确告诉我们，非子不仅受到封土建邑的赏赐，而且，也获得了主持嬴姓祭祀的特殊优待。而值得引起注意的是，与此同时，天水这支嬴姓族由此又"号曰秦嬴"，此即秦人、秦族、秦国以"秦"相称之始。

秦人为少昊苗裔、伯益之后，其先为嬴姓，后氏族繁衍、部族兴旺，加之迁移扩散，遂在东夷故地及周围地区出现许多嬴姓封国，他们多以国为氏。按《史记·秦本纪》："秦之先为嬴姓。其后分封，以国为姓，有徐氏、郯氏、莒氏、终黎氏、运奄氏、菟裘氏、将梁氏、黄氏、江氏、脩鱼氏、白冥氏、蜚廉氏、秦氏。"这是说庞大的嬴姓部族因分封而分衍出许多以国为姓的分支，秦氏即是以国为姓。《史记》所举之嬴姓之十余国，当为嬴姓部分主要国家。关于嬴姓与秦氏的分衍关系，郑樵《通志·氏族略》曾有详细的分析：

  嬴，姓也；秦，氏也。何谓以国为氏乎？徐、郯、莒、江、黄，国也，以国为氏者。终离楚邑，菟裘鲁邑，以邑为氏者。飞廉人名也，以名为氏者。何谓以国为姓乎？凡此十三氏，并赵为十四氏，其为氏则不同，而姓则同嬴也。由司马氏作纪、世家，为谱系之始，而昧于此义，致后世之言姓氏者无别焉。言秦者又有三。秦国之后，以国为氏。其有出于鲁国者，以邑为氏，盖鲁有秦邑故也。出于楚者，未知以邑字与？然兹三者所出姓殊，皆非同姓。彼十四姓虽不同秦而同嬴，是为同姓。古者婚姻之制，别姓不别氏，三秦可以通婚姻。十四姓不可以通婚姻。此道湮芜已久，谱牒之家，初无识别。

按郑氏分析，他将与秦国源流有直接关系的秦氏分为三个，但实际上楚国之秦并无确切信息。《急就篇》姓氏"秦妙房"颜师古注："秦本地名，后为国号，因以命氏。鲁有秦堇父、秦丕兹、秦商，皆秦姓也。"

秦邑之名最初单称为"秦"，自非子受封，经秦侯、公伯、秦仲，至庄公收复犬丘前，它成为事实上的秦人都城，前后历五代五六十年。庄公伐戎获胜收复犬丘后，其都又迁回秦人最初的中心居邑犬丘。秦邑则作为仅次于犬丘的重要城邑和军事据点，一直在秦人经营陇右、统御西戎的过程中发挥着重要作用，故而一直存留。秦邑在秦汉文献中均以"秦亭"一名指称，当是秦汉时设有乡亭机构，原来的秦邑至此成为秦汉时的"亭"一级组织，故称"秦亭"。

关于秦邑即秦亭地望，文献记载大体一致又稍有差异。所谓一致就是说历代注家都一致认为在天水、陇西等郡所辖的清水县。《汉书·地理志》齐召南注："按此陇西非郡名，言陇县之西有秦亭秦谷即是其地，陇县属天水郡。《后汉书·郡国志》曰：'陇，有大坂名陇坻，獂坻聚有秦亭。'注云秦之先起于此。"汉陇县曾为凉州刺史治所，治今甘肃省张家川回族自治县，历史上该县大部分地域属清水县，故史书所言秦亭在清水或陇县，所指其实是一个地方。按《水经注》记载，渭水支流东亭水（今称牛头河）流经清水城后始称清水，清水"又西与秦水合，水出东北大陇山秦谷，二源双导，历三泉合成一水而历秦川，川有故秦亭，秦仲所封也，秦之为号始自是矣。秦水西径降陇县故城南……西南注清水"。依牛头河水系流向及相互关系，秦亭当在该河支流秦水（今称后川河）上游。

所谓稍有差异是说关于秦亭地望的确切位置，现代学者的研究颇不一致，概括起来有四种观点，即汧渭之会说、秦安郑川说、张川说和清水说。第一说汧渭之会说是基于秦人早期活动不出关中地区而立论的，目前天水地区大量秦早期遗址的发现已经证实秦人早在商末周初已在陇右，其观点也就失去了根基，可置而不辩。第二说秦安郑川说乃是因发掘者对天水放马滩木板地图亭形物解释不当所致。① 第三说和第四说都是依据同样的材料得出了不同的看法。而且在历史上秦亭所在的今张川县南部地区长期归清水县管辖，则清水、张川说实际也可以说是同一观点，只是新中国成立后张川设立民族自治县后，才有秦亭归属何县的问题。严格按《水经注》记载的牛头河水系关系分析，秦亭当在该河支流秦水（今称后川河）上游，不少学者据此确定今张川县上磨乡瓦泉村即其地。近年来甘肃省考古所等五方联合考古队在清水县城北李崖遗址的发掘已经证实此地是陇右最早的秦文化大型遗址，其存在时间也与非子至秦仲四代在秦亭的文献记载吻合，故认为"李崖遗址为非子封邑是可能的"②。这样说来，郦道元《水经注》对秦亭所属水系的记述就有可能存在"说甲为乙"的问题，因为李崖遗址东侧的牛头河支流"清水"与下一条支流"秦水"两相为邻，方向一致，距离不远。所以，秦亭位置的最终确定，尚需李崖遗址的进一步考古发掘才能解决。

二 前"秦"后"秦"考

"秦"与"秦亭"之名，不独见于今天水，在今河南省东北角黄河北

---

① 参见雍际春《天水放马滩木板地图研究》，甘肃人民出版社2002年版，第148页。
② 早期秦文化联合考古队：《甘肃清水李崖遗址考古发掘获重大突破》，《中国文物报》2012年1月20日。

岸的范县（原属山东）亦有"秦"和"秦亭"地名，而且文献记载这里是伯益封"秦"所在。按出现时间而论，范县之"秦"显系早出。关于范县之"秦"，史料有以下记载：

《春秋》庄公三十一年："秋，筑台于秦。"杜预注："东平范县东北有秦亭。"

《盐铁论·结和》篇："伯益之始封秦，地为七十里。"

梁崔灵恩《毛诗集注》："秦在夏商为诸侯，至周为附庸，则秦本建国，疑伯益即封于秦。"

宋邓名世《古今姓氏书辩证》卷六："周文王世子伯禽父受封为鲁侯，裔孙以公族为鲁大夫者，食邑于秦，以邑为氏。"

《通志·氏族略》："鲁又有秦氏，居民秦邑，今濮州范县北秦亭是其地。"

《春秋大事表》卷六："范县南二里有秦亭，为鲁地。庄（公）三十一年筑台于秦。"

从以上记载可知，范县之"秦"最初为伯益封地，夏商为诸侯，西周时属鲁国之地，并成为鲁国公族裔孙的食邑，该大夫后来也就以"秦"为氏。春秋时鲁国曾"筑台于秦"，为鲁国西部门户。其地后亦以"秦亭"相称。何汉文指出，秦亭在今范县南三里，在山东西部的黄河北岸（当时在南岸）；而嬴姓人的发祥地嬴，则是在山东中部的莱芜县，在黄河南岸，从秦邑与嬴邑的地理位置看，也可看出嬴秦人的祖先从山东中部逐步向西发展的痕迹。① 秦亭地望当在今范县东南的古范县城之南。

关于伯益封秦以及范县秦亭问题，已有不少学者做过一些研究，如李江浙、何光岳、杨东晨、何汉文、柳明瑞、史党社等学者的研究都肯定了它是伯益的封地。既然范县之"秦"为伯益封地，陇西之"秦"为非子封地，则这两"秦"均与秦人相关，且后来均以"秦亭"一名相称。这就涉及一个问题，这东、西二"秦"或二"秦亭"，虽然都与秦人有关，或者说是秦人留下的地名，但东秦亭约在夏禹之时即已存在，而西秦亭则出现于西周孝王时，两者在时间上前后相差千年以上；就空间而

---

① 何汉文：《嬴秦人起源于东方和西迁情况初探》，《求索》1981年第4期。

言，一个在东方鲁国"西门"，一个在西方边鄙，相距又是如此之远。这时空各异的东、西"秦亭"，其同名是一种偶然的巧合，还是有内在的必然联系？这是一个值得深究的问题，它或许就与嬴秦的起源和西迁之谜有关。

学术界对范县之秦是否为秦人起源地的研究，论者或说法模棱两可，或尖锐对立。从对立的观点而言，李江浙、何汉文等均持肯定观点，而史党社则否定之。持肯定观点的李江浙认为："在古史传说中，大费的封地不只一处。可是，直接与'秦''秦人''秦族'之联系在一起的，则独有'秦'。"所以，《秦本纪》所载周孝王封非子于秦，使复续嬴氏祀，号秦嬴，"也就是伯益本封于'秦'地，而其后裔非子所邑之'秦'只是'复续'伯益封号而袭用之罢了"。① 何汉文也指出："不但鲁国的秦氏和非子封秦的秦氏是同出一源，并且非子的封秦是根据鲁国的秦氏而来的。"② 与之相反，持否定观点的史党社则依据师西簋、询簋和匜羌钟三器铭文中分别记载的"秦夷""戍秦人""率征秦，遝齐入长城，先会于平阴"指出，"秦夷"非指秦人，乃是秦地之夷；"戍秦人"即是为周戍边的秦人，也就是后来的秦人，而匜羌钟之"秦"则指范县之秦。认为"秦夷""乃早年（周孝王以前）从东方今范县一带迁到西方的东夷的后裔，原因或许与周公东征有关。其与后来的秦人同属东夷集团，但却不是秦人的祖先。他们到了西方，把其东方老家的地名秦也搬到了西方。西周中期周孝王时，非子被封于秦，以地为氏，这一支非子的后代称秦人，这就是我们今天常说的秦人"。他又说：天水一带的秦文化遗址，包括东夷西来的多支，"秦人也不是这一带自西周以来唯一的一支东夷后裔。秦人因袭了'秦夷'居地秦，并改族氏为秦。在这里，范县之秦自然也就不是秦人的起源地了（秦人的起源地可能是今山东费县）"③。

这两种对立的观点都有偏颇之处，但也都有可取之处，实际上都

---

① 李江浙：《秦人起源范县考》，《民族研究》1988年第4期。
② 何汉文：《嬴秦人起源于东方和西迁情况初探》，《求索》1981年第4期。
③ 史党社：《秦人早期历史的相关问题》，载《秦文化论丛》第六辑，西北大学出版社1998年版，第75—91页。

揭示了秦人早期真实信息的一个方面。持肯定说者将范县之秦与非子之秦直接联系，认为后者是前者的"复兴"，正如史党社所指出的，这是将不同支系的嬴姓族人等同起来。但其可取之处在于他们肯定前后两"秦"都与嬴姓始祖伯益有关。其实，这一点史党社也不否认，他主张的是非子封秦并以封地"秦"为氏，何以称"秦"，乃是非子之前范县之秦早已西迁并带来了原有"秦"这一地名，周孝王封非子至秦并以秦为氏，只是袭用了范县之秦带来的"秦"这一名称，在秦人来源上非子之秦与范县之秦并无关系。其可取之处在于清晰地辨明并揭示了非子之秦并非来自范县之秦。其实，我们要说，这两种观点的可取之处在于可以相互补充，也就是说，虽然非子以秦为氏并非范县一支秦人的"复兴"，却袭用了范县之秦带来的"秦"这一名称，这又使两者有了一定的联系，即用伯益或其子孙封地之"秦"一名，命名同是伯益嬴姓后裔的非子一支。这就使范县之秦与非子之秦又有了联系或交集，即袭用旧名命名新族。之所以如此，或者说为什么要用"旧瓶装新酒"，就是因为他们均是伯益的后裔，都是嬴姓的一支，究本溯源都可追至始祖伯益那里，他们同是嬴姓庞大家族中的两个支系。

范县之秦与非子之秦的联系，何清谷曾有新的揭示。据盠方鼎：

> 隹（唯）周公征伐东夷，丰白（伯）、专古（薄姑）咸哉。公归，荐于周庙。戊辰，酓（饮）秦酓。

何清谷据此指出："这是说，周公征东夷时东夷的丰伯、薄姑等国君都被戕死。周公凯旋归来，在周都的宗庙里向祖宗献俘。于戊辰这天，用秦地出产的清酒举行饮酒之礼。这里所谓'秦'无疑指河南范县之秦，秦酒亦东征中的掠获之物。这说明周公东征的兵锋确曾到过秦地。"[①] 所以，史党社所说范县之秦等东夷在周公东征时迁入天水一带的推测是成立的。如此，范县之秦西迁至陇右的时间即可确定。

我们解开了非子之秦与范县之秦同姓不同支、同名不同氏之谜，对

---

① 何清谷：《嬴秦族西迁考》，《考古与文物》1991年第5期。

于我们进一步认识秦人起源与西迁，嬴秦族人在夏商以来的踪迹和事迹都具有重要意义。

三 "秦"之本义

秦字甲骨文作🅰，或作🅱；金文作🅲（《鄃子簠铭》）、🅳（《秦公敦铭》）、🅴（《史秦鬲铭》）、🅵（《师酉簋铭》）。

以上所录，除《师酉簋》的🅵外，其余均作上从两手持午（即杵字），下从秝之形。古剑等秦字也有写为🅶、🅷、🅸的，这是后起的简体、变体字。

《说文》："🅰，伯益之后所封国，地宜禾。从禾舂省。一曰：秦，禾名，🅱，籀文秦从秝。"黄灼耀指出，照字形看，🅰是舂的意思，最初当不是名词。依《韵会》所引《说文》原文是"从禾，舂省声"。秦、舂一声之转。所以秦字的构成，是会意而兼形声。《师酉簋铭》中的🅵，在两手持杵之下，一手持禾之上，加上了臼字，这是繁体字，把舂的意思表示得更完全了。① 《释名》云："秦，津也。其地衍沃，有津润也。"王鸣盛《蛾术编》卷三五："秦地本因产善禾得名，故从禾从舂省。禾善，则舂之精也。"

秦字之义，商承祚认为："卜辞作🅰；故知此为秦字，《说文解字》秦籀文作🅱，《鄃子簠铭》亦从秝，皆与此同。"② 徐中舒认为："秦象抱杵舂禾之形。"③ 郭沫若指出："疑秦以束禾为其本义，字不从舂省也。"④ 李孝定《甲骨文字集释》卷七云："段氏注云'按此字不以舂禾会意为本义。以地名为本义者，通人所传如是也'。字在卜辞，亦多为地名。"林义光《文源》认为地名从禾从舂，理不可通。认为秦即获禾也，获禾可以入舂，故从二禾（或从又持禾）。进而论证认为获禾、所获之禾、获禾之器、获禾有声俱"谓之秦"，舂亦谓之秦，"秦从二禾，故有众义"。

---

① 黄灼耀：《秦人早期史迹初探》，《学术研究》1980年第6期。
② 商承祚：《殷墟文字类编》第七卷，1923年刻本。
③ 徐中舒：《耒耜考》，《中央研究院历史语言研究所集刊》第2本第1分册，第11—60页。
④ 郭沫若：《殷契粹编考释》，科学出版社1965年版，第1576片释文。

《古籀篇》卷八二说：唯从二禾，以取字形茂密也，秦为禾名，必当在秦主立国之前，此非为国名耳。何光岳认为秦即舂禾，秦字象二人持杵舂禾。"故舂禾的声音为舂。秦又与舂同音，至今闽南话、潮汕话，秦舂同音，读平声。"上古割禾只割禾穗，再把禾穗扎成把挑回家，晾于屋前禾架上，每天早上由二三女子手抱木杵，把禾穗放于高座木臼或石臼里，每次放二束或三束，木杵此起彼落舂禾脱粒并同时去壳。"秦之先祖大廉因发明杵臼舂禾脱粒除壳，比上古时在石板上用石杵滚压脱粒去壳要先进得多，故秦人即以此发明为部落氏族之名，后来发展成为国号。"①

秦及嬴秦族人早期活动在甲骨卜辞中也有记载：

　　戊戌卜，宾贞，乎取（祭）秦。（《后下》三七、八）
　　弜秦宗于匕（妣）庚。（《甲》五七一）
　　弜秦宗于伕（妣）庚古（故）。（《甲》七九七）
　　弜秦宗。（《佚》九五五）
　　弜秦……于小乙。（《戬》四四八）
　　……未卜……有典于匕（妣）庚其奠秦宗。（《南坊》五五八）
　　……其酌曰于且（祖）丁秦右宗。（《宁》二九二）
　　……禾于烊秦既。（《京》三九三七）

论者大多以此认为：一是卜辞秦字的出现，说明殷商时确有秦的存在。卜辞中有祖丁、小乙等商王，说明其时嬴秦族人确有在商朝做官的，且时间早于非子邑秦，则卜辞中的秦只能是伯益封秦的秦，即今河南范县的秦亭，而非周孝王时封非子的秦。二是卜辞处于殷墟，应是在商朝任职的嬴秦族人对家乡和祖宗遥祭的遗物。三是"秦宗""秦右宗"卜辞的出现，说明嬴秦族氏兴盛，秦宗意为"秦地之宗庙"，则嬴秦已建立了自己宗庙。可见秦是一个领有封土、列为诸侯的氏族。② 但是也有不同观点，史党社认为卜辞"秦右宗"实为"秦侑宗"，侑为祭名。而"弜秦

---

① 何光岳：《秦赵源流史》，江西教育出版社1994年版，第16页。
② 何清谷：《嬴秦族西迁考》，《考古与文物》1991年第5期。

宗"之弱是副词，宗为名词即宗庙，则"这个秦为动词，其义与祭祀有关"。故卜辞秦字并非是指秦人。① 这一看法不乏新意，有助于人们进一步深化有关早期秦人起源的探索。

尽管如此，秦之国、族名出现于夏初当无疑义。《潜夫论·三式》篇："伯翳日受封土。"《越绝书·吴内传》载："益与禹臣于舜，舜传之禹，荐益而封之百里。"《盐铁论·结和》篇云："伯翳之始封秦，地为七十里。"洪亮吉《四史发伏》卷一引梁代崔灵恩《毛诗集注》云："秦在夏商为诸侯，至周为附庸，则秦本建国，疑伯翳即封于秦。"《春秋》庄公三十一年记载："秋，筑台于秦。"杜预注："东平范县有秦亭。"宋邓名世《古今姓氏书辨证》卷六载："周文王世子伯禽受封为鲁侯，裔孙以公侯为大夫者，食邑于秦，以邑为氏。"秦嘉谟《世本辑补》卷七："秦氏本自颛顼，后为国号，因以为氏。"《急就篇》卷一"秦妙房"下颜师古注曰："秦本地名，后为国号，因又命氏。鲁国有秦堇父、秦丕兹，皆秦姓也。"《通志·氏族略》："鲁又有秦氏，居民秦邑，今濮州范县北秦亭是其地。"濮州古称帝丘。《山东通志》卷三云：帝丘，"古颛顼氏之墟"。秦亭恰在帝丘范围之内，即今河南范县。所以，鲁裔孙之封邑"秦"，为伯益封地之"秦"，夏商的秦诸侯国亦即此。杨东晨曾说："由于伯益初封嬴地，又封费、封秦，故又称嬴秦、秦氏或秦人。……考查历史，伯益族兴起于帝尧时期，秦人、秦之称始于舜时期。以鲁地曲阜为中心，是秦之先的发祥地；以嬴、费为中心的地域，是伯益多年经营的发展地；以今河南为中心的'秦'地，是伯益族东移入居华夏的居地，以及受封后的邑地。"② 这一见解无疑准确反映了夏朝建立前后伯益以及嬴秦族分布、发展与衍化的实际。

结合现有研究成果，立足文字释义，循名责实，"秦"之本义实有两项，即《说文》所列国名与禾名。就这两个义项进行分析，《说文》以国名为本义，禾名为第二义。实则当以禾名为本义，国名为第二义或者说是派生义。

---

① 史党社：《秦人早期历史的相关问题》，载《秦文化论丛》第六辑，西北大学出版社1998年版，第75—91页。

② 杨东晨：《秦人秘史》，陕西人民教育出版社1991年版，第54页。

就本义而言，秦作为禾名，大约就是北方地区古今广泛种植的谷类作物。《说文·禾部》云："禾，嘉谷也。"段注："嘉谷之连稿者曰禾，实曰粟，粟之人曰米，今俗云小米是也。"在甲骨文、金文和籀文中的"秦"，都从"秝"，"秝"象禾苗密植丛生状，而"秝"上之&，均象朝天生长的谷穗。所以，嘉禾也就是粟，即后来叫作"谷子"的作物。也就是说，谷子的初名就叫"秦"。据雒江生研究，"秦"这种作物由于密植丛生，不像一般谷子那样谷穗下垂，而是谷穗朝上，这种谷子就是现在在西北地区尚有小量种植的民间称作"草谷"的谷子。其"种植的方式与用途是，撒谷子下种，不间苗，也不除草，让其密植丛生，到了秋天成熟后，不摘掉谷穗，连同谷草一起收割回来，铡成草节喂养耕畜。或者晒干储存到冬季，耕畜吃不上青草的时候，再铡碎饲养耕畜过冬，由于这种谷子是专为饲草而种的，所以叫'草谷'。或者叫'毛谷'，'毛谷'也就是'草谷'，毛与草同义。又因为它的谷穗长得细长，有些像猫尾，而'猫'与'毛'谐音，所以也叫'猫尾谷'"①。因此，"秦"这种谷子再具体区分，实际是一种作为饲料的谷子。

《释名》又说："秦，津也。其地衍沃，有津润也。"有人据此以为最初的秦地范县一带土地肥沃又湿润，不宜旱粮作物种植，故"秦"当是该地为水稻种植的理想之地。② 其实不然，范县地处黄河下游平原河济之间，所谓"津润"并非是卑湿，而是气候湿润、有河渠渡口可资灌溉，所以，该处是土壤肥沃、水旱作物并举之地，秦即谷子也是当地的一种重要作物。榛等字为秦的同源字，本义也是"丛生""众多"。何光岳指出，秦人以榛树为树神，榛树之子俗称山白果、山板栗、毛榛，也称小栗，可食，是古人重要的佐食之品，也用于祭祀祖先。③ 榛树在古代中原、关中都有分布。如此说来，秦之本义为一种粮食作物——禾，当无疑义。

再说"秦"作为国名显为第二义或派生义。显而易见，秦地因适于种禾而有"秦"之命名。伯益之族既是一个懂得鸟兽之言亦即长于畜牧的部族，而且也是一个善于治水又懂农业的部族，伯益受封秦地，正可

---

① 雒江生：《秦国名考》，载《文史》第三十八辑，中华书局1994年版，第221—231页。
② 李江浙：《秦人起源范县考》，《民族研究》1988年第4期。
③ 何光岳：《秦赵源流史》，江西教育出版社1994年版，第11页。

发挥其兴水利、种嘉禾的长处，于是，以适宜种禾而得名的秦也就成了封于此地的伯益部族的族称和国名。因此，秦为国名必为秦之第二义或派生义。由此也说明，持杵舂禾亦由善种禾进而掌握粮食加工而派生。因为，加工粮食、掌握舂米技术，这都是农业部族与种植粮食相联系的生产活动与发明。善于种禾是前提，发明粮食加工技术则为粮食种植生产链和农业生活链不可缺少的环节。

非子受封秦邑缘何称"秦"？曾是一个长期争论的问题，如前所说，非子之前，已有东方秦地的秦人来到天水，故而非子受封就以旧名"秦"名之，即袭用旧名以命新族，这无疑是对的。但是，与之相关的还有另一种原因，多为人所忽视，这就是天水地区同关东秦地一样，也是一个适宜种禾之地。

如果说范县秦亭所在的河济之间平原沃野，有灌溉之利，非常适宜于粮食生产和农业种植的话，天水两河流域虽然地处山区，但是山河相间，川原广布，在上古时代，这里气候远比今天温润，而且森林茂密，植被良好，河流水量充沛，黄土深厚疏松而肥沃，为早期先民在河谷、台原地从事粮食种植和丘陵山地进行畜牧养殖，都提供了便利的条件。因此，在先秦时代，天水地区与黄土高原其他地区一样，绝非现代这样贫瘠荒凉，而是一个具有生物多样性和多元农业发展优势的区域，从而在早期中华文明生成中发挥了重要作用。以天水境内大地湾、西山坪、师赵村遗址为代表的新石器时代早期遗存所揭示的文明成就表明，从新石器时代早期至仰韶文化、马家窑文化、齐家文化时期，也就是从距今8000—4000年之间，当地发展了堪称发达和稳定的农业，大地湾遗址发现了粟和油菜籽碳化籽粒，[①] 西山坪遗址在距今4650—4300年期间种植有粟、黍、水稻、小麦、燕麦、青稞、大豆和荞麦8种粮食作物，囊括了东亚、西亚两个农业起源中心的主要作物类型，不仅证实小麦和燕麦早在距今4650年前已传播到中国西北地区，也揭示了中国最早的农业多样化可能出现在新石器时代的甘肃天水地区。不仅如此，在西山坪遗址还发现在距今4600年前后针叶林突然消失和栗树扩张，表明这是先民选

---

① 刘长江、孔昭宸、朗树德：《地湾遗址农业植物遗存与人类生存的环境探讨》，《中原文物》2004年第4期。

择性砍伐针叶树，保留并栽培栗树的结果。① 这就充分说明，早在新石器时代，天水地区就产生了发达的原始农业经济，这里不仅是我国原始旱作农业的重要起源地，也是中国最早的农业多样化发展的基地和东亚、西亚农业文化的交流中心。虽然在距今5000—4000年前后，当地出现了由温暖向寒冷气候的变化过程，导致原始农业经济开始解体。② 但是，此后当地代之而起的是农业与畜牧业并重的新的经济形态，说明其时这里仍然是最适宜于早期人类生产生活的区域。这就是秦人西迁天水前后当地的自然和经济发展背景。

由此可见，秦人由东部平原来到西北黄土高原，尽管地域空间和自然环境有所不同，但在具体的农业发展条件上，并无实质不同，多种粮食作物适宜生长的河谷原地为秦人保持善于种禾提供了方便，而山地林区又为秦人发挥养马畜牧之长提供了更为优越的条件。正是在这样的背景下，秦人来到天水，继续沿用东方秦人带来的地名"秦"并作为其族称、国名，也就名副其实、顺理成章了。

（原刊《兰州大学学报》2014年第2期）

---

① 李小强等：《甘肃西山坪遗址生物指标记录的中国最早的农业多样化》，《地球科学》2007年第7期。

② 水涛：《中国西北地区青铜时代考古论集》，科学出版社2001年版，第150页。

秦公簋及"十又二公"考

秦公簋是现存于中国国家博物馆的一件完整的秦国早期青铜器，因其现世较早且有铭文，并经多人考证介绍，故成为最为著名的秦人早期青铜器。近百年来，从王国维开始，先后有数十位学者对秦公簋进行过研究。但是，由于条件所限和传统观念的影响，秦公簋"十又二公"及作器者归属并未取得大家公认的意见，反而争论更加激烈。为此，有必要另辟蹊径加以重新审视探讨。

一 秦公簋器主及"十又二公"的争论

该器20世纪初发现于"天水西南乡"，即今西汉水上游天水市与礼县交界处一带。秦公簋器高19.8厘米，口径18.5厘米，足径19.5厘米；鼓腹，最大直径为23厘米。盖及器身均饰以细密的蟠螭纹，足饰窃曲纹，双耳。

王国维认为秦公簋系秦人在西垂陵庙的祭器。簋除了有范刻文字外，又有秦汉间凿刻文字，所以，直到秦汉时，簋仍为"西县官物"而在使用。① 秦公簋原范铸文字分刻于器身和器盖，器身54字，器盖51字。铭文内容由器身至器盖连为一体，一气呵成，字形流畅，内容丰富。后刻字为18字，以上合计共123字。

器盖铭文为：

  秦公曰：丕显朕皇祖，受天命，鼏宅禹迹，十又二公，在帝之

---

① 王国维：《观堂集林》卷一八《秦公敦跋》，中华书局1961年版，第902页。

社。严龚夤天命，保业乓秦，虩事蛮夏。余虽小子，穆穆帅秉明德，剌剌桓桓，万民是敕。

器身铭文为：

成畜胤士，盠盠文武，镇静不廷，虔敬朕祀，作嘉宗彝，以劢皇祖，其严御各，以受屯鲁多釐，眉寿无疆，畯疐在天，高弘有庆，竃有四方，宜。

器身外刻款为：

西元器一斗七升，奉敦。

器盖外刻款为：

西一斗七升大半升，盖。

铭文是祭祀祖宗，歌颂祖宗功业并祈求先公神灵保佑秦国建立霸业的文字。诸家对器主的认定各持一端，关键是铭文"十又二公"一句的十二公，该从哪位秦公算起。不少学者将铜器形制、纹饰、字体、秦公起始时间与秦人早期历史结合起来进行深入研究，但结论仍然见仁见智。

无独有偶，早在宋代时出土的"盄和钟"（又称秦公钟），是一件与秦公簋铭文大致相近的铜器。盄和钟出土的时间地点不详，出土时间据宋人黄伯思《东观余论》卷上《秦盄和钟铭说》记载，是宋仁宗庆历年间叶清臣守长安时献于朝廷，后藏于内府。盄和钟的实物，虽在宋时已佚，但有宋人摹刻本行世。据宋人董逌《广川书跋》卷四载，在宋仁宗皇祐元年（1049）曾让乐官摹绘其图，并临摹奇文以赐公卿，杨南仲又据之为图并刻石。① 欧阳修《集古录》卷一、赵明诚《金石录》、吕大临《考古图》、薛尚功《历代钟鼎彝器款识》卷五均有著录。王国维《两周

---

① 《石刻史料新编》第三辑第三十八册，台北新文丰出版公司1986年版，第2页。

金石文韵读》、郭沫若《秦公钟（即盠和钟）韵读》、刘文炳《秦公簋与盠和钟两铭为韵文说》等文，均有对铭文疑难字语的考释、韵读和断句。该钟铭文与秦公簋铭文较为接近，内容与秦公簋大半相同，当同为秦君在西垂祭祀宗庙时，所铸的同一套祭器和打击乐器。既然人们都以为盠和钟是与秦公簋同时并由同一秦君所作的铜器，则钟也应为天水出土文物。该器铭文如下，可与秦公簋互相参照：

> 秦公曰：丕显朕皇祖受天命，奄有下国。十又二公，不坠在上，严龚夤天命，保业厥秦，虩事蛮夏。曰：余虽小子，穆穆帅秉明德，睿敷明刑，虔敬朕祀，以受多福。协和万民，虔夙夕剌剌趄趄，万生是敕。咸畜百辟胤士，蔼蔼文武，鋚静不廷，柔燮百邦，于秦执事。作盠和钟，其名曰哲邦。其音铣铣，雝雝孔皇，以邵寡孝享。以受屯鲁多釐，眉寿无疆，畯疐在位，高弘有庆，匍又四方，永宝宜。

由于两器内容风格基本一致，时代相同，且均有"十又二公"的铭文，因而，在宋人讨论盠和钟年代的基础上，现代学者两相结合并掀起讨论热潮。兹将宋人与现代学者关于两器时代的代表性观点分别列表如下（表1、表2）。

表1　　　　宋人对盠和钟十二公及作器者主要观点

学者姓名	十二公起讫	作器者	备注	出处
杨南仲	非子至宣公	成公	不计静公或出子	吕大临《考古图》卷七引
	襄公至桓公	景公	不计静公或出子	吕大临《考古图》卷七引
胡恢	秦侯至成公	穆公	计静公不计出子	黄伯思《东观余论》卷上引
欧阳修	秦仲至康公	共公	不计静公计出子	《集古录》卷一
	襄公至桓公	景公	不计静公计出子	《集古录》卷一
赵明诚	襄公至桓公	景公	不计静公计出子	《金石录》卷十一
董逌	非子至宣公	成公	不计静公或出子	《广川书跋》卷四
薛尚功	襄公至桓公	景公	不计静公计出子	《历代钟鼎彝器款识》卷六
黄伯思	非子至成公	成公	不计静公、出子 十二公含作器者	《东观余论》卷上

上述宋代七人对盉和钟十二公及作器者提出的九种看法，实际上是四种观点。一是杨南仲第一种看法十二公为非子至宣公，作器者成公，有董逌、黄伯思赞同；二是杨南仲第二种看法十二公为襄公至桓公，作器者景公，又有欧阳修第二种看法、赵明诚、薛尚功与之一致；三是胡恢十二公为秦侯至成公，作器者穆公；四是欧阳修第一种看法认为十二公为秦仲至康公，作器者共公。这四种观点，除了胡恢在十二公中不计出子之外，大多不计静公计出子，或静公、出子两人计其中一个。

表2　　现代学者关于秦公簋十二公及作器者主要观点

学者姓名	十二公起讫	作器者	备注	出处
罗振玉	秦侯至成公	穆公	不计静公计出子	《贞松堂集古遗文》卷六
柯昌济	庄公至共公	桓公	计静公不计出子	《韡华阁集古录跋尾》丙篇
郭沫若	秦仲至康公	共公	不计静公计出子	《殷周青铜器铭文研究》Ⅱ
郭沫若	庄公至共公	桓公	不计静公计出子	《殷周青铜器铭文研究》Ⅱ
郭沫若	襄公至桓公	景公	不计静公计出子	《两周金文辞大系考释》
于省吾	襄公至桓公	景公	不计静公计出子	《双剑誃吉金文选》卷上
容庚	庄公至共公	桓公	不计静公计出子	《秦公钟簋之时代》，《考古社刊》1937年第6期
杨树达	襄公至桓公	景公	不计静公计出子	《积微居金文说》卷二
冯国瑞	襄公至桓公	景公	计静公不计出子	《天水出土秦器汇考》

天水境内发现秦公簋后，王国维考定为德公迁雍之后器物。又有罗振玉等七人提出九种看法，但这些看法基本都与宋人对盉和钟十二公及作器者的观点相同，如于省吾、杨树达、冯国瑞和郭沫若第三种看法与宋人杨南仲第二种看法一致；罗振玉、郭沫若第一种看法与宋人胡恢观点相同。只有柯昌济、容庚和郭沫若第二种看法提出了宋人没有的新观点，认为十二公为秦仲至共公，作器者桓公，十二公中不计静公或不计出子。可见，盉和钟和秦公簋的发现虽然相差千年之久，由于铭文、器饰多相同，故为同时期器物，已成为大家的共识。

1978年陕西宝鸡太公庙村新发现的秦公编镈、编钟资料公布后，人们发现其铭文与秦公簋、盉和钟铭文较为接近，其第一段铭文为：

秦公曰：我先祖受天命，赏宅受国，烈烈昭文公、静公、宪公，不坠于上，昭合皇天，以虩事蛮方。

这一发现，特别是镈、钟铭文中明确列入的秦先公有文公、静公、宪公，① 既为十二公计算提供了新的启示，又诱导人们将秦公编镈、编钟的作器年代与秦公簋当作同一时代同一器主看待，则使本来复杂的问题更加难解。于是，对十二公及秦公簋、钟作器者的讨论又出现更大的纷争，竟出现十三种看法（表3）。

表3　太公庙村秦公镈、钟资料公布后学界关于十二公及作器者主要观点

学者姓名	十二公起讫	作器者	备注	出处
孙常叙	襄公至共公	桓公	计静公及出子	《秦公及王姬钟、镈铭文考释》，《吉林师大学报》1978年第4期
李　零	庄公至康公	共公	计静公及出子	《春秋秦器试探》，《考古》1979年第6期
伍仕谦	非子至德公	德公	计静公及出子包括作器者	《秦公钟考释》，《四川大学学报》1980年第2期
张天恩	文公至桓公	景公	计静公及出子	《对"秦公钟考释"中有关问题的一些看法》，《四川大学学报》1980年第4期
吴镇烽	文公至景公	哀公	计静公不计出子	《新出秦公钟铭考释与有关问题》，《考古与文物》1980年创刊号
李学勤	非子至宣公	成公	计静公不计出子	《秦国文物的新认识》，《文物》1980年第9期
李学勤	秦侯至成公	穆公	计静公不计出子	《秦公簋年代的再推定》，《中国历史博物馆馆刊》1989年第13、14期合刊
王　辉	文公至桓公	景公	计静公及出子	《秦器铭文丛考》，《文博》1988年第2期

① 卢连成、杨满仓：《陕西宝鸡县太公庙村秦公镈、秦公钟》，《文物》1978年第11期。

续表

学者姓名	十二公起讫	作器者	备注	出处
陈昭容	文公至桓公	景公	计静公及出子	《秦公簋的时代问题》，《"中研院"历史语言研究所集刊》第64本第4分
陈 平	庄公至共公	桓公	计静公不计出子	《关陇文化与嬴秦文明》，第416页
康世荣	中潏至庄公	襄公	世系连贯	《秦都邑西垂故址探源》，载《秦西垂文化论集》
雍际春	中潏至庄公	襄公	世系连贯	《嬴秦故园：天水秦文化寻踪》，第100页
陈 泽	中潏至庄公	襄公	世系连贯	《秦公簋铭文考释与器主及作器时代的推定》，《古代文明研究通讯》第14期（2002年）

　　这十三种看法新提出七种观点，分别以孙常叙、李零、伍仕谦、张天恩、吴镇烽、陈平、康世荣为代表，以作器者而论，依次对应的秦公为桓公、共公、德公、景公、哀公、桓公、襄公。之所以在太公庙村新发现的秦公编镈、编钟资料公布后，关于十二公以及秦公簋、钟作器者的争论更趋激烈，是因为一方面铭文中将不享国之静公明确列入先祖系列，故大家公认十二公中必有静公。另一方面，年幼即位的出子也应计入的看法本来此前就有多数人主张，有了静公计入的先例之后，出子亦应计入的看法便占了上风。受这两方面的启示，上述十三种看法中的前十种中，就有六种既计静公也计出子，另四种只计静公不计出子。可见，由于在静公、出子是否计入十二公这一问题上，1978年之后有了新的变化，致使关于十二公的计算及作器者出现新的争论。

　　综合上述三个阶段关于秦公簋、钟十二公和作器者的讨论，共提出了十二种观点。其中，前十一种观点，都涉及静公、出子是否计入的问题。这其中，十二公中静公、出子均计入的观点成为主流，故导致十二公的计算和作器者出现新的变化。如果以十二公起始统计，实际前十一种观点就只有六种，即非子至宣公、襄公至桓公、秦侯至成公、秦仲至康公、庄公至共公、文公至桓公（或景公）。如果按作器者而论，则有成公、景公、共公、桓公、德公、哀公、穆公七种。上述诸说，影响最大的为杨南仲首倡的十二公为襄公至桓公，作器者为景公说，先后有欧阳修、赵明诚、薛尚功、郭沫若、于省吾、杨树达、冯国瑞等学者持相同观点。1978年后，张天恩提出的十二公为文公至桓公，作器者为景公说影响最大，有王辉、陈昭容等与之观点一致。

以上第十二种观点为康世荣首先提出的十二公为中潏至庄公，作器者为襄公说，[①] 笔者和陈泽亦持相同观点。[②] 这一观点，是在甘肃礼县大堡子山秦公墓地及新出秦公鼎、簋等发现后，充分结合新出土文物及秦人早期历史发展而得出的全新结论，也是本文坚持并将进一步论证的观点。

二　从铭文信息判断器主

以上论争说明，古今学者对作器年代及十二公的看法可谓聚讼纷纭，莫衷一是。何以至此？关键在于十又二公之始称公者为谁。1978年太公庙秦公钟出土后，面对新的资料，对这一问题的讨论，观点不是趋于一致，反而纷争进一步加剧。这说明原有的讨论路径和方法存在欠缺，主要是一方面过分拘泥于秦君何时称公，另一方面则是人们囿于秦人落后传统观念的束缚，大大限制了人们解决问题的时空视野。正因为大家的讨论都有一个共同立论的前提，即史书中传统视秦人为戎狄，而戎狄又与野蛮落后画上等号。于是，都以为秦人在入关之前，不会有较为完备的礼仪制度和铸鼎作簋的技术条件，从而明显低估了秦国早期的发展水平。也使对器主的判定走入秦人首领何时称公与如何计算秦公的圈子。近年来天水地区新的考古发现和礼县秦公陵园文物的出土，一再展示出秦人在天水地区建国前后的社会文明程度，远比史书记载和传统认识要高。而大量秦人青铜器的出土，也不断使旧有观点受到挑战。所以，对秦公簋年代与器主的认定，必须排除传统观念和固有模式的束缚，另辟

---

① 参见康世荣《秦都邑西垂故址探源》，《礼县史志资料》1985年第6期（内部）。
② 参见雍际春《嬴秦故园：天水秦文化寻踪》，甘肃人民出版社2000年版，第100页；陈泽《秦公簋铭文考释与器主及作器时代的推定》，《古代文明研究通讯》2002年第14期。

蹊径，才能得出更为客观准确的结论。

为了在秦公簋器主年代研究上取得新的突破，不少学者都曾做过不懈的努力，李学勤、李零、张天恩、王辉、陈昭容、陈平等学者，除了从器型、纹饰、文字演变等角度进行探讨外，还将近年来在礼县西汉水流域秦文化的新发现与秦公墓地新出土文物相结合，特别是将视角转向对青铜器铭文的深度解读上，力图通过综合分析和多层面判断，以求得问题的正解。这些研究共同将秦公簋、盠和钟与太公庙秦武公钟、镈铭文进行综合比较分析，并对"受天命"、赏宅、受国与始国之君与作器者归属进行了广泛深入的研究，多有创获。尤其是他们在探索器型、纹饰、文字演变基础上，开创的追寻铭文深层含义的这一思路和途径，为破解问题开辟了新途。可惜的是诸位学者在具体研究中，又因种种原因都偏离了主旨，故其结论难免失之偏颇。

为了便于讨论，姑将秦公簋、盠和钟与太公庙秦武公钟三器开头铭文再征引如下：

秦公簋：

> 秦公曰：丕显朕皇祖，受天命，鼏宅禹迹，十又二公，在帝之社。严恭夤天命，保业氒秦，虩事蛮夏。

盠和钟：

> 丕显朕皇祖，受天命，奄有下国。十又二公，不坠在上，严龏寅天命，保业氒秦，虩事蛮夏。

太公庙秦武公钟：

> 秦公曰：我先祖受天命，赏宅受国，烈烈昭文公、静公、宪公，不坠于上，昭合皇天，以虩事蛮方。

三铭格式极为接近，叙述模式也大体一致。前两铭为朕皇祖—受天命—鼏宅禹迹（奄有下国）—十又二公；后一铭为我先祖—受天命—赏宅受国—文、静、宪公。两者都是"先祖—受命—有土—先公"这一叙事结构。但是，前两器与后一器所述内容显然有别。就后一器铭而言，因有文、静、宪公明示，作器者无疑就是宪公之后的秦公——武公（其弟出子死后无谥，不计入），而其先祖则是两人并称，即被"赏宅"者和"受国"者，前者应为中潏，后者就是襄公。

在文公之前的各位秦公中，被论者列为"赏宅"者的有非子、庄公。理由是非子受封附庸，并建立了秦邑；庄公被封为西垂大夫，重新拥有了西犬丘，这都属于"赏宅"。此论似乎很有道理和说服力，其实则大谬不然。首先，非子受封立邑，虽然是秦人早期历史的转折点，早期秦人由此分为两支发展，互为依托，并由非子一支最终担起复兴本族的历史使命。但非子受封绝非"赏宅"，而是嬴秦在西周时政治地位开始提高的标志。"赏宅"理应是在秦人居地以外，而秦邑就在中潏"归周"以来其所占有的地域范围之内，焉能称得上新的"赏宅"？充其量也只是嬴秦一支的一分为二或受封别氏。其次，庄公"赏宅"西犬丘，更是于理不通。西犬丘是嬴秦西迁后最早的中心居邑，庄公也仅仅是将被西戎占领之后的西犬丘再次收回而已，庄公获封西垂大夫也只是周天子对其伐戎取胜的奖赏和爵封，但并未"赏宅"。再次，被赏宅者只能是第一位来到天水一带的嬴秦首领中潏。既然非子、庄公都不是被"赏宅"者，那么，哪位秦公才是被"赏宅"者呢？这位秦公自然就是"归周"并"在西戎，保西垂"的中潏。中潏归周，这是嬴秦商末周初其弃商归周和开辟西垂根据地的历史起点，尽管其间充满着悲壮和艰辛，但是，秦人命运却由此改变。中潏的归周与西迁是一个互为因果的重大事件，虽然史籍没有交代其西迁也是周人的"赏宅"，但没有周人的认可同意，嬴秦焉能在周人势力圈内完成西迁？反之，正是嬴秦归了周，才有中潏的西迁，嬴秦从此有了一块属于自己的发展空间和领地，也就是周人对嬴秦事实上的"赏宅"。秦公簋铭文"鼏宅禹迹"一语已经道明。按《尚书·禹贡》篇记载，天水一带之嶓冢、朱圉等山，渭水、漾水等河都是名山名水，也都是大禹所至之地。而大禹所至之地也就是辅佐其平治水土的嬴秦始祖伯益足迹所至之地。所谓"鼏宅禹迹"，正是对中潏率领秦人来到了其先祖伯益当年曾经留下足迹的天水一带这一固有事实的记述。据此可知，太公庙秦公钟的作器者是秦武公，而受天命并被赏宅和受国者分别为中潏和襄公。

秦公簋、盉和钟开篇所称的"朕皇祖"显然也是中潏。如上所论，所谓"鼏宅禹迹"指的正是中潏率族西迁占有西垂之地一事。嬴秦也正是以此为起点而拥有了属于自己的一块根据地，并开始了世系连贯而逐步兴起壮大的进程。自中潏下传蜚廉、恶来革、女防、旁皋、太几、大骆、非子、秦侯、公伯、秦仲、庄公，正好十二代，铭文的"十又二公"即是嬴秦西迁以来的十二位君主。铭文"余虽小子"句清楚地表明，作器者不在十二公之列，则庄公之子襄公乃是秦公簋的作器者。也就是说秦公簋等器就是襄公受封诸侯，在西垂开国立制、告慰先祖时所造礼器。

由此可知，秦公簋、盉和钟为襄公时礼器，而太公庙秦公钟、镈则是武公时礼器，前二者与后者在铸造时间上相差三代七八十年。但这两组礼器在用途上不仅一致，而且正好前后相接，完整保留了秦人早期两次重要的祭奠活动。襄公所铸秦公簋、盉和钟等礼器，为开国立制之用，显而易见，毋庸多言。太公庙秦武公钟、镈则是秦人为庆祝新都雍城竣工举行落成典礼时所铸。史载秦武公在位二十年，即位于平阳，曾伐彭戏氏，铲除权臣三父等；又伐邽戎、冀戎和小虢，建立邽、冀、杜、郑四县。可见武公是一位内强王室、外拓疆土的很有作为的君主。而这一系列活动都是在他在位的前十一年内完成的，武公在位的后九年，其行止虽不见于记载，但营建新都雍城无疑是其最为重要的工作，而且是一项举全国之力的浩大工程。因为继武公而立的德公直接即位于新都，则显然雍城乃为武公修建完成。《史记·秦本纪》载："德公元年，初居雍城大郑宫。以牺三百牢祠鄜畤。"德公即位后即"以牺三百牢祠鄜畤"，而鄜畤位于雍城南郊。德公即位之初不见举行雍城及大郑宫落成典礼，而立即大规模郊祭鄜畤，正说明在其兄武公去世前新都已经建成并举行了落成大典。史称："卜居雍。后子孙饮马于河。"则知秦人高度重视新都雍城，秦人此后长期以雍城为都并迅速强大的事实也说明了这一点。故新都雍城建成后，主持修建者武公立即举行了落成大典，只是由于典礼之后未及迁都，武公便去世了。由于营建新都雍城是一件堪与襄公开国相媲美的大事，故必有一番大规模建设和告祭等庆典活动，此举虽不见于史载，却被出土于太公庙的秦武公钟、镈以及铭文证实。这正是太公庙秦武公钟、镈产生的历史背景和用途所在。

可见，以天水秦公簋、盉和钟和太公庙秦公钟、镈为代表的秦人礼器，是秦人分别在襄公建国和武公所修新都雍城建成后举行庆典的礼器，它们虽然用途一致，但时代不同，属于出自相隔三代不同秦公之手的两组礼器。这两组礼器所记内容各有侧重，前后衔接。前者以完整记述西迁天水的十二代秦人在建国前的活动为主，皇祖为中潏，作器者襄公，涉及秦公为中潏至庄公的十二代即"十又二公"。后者所述先祖为襄公，作器者武公，铭文主要记述了襄公至宪公四代秦公。也就是说，后者所记内容重点在襄公至宪公一段。

于是，这两组内容相近、用途一致但年代不同的秦公器，前后衔接，从告祭这一角度完整保留了秦人两次举行国家大典的珍贵史料。透过这两组秦公器，正好反映了自中潏至宪公世系连贯的十六代秦人西迁天水、受封建国和营建新都雍城这一早期阶段艰辛而辉煌的崛起历史。因而，两组秦公器无疑成为秦人早期崛起建国这一进程的历史见证。

三　综合分析器主归属

天水秦公簋、盉和钟为秦襄公时器物，不仅在铭文中得到体现，而且还有不少旁证可资为据。综合分析，至少从以下五个方面得到印证。

（一）秦公簋与盉和钟显系同一器主

秦公簋出自天水西南乡，这是一个大致方位，论者多以为出自西汉水上游支流红河两岸即今天水市西南与礼县交界一带。盉和钟出土地点、时间不详，宋仁宗时有人献于朝廷。两件铜器出土时间虽相隔千年，但铭文内容、风格、字体非常接近，显系同一器主、同一时代、同一场合、同一使用目的的铜器。而恰好在宋太宗时就曾发生过"秦襄公冢坏"的事件。据《资治通鉴前编》：宋"太宗时襄公冢坏，得铜鼎，状方而四足。铭曰：'大王迁洛，岐丰赐公；秦之幽宫，鼎藏于中'"。则盉和钟即出自太宗时的"秦襄公冢"。这跨越千年间的两件铜器与秦襄公、天水西南乡结合在一起，共同揭开了一个千古之谜——两件青铜器出自秦襄公墓，器主为秦襄公。有人以四方鼎不见于春秋以及鼎上铭文韵语俚俗等否认其真实性，① 实则不足为据。所谓"秦襄公冢坏"大致是其墓坍塌或发山洪冲毁墓葬。四方鼎与盨和钟由此而现世并辗转流落人间，文献明确记载为"秦襄公"，当有其他可以辨明身份之器物同时出土，只是没有被一同献出并流传于世。至于四方鼎流行于商末周初而不见于春秋，则完全有可能是自中潏以来为秦人传世重器而随葬于襄公墓中。就四方鼎铭文而论，其与雍城秦公一号大墓石磬铭文颇为接近，故其真实性也毋庸置疑。所以，从现有材料综合分析，秦公簋与盨和钟显系同一器主、同一时代，出自同一地方的秦人早期铜器。

（二）秦公簋与太公庙秦公镈、钟并非同一时代

秦公簋与太公庙秦公镈、钟并非同一时代，除了前文所论，这里再作补充。论者均从铜器形制、纹饰、字体立论，对秦公簋作器年代进行考订，其结论最早的作器者为文公，最晚者为哀公，早晚之间相差200年以上。又由于秦公簋与太公庙铜器铭文两者比较接近，更坚定了多数人坚持的景公前后说。实际上，簋与镈、钟这两者间差异较大，并不在同一时代，陈平已有翔实论辩，颇为有力，② 这里不再征引赘述。马承源指出，秦国铭文字形源于虢季子白盘，而一系列秦国铭文都是同一体系。陈泽以此立论，经统计分析，秦公簋晚出虢季子白盘四十多年，两铭互见字有25个，全同者23个，占99.12%，相异者仅2字，占0.80%。太公庙镈、钟时代按秦武公时计，则晚于秦公簋八十余年，两器互见字71个，相同者65字，占90.77%，相异者6字，占9.23%。两器虽字句多有雷同，但相异字明显增多，且相异字体秦公簋繁复而镈、钟简化，簋早而镈、钟晚甚明。这说明时代越近字相同者愈多，时代越远字相异者愈多。③ 这一看法是客观而可信的。再者，簋铭与镈、钟铭文的相近，并非时代一致，而是每逢大典，铸鼎刻铭犹如现今公祭伏羲、黄帝等中华人文先祖之飨礼一样，告祭之文则有特定的铭文韵语和体例范本，相对

---

① 参见陈平《关陇文化与嬴秦文明》，江苏教育出版社2005年版，第250页。
② 陈平：《关陇文化与嬴秦文明》，江苏教育出版社2005年版，第398—400页。
③ 陈泽：《秦公簋铭文考释与器主及做器时代的推定》，北京大学《古代文明研究通讯》第14期，2002年。

稳定，即使有变也大同小异。若对此不加区别，就会出现对不同时代器铭误当同一时代的误读误判。

（三）对于"十又二公"的理解，不能拘泥于其首领何时称公

"十又二公"就是十二位秦君毫无疑问，问题在于最早的一位"公"是何人？以庄公、襄公为十二公起始者，即来自文献中二人均为最早称"公"者。但具体而论，二人又有不同，庄公作为襄公之父，其所称公属于儿子追封，而襄公称公则是周平王封其为诸侯的爵位，名正言顺。而论者以文公为起始，则是受太公庙铸、钟铭文追述的第一位先公为文公所致。其实，秦人在各诸侯国中，是一个尊崇周礼又不拘泥于周礼的国家，尚武功利、好大喜功、杂糅戎俗而少繁文缛礼限制，是古今人们对秦国制度与文化的共同评价。因此，秦人常常被东方各国以夷狄视之并加以诟病，故逾制僭越之事于秦犹如家常便饭。故襄公开国时就有此举，《史记·六国年表》就说：

> 太史公读《秦记》，至犬戎败幽王，周东徙洛邑，秦襄公封为诸侯，作西畤用事上帝，僭端见矣。《礼》曰："天子祭天地，诸侯祭其域内名山大川。"今秦杂戎狄之俗，先暴戾，后仁义，位在藩臣而胪于郊祀，君子惧焉。

《索隐》注云："以言秦是诸侯而陈天子郊祀，实僭也，犹季氏旅于泰山然。"可见秦人在依周礼进行开国大典时，就僭越礼制以天子之制进行郊祭，而非按诸侯之礼祭域内名山大川，西畤的创建和祭祀白帝少昊，就是典型事例。就是这样一个心怀天下的秦襄公，在其部族历经千年沉浮流徙和无数磨难之后，开国创制之际，告慰列祖先宗，其先祖身份为何？是否为公？有什么区别？对于一个早有回归中土之心而有僭礼之实的开国者而言，这份基业正是从中潏西迁天水而肇其基的。所以，自中潏至庄公传承完整的十二位嬴秦首领，正是簋铭中所称颂的"十又二公"。

(四) 秦公簋铭文载明作器者为秦襄公

陈泽经对秦公簋铭文韵读考释,揭示了铭文深意,发现铭文直接记载了三位秦人首领,也找到了"十又二公"的名号。兹征引如下:

> 盖铭第一章,记有"鼏宅禹迹,十又二公,在帝之社"的十又二公的第一公,作器秦公称为"朕皇祖"。第二章记有"恭夤天命,保业厥秦,虩事蛮夏"的器主父亲,作器秦公称之为"严"。第三章记有"帅秉明德,烈烈桓桓"的作器者,自称为秦公、朕、余、小子。
>
> 虽在盖铭三章中,隐去了他们的名号,但在器铭中,确有"其严御各"四字赫然在目,何谓"其严"?其为庄公名,严为襄公对庄公的尊称。
>
> 以"其"字为突破口,举一反三,既知器主父为庄公。那么作器者一定是襄公了。……又从庄公上溯十又二公,正是殷末"在西戎,保西垂"的中潏。这样就是铭文中记述的三个历史人物(笔者注:中潏、庄公、襄公)都有了名号。①

陈泽还进一步利用秦汉间在簋身所凿"西元器"加以训解,其义就是"西垂秦国开国始年之器"。所以,"这件秦公簋,就是襄公在宗庙祭祖时,所作的开国始年的祭器",其论甚当。

(五) 秦人立国时早已具备铸鼎刻铭的实力和技术

论者或以为秦人在立国前后还没有实力和能力铸鼎刻铭,言下之意即秦人文化落后,实力有限,尚无能力和技术作器。实际上,在天水及礼县所发现的秦人墓葬和遗址遗物,早已证实这种看法大大低估了秦人实际的社会发展和文化科技实力。不论立国前后的秦人之青铜礼器出于西周士人、工匠之手还是秦人自己,一个不可否认的事实是早在公元前9

---

① 陈泽:《秦公簋铭文考释与器主及做器时代的推定》,北京大学《古代文明研究通讯》第14期,2002年。

世纪末的秦庄公，伐戎取胜后已经可以铸造不其簋，而公元前 8 世纪前期的襄公立国时却无力造器，岂非咄咄怪事！李学勤所考不其簋年代乃庄公初年之卓论早已为学界采信。我们既承认庄公时秦人已经拥有青铜器，又何以对其子襄公开国之时铸器有所怀疑呢？况且，"国之大事，在祀与戎"，襄公建国立邑乃秦国头等大事，岂有不大兴土木、隆重建设之理？尤其是用于祭祀之青铜重器更是不可缺少的一环。所谓"鼏宅禹迹"也正指明了秦人立国之地就是其始祖伯益佐禹随山刊木、平治水土而足迹所至的嶓冢山下、漾水河谷的西垂一带。

秦人自中潏入居西垂，至文公东迁关中，在天水地区经历了十四代三百多年，这是秦人历经打击、迁徙等种种磨难之后，开始由弱到强逐步兴起和建国的重要时期。从中潏开始，相继有蜚廉、恶来革、女防、旁皋、太几、大骆、非子、秦侯、公伯、秦仲、庄公为十二代。之后，秦襄公位列诸侯，实现了十几代秦人不懈追求、建立国家的夙愿。秦人入居天水建国，既是秦人重新兴起、世系清楚的一个完整历史阶段，又是秦人终于如愿以偿正式建立国家，走向新的历史阶段的开端。秦襄公位居诸侯，在这继往开来之际，他们兴建都城，修筑西畤，隆重祭奠先祖，告慰列祖列宗，称颂祖宗业绩，而追称先祖为公，是再自然不过的事了。所以，所谓"十又二公"，即是自中潏至庄公十二位秦人首领，秦公簋器主应为秦襄公。

(原刊《社会科学战线》2013 年第 6 期)

嬴秦非戎族新考

秦人族出东夷，已为越来越多的史实所证实，也为越来越多的学者所揭示。但是，认为秦人源自西戎者仍不乏其人。实际上，秦人先祖早已是华夏化的东夷族，或者说是华夏族的一部分。我们知道，商族也是东方部族，其代夏而立，被公认是华夏正统，并没有人因其族出东夷而否认之。同样，周人崛起于西北戎狄之间，从来也没有人因此而否认其为华夏族的身份。可奇怪的是与商族同出东夷，早自夏初以来就已经活动于中原地区，并与夏、商、周王朝均保持密切关系，又广泛参与了其文化创造活动的嬴秦，却长期被视为戎狄并排斥于华夏之外。特别是在周秦之际，亦即春秋战国这一大变革时代成为主角的秦人，在完成了中华民族由多元到一体的整合、中华文化由古典向传统的转型，并实现了从古国林立到大一统帝国的国体建构，奠定了中华民族的历史走向和文化传统之后，却长期被否定和非议，并被人为置于戎狄之列，这无疑是历史的悖论，实属荒谬。本文另辟蹊径，对秦人华族属性作一考察，以正本清源。

一 关于嬴秦族属问题的回顾

秦人族属问题实际也就是族源问题，《史记·秦本纪》开篇即说："秦之先，帝颛顼之苗裔孙曰女脩。女脩织，玄鸟孕卵，女脩吞之，生子大业。"《史记·封禅书》又说："秦襄公自以为主少昊之神。"颛顼、少昊都是我国古史传说中东方或者说东夷的部族首领，可知传统认为秦人属于东方部族亦即东夷人。自20世纪初王国维发表《秦都邑考》提出

"秦之祖先，起自戎狄"① 说之后，遂引发秦人族源的东来说和西来说之争。如蒙文通在《秦为戎族考》一文中力证秦为戎族。② 这就是秦人起源西来说，亦即秦人源自戎狄说。1933 年，傅斯年发表《夷夏东西说》，首倡嬴姓之秦为东方民族："据《史记》，伯益为秦赵之祖，嬴姓之所宗。秦赵以西方之国，而用东方之姓者，盖商代西向拓土，嬴姓东夷在商人旗帜下入于西戎。"③ 这就是秦人起源东来说，即秦人源自东夷说。早期主张嬴秦西来说的主要有蒙文通、周谷城等学者；持东来说的学者以傅斯年、卫聚贤、黄文弼、陈秀云、郭沫若、丁山等为代表。

从 20 世纪 70 年代后期开始，随着各地秦文化遗址特别是陕甘间一批重要的秦文化遗址的发现，为深入全面地探索秦人早期历史提供了良好条件。无论东来说还是西来说，都是在进一步挖掘文献和民俗资料基础上，又依据考古新资料、甲骨文和金文资料，展开多学科综合探讨，提出了不少新观点、新视角和新思路。其中，主张西来说的学者主要有熊铁基、俞伟超、刘庆柱、叶小燕、刘雨涛等；主张东来说的学者以顾颉刚、林剑鸣、邹衡、李学勤、赵化成、韩伟、祝中熹、尚志儒、陈平、梁云等为代表。双方从世系先祖、图腾姓氏、族源族属、居地迁徙、祭祀风俗、葬俗葬仪等方面，就秦人东来还是西来展开辩论。④

秦人起源的东、西之争，实际上都只是看到秦人起源这同一问题的不同方面，或者说各自只触及了秦人起源的不同阶段。但双方的争论和观点及其成果却有助于秦人起源真貌的揭示，因为只要超越偏见和固有观念的束缚，实际上双方各自立论的根据和线索并非水火不容，而是相互补充，因果互证，使我们有可能对秦人"源于东而兴于西"⑤ 的发展轨迹和族属线索做出更加科学的解释。李伯谦指出："考古学文化与族的共同体（族属）是既有联系又有区别的两个不同的概念。一个考古学文化可以是一个部族创造和使用的文化，也可以是两个或两个以上部族创造

---

① 王国维：《秦都邑考》，《观堂集林》卷十二，中华书局 2006 年版。
② 蒙文通：《秦为戎族考》，《禹贡》1936 年第 6 卷第 7 期。
③ 傅斯年：《夷夏东西说》，《中央研究院历史语言研究所集刊》外编第一种《庆祝蔡元培先生六十五岁论文集》，1933 年 3 月。
④ 赵化成：《寻找秦文化的新线索》，《文博》1987 年第 3 期。
⑤ 黄留珠：《秦文化二源说》，《西北大学学报》1995 年第 3 期。

和使用的文化,甚至不排除在一定条件下,一个部族也可以使用两种不同的考古学文化。"① 以此观之,东来说对嬴秦族源和中潏之前秦人活动于东方的揭示,西来说对嬴秦西迁后即中潏入居天水以来秦与西戎文化融合的探究,不仅不是观点的对立,而且是对秦人族属来源和特性的有机互补。据此,嬴秦先祖在中潏归周西迁天水之前,已经成为华夏族的一部分,而其入居天水,自然就是华夏文化的代表者。所以,学界一直争论的秦人在天水一带所具有的西首墓、洞室墓、屈肢葬等所谓戎族习俗,不仅不是秦人族出西戎的证据,反而正是其以华夏族及其文化一分子来到陇右,深受西戎文化影响而出现"戎化"的反映,而这一点,恰恰又反证了嬴秦为华夏族的身份。所以,只要我们秉持科学求真的态度,跳出二元对立的怪圈,仔细梳理文献资料,充分利用考古新材料,并结合文化人类学相关成果与方法,另辟蹊径,就有可能揭示秦人族属的历史真相。

二 嬴秦非戎族辩证

我们知道,早在五帝时代开启之时,以阪泉之战、涿鹿之战为标志,黄帝部族先后征服并融合了炎帝部族和东夷部族,黄帝由此成为天下共主,整合形成了包括东夷在内的华夏族,开创了炎黄文化。也就是说,早在炎黄时代,东夷族已经是华夏族的一部分。具体就嬴秦而言,东夷嬴姓与华夏族联系紧密,很早就有交往融合,伯益辅佐尧、舜、禹即是明证。而且,从血缘而论,大费伯益之母即是少典之子女华。而伯益亦以佐禹平治水土有功,被帝舜赐以姚姓玉女为妻。可见,伯益之母与妻子,皆为华夏族。伯益之子大廉,其玄孙为孟戏、中衍,商王太戊"闻而卜之使御,吉,遂致使御而妻之"。② 这实际就是赐婚,所妻者当为商族女子,亦为华夏族。史称:"自太戊以下,中衍之后,遂世有功,以佐

---

① 李伯谦:《论夏家店下层文化》,载《纪念北京大学考古专业三十周年论文集》,文物出版社 1980 年版,第 150 页。
② 《史记》卷五《秦本纪》,中华书局 1982 年版,第 174 页。

殷国，故嬴姓多显，遂为诸侯。"① 由此可见，自舜禹之际开始，嬴秦与华夏族不仅通过通婚从血缘上不断接近或融入华夏族，而且，作为诸侯显贵，在商代已经广泛地融入中原，与华族共同进行文化创造活动。这样说来，嬴秦本来就是华夏族的一分子。

嬴秦大约早自帝尧时随和仲测日开始西迁，先后经过夏初、夏末、商末周初和周公东征共五次西迁，最后定居于西戎环伺的天水地区。② 在整个西周时期，嬴秦在与西戎杂处和交往的过程中逐步兴起并建立国家，因而，在其文化与习俗方面无疑深受西戎畜牧文明的影响。因此之故，长期以来一些学者将文献中出于政治需要和褊狭文化观念支配下对秦人戎、狄、夷的称呼，当作血缘和民族学意义上的族属史料加以引用，以为秦为戎族且深信不疑。实际这样的解释和立论流于表象而未得其实。考诸史实，这些称谓均非族属之论。

（一）秦杂戎俗但非戎族

史籍中有所谓"秦者夷也""狄秦也""秦戎"的记载，金文中也有"秦夷""戍秦人"等说法。就字面而论，秦人之族属就有夷、狄、戎三种，按一般东夷、南蛮、西戎、北狄的说法，则秦人族出涉及东、西、北三个方位或地域，足见文献记载之混乱。因此，每一种称呼，尚需细加区别辩证，方可明白其具体所指与真实含义。

《春秋公羊传》曰："秦者夷也，匿嫡之名也。其名何？嫡得之也。"何休说："嫡子生不以名，今于四境择勇猛者而立之。"《春秋谷梁传》曰："狄秦也，乱人子女之教，无男女之别。"《商君书》亦言："始秦戎狄之教，父子无别，同室而居，今我为其男女之别。"《管子》言："桓公西征，攘白狄之地，至于西河，而秦戎始服。"蒙文通据以上记载，以为秦人为戎族。③ 黄文弼对此有明确的反驳，他认为：秦为戎族，抑秦俗杂戎，二者不可混为一谈。据《商君书》所言，乃指秦俗杂戎，《史记》之商君本传云："始秦戎狄之教，父子无别，同室而居。""商君之言与谷梁

---

① 《史记》卷五《秦本纪》，中华书局1982年版，第174页。
② 雍际春：《人口迁徙与嬴秦的崛起》，《中国史研究》2014年第4期。
③ 蒙文通：《周秦少数民族研究》，《禹贡》半月刊第6卷第7期。

义同,据此,是秦汉间人比秦与戎狄者,皆指其风俗杂戎耳,非谓其种族也。按《秦本纪》云:'大费之玄孙曰费昌,子孙或在中国,或在戎狄。'又云:'中潏在西戎,保西垂。'则居于戎狄者,其俗杂戎,此为势理之必至者。《公羊》《谷梁》,径以戎狄称之,盖本'中国而夷狄者则夷狄之'之教条而云也。"① 此论甚当。以上将秦人以戎狄相称者,俱非族称,而是言其有浓厚的"戎狄"之俗。可见,这些说法并非是族源之别,而是习俗不同。

在司马迁笔下,秦人并非戎族,"秦、楚、吴、越,夷狄也",又说诸族"皆戎夷之地,故言夷狄也"。② 由此而论,所谓秦人"戎狄之教""与戎狄同俗",是说秦与戎狄风俗习惯相近或相同。还有如下记载更能说明问题:

秦僻在雍州,不与中国诸侯之会盟,夷狄遇之。(《史记·秦本纪》)

秦始小国僻远,诸夏宾之,比于戎狄。(《史记·六国年表》)

夫秦,虎狼之国也,有吞天下之心。秦,天下之仇雠也。(《史记·苏秦列传》)

这似乎已经很清楚地表明秦非戎族,只是秦国"僻远"、不参加中原盟会,又侵凌东方诸国,有一统天下之心。因而中原各国出于政治需要和文化本位出发,将秦人以夷狄对待,或视作类似戎狄而已,并非秦为戎狄。

又据《谷梁传》僖公三十三年:"晋人及姜戎败秦师于殽。不言战而言败,何也?狄秦也。其狄之何也?秦越千里之险,入虚国,进不能守,退败其师徒,乱人子女之教,无男女之别。秦之为狄,自殽之战始也。"以殽之战成为秦人为"狄"的标志,显然这就不是民族学意义上的族别,乃是对秦人侵暴他国行为而给予的一种蔑称和贬斥。

金文中的"秦夷"与"戍秦人",前者同样不是族称,而后者则指秦

---

① 黄文弼:《嬴秦为东方民族考》,《史学杂志》1945年创刊号。
② 《史记》卷二五《天官书》,中华书局1982年版,第1344页。

人，但与戎狄无关。作于周孝王元年的师酉簋和厉王十七年的询簋，都有与"秦"相关的记载。师酉簋在记载赏赐师酉时，在所赐之人中曾有"秦夷"：

> 嗣乃且（祖）啻官邑人、虎臣、西门夷、䥅夷、秦夷、京夷、畀身夷、新。

询簋中除有与上述内容相同的记载外，又有"戍秦人"：

> 今余令女（汝）啻官邑人，先虎臣后庸：西门夷、秦夷、京夷、䥅夷、师笭、新（侧薪）、□华夷、由□夷、钘人、成周走亚、戍秦人、降人、服夷。

"秦夷"与"戍秦人"同在询簋铭文中同时出现，但两者显系不同。史党社认为诸"夷"字之前的"西门""秦""京""畀"等皆为地名，则"秦夷"也就是"秦地之夷"，而非秦人为夷。这就如同文献中莱夷、徐夷、淮夷、大荔戎、邦冀戎皆指居于某地之夷、戎是完全一致的。① 关于"戍秦人"，"戍"为职官名，其与"成周走亚"并列，则为武官。周厉王十七年时，秦人已经以"秦"相称数十年了，故"戍秦人"即戍边之秦人。这一点也被清华简《系年》第三章所证实：

> 飞厤（廉）东逃于商盍（盖）氏。成王伐商盍（盖），杀飞厤（廉），西迁商盍（盖）之民于邾虖，以御奴虘之戎，是秦先人。②

李学勤指出，秦国先人"商奄之民"在周成王时西迁，性质用后世的话说便是谪戍。西周中期的询簋和师酉簋都提到了"秦夷"与"戍秦人"，来自东方的商奄之民后裔自可称"夷"，其作为戍边之人也可称

---

① 史党社：《秦人早期历史的相关问题》，载《秦文化论丛》第六辑，西北大学出版社1998年版。
② 李学勤：《清华简关于秦人始源的重要发现》，《光明日报》2011年9月8日。

"戍秦人",也就是戍边的秦人。这一发现,使长期争论的"秦夷"为戎说得以正本清源。《公羊传》云:"秦者,夷也";《谷梁传》亦云:"狄秦也。"论者据以上史料,作为秦人"西来说"的重要证据,《系年》所记秦人由东方被贬斥流放于朱圉,既清楚地表明其族源与"戎狄"无关,"戍秦人"并非秦人为戎,也进一步证明秦人是东来的。

《系年》所载不仅使秦人周初西迁之地得以明确,也使其居地在东方得到确认。马王堆汉墓帛书《战国纵横家书》"苏秦谓燕王章"云:"自复而足,楚将又出沮漳,秦将不出商阉(奄),齐不出吕隧,燕将不出屋注。"李学勤认为这是指各国的始出居地。秦出自商奄正与《系年》所记吻合。这几句话后世的人们不明其义,所以传世本《战国策》把"商奄"等都错误地改掉。秦人在东方的居地,嬴、费、秦都曾是伯益的封地,除此之外,应该还有别的居地,但我们已无法确知。《系年》的记载,使马王堆汉墓帛书中"秦将不出商阉(奄)"得以落实,① 也说明了周公东征时嬴秦确切的居地就在商奄。

这样说来,文献中并无一处明言秦人为戎、狄,而均以习俗、文化方面相近将之与戎、狄并论,虽然秦人曾长期地居西北偏远之地,与东方诸国交往联系较少,而地近戎狄,不免染其习俗。随着秦人崛起强大,又对东方各国形成极大威胁,且不断征伐相向。故不为中原文化系统中东方各国所认同,并以戎狄视之。但是,不论秦人在习俗、文化上有多么浓厚的"戎狄之俗",毕竟不能在民族学意义上将其与戎狄混为一谈。

(二) 秦人自称华夏族

秦人虽与西戎杂居而息,但却与戎狄有严格的区分,称戎狄为"蛮方",认为自己生活的区域是"鼏宅禹迹",是"夏"之区域,并称自己为夏子。秦人自认为华夏族,在秦穆公与投奔西戎的晋人由余的对话中,就俨然以"中国"自称:

"中国以诗书礼乐法度为政,然尚时乱,今戎夷无此,何以为治,不亦难乎?"由余曰:"此乃中国所以乱也。夫自上圣黄帝作为礼乐法

---

① 李学勤:《清华简关于秦人始源的重要发现》,《光明日报》2011年9月8日。

度，身以先之，仅以小治。及其后世，日以骄淫。阻法度之威，以责督于下，下罢极则以仁义怨望于上，上下交争怨而相篡弑，至于灭宗，皆以此类也。夫戎夷不然。上含淳德以遇其下，下怀忠信以事其上，一国之政犹一身之治，不知所以治，此真圣人之治也。"①

这是一段华夏农耕文明与西戎畜牧文明代表者从政治文化角度的典型对话，也是了解两种文明的由余对彼此国家治理异同的比较。"诗书礼乐法度"无疑是华夏文化的核心体现，秦穆公以秦为中国的代表并"以诗书礼乐法度为政"，这是典型的以自己为华夏正宗自居。同样，由余作为戎王的代表，与秦穆公讨论戎夏宫廷政治之异同，也完全是站在西戎的立场，将秦族、秦国、秦文化作为戎族之外的另一方加以比较的，故双方并非同族显而易见。

又据《睡虎地秦墓竹简》一书《法律问答》篇："'臣邦人不安其主长欲去夏者，勿许。'何谓'夏'？欲去秦属是谓'夏'。"又云："真臣邦君公有罪，致耐罪以上，令赎。何谓'真'？臣邦父母产子及产它邦而是谓'真'。何谓'夏子'？臣邦父、秦母谓也。"② 可见，秦人自以华夏族自居，故离开秦国就是离开了华夏；只要母亲是秦国人，哪怕其父出自异族，其子女也仍然是华夏的后代。睡虎地秦简虽是战国末期的产物，但它所记录的秦人的"诸夏"意识却由来已久。

《左传》襄公二十九年："为之歌秦，曰此之谓夏声。"《管子·小匡篇》有齐桓公西征渡河"拘秦夏"的记载。这些文献，严宾以为是秦土、秦族、秦人、秦声俱称"夏"之证据。所以"安知史称秦为戎狄者，必为戎狄？又安知史称秦为夏者，必非诸夏？当初居夏后来迁夷者，虽或称夷而实应属夏"③。这一见解是很有道理的。

再从秦人与西戎的关系也可看出秦人自以为"夏"。自秦仲伐戎起，秦人与西戎战事不断，先后灭丰、亳、彭戏诸戎，秦武公灭邽冀戎，秦

---

① 《史记》卷五《秦本纪》，中华书局1982年版，第193页。
② 睡虎地秦墓竹简整理小组：《睡虎地秦墓竹简·释文注释》，文物出版社1978年版，第135页。
③ 严宾：《秦人发祥地刍论》，《河北学刊》1986年第6期。

穆公霸西戎，孝公西斩獂王，惠文君伐取义渠戎王二十五城，宣太后诈杀义渠王，等等，秦人既以华夏自居，西戎也将嬴秦看作王室的代表。所以，秦人伐戎，拱卫周室与扩大自己的生存空间，实际上与东方各国"尊王攘夷"具有同样的功效，自然也是华夏认同观念的实际反映。

（三）周与六国认同秦为华族

不仅秦人自认为华夏族，周人亦将秦人视为华夏族。按《史记·周本纪》记载："烈王二年，周太史儋见秦献公曰：'始周与秦国合而别，别五百载复合，合十七岁而霸王者出焉。'"这种周秦关系的"合别"之论，《史记正义》以为是因"周秦俱黄帝之后"的缘故。在当时"非我族类，其心必异"观念盛行的时代，它所表达的正好是周人不以秦人为异族的族属观念。还有一个例子，周平王封秦襄公为诸侯时曾说："戎无道，侵夺我岐、丰之地，秦能攻逐戎，即有其地。"周平王将"戎"与秦人并列对举，两者显然非同族关系，这同样体现了周人不以秦人为异族的族属认知。

在春秋时期的东方诸侯国，也不以秦人为戎狄相视。如吴国公子季札出使鲁国，襄公"请观于周乐"，并让季札点评。当"为之歌秦"即表演《秦风》时，季札评论说："此之谓夏声，夫能夏则大，大之至也。其周之旧乎？"唐人孔颖达在给这段文字作疏证时说："《左传》季札见歌秦曰：'美哉，此之谓夏声。'服虔云：'秦仲始有车马礼乐之好、侍御之臣、戎车四牡田狩之事。其孙襄公列为秦伯，故有'蒹葭苍苍'之歌，《终南》之诗，追录先人。《车邻》《驷驖》《小戎》之歌，与诸夏同风，故曰夏声。'……言夏声者，杜预云：'秦本在西戎汧陇之西，秦仲始有车马礼乐，去戎狄之音，而有诸夏之声。故谓之夏声耳，不由在诸夏追录故称夏也。'及襄公佐周平王东迁，而受其故地，故曰周之旧。"秦地之歌为"夏声"，显见以鲁、吴为代表的东方国家并未视秦为戎狄，而是将之作为华夏的一员。卫聚贤指出："秦称平民为'黔首'（《史记·秦本纪》'更名曰黔首'），周称平民为'黎民'（《诗·大雅·云汉》'周余黎民。靡有孑遗'），古以平民为奴隶，奴隶由俘虏而来，《史记·秦本纪》有伐亳灭荡社，是殷汤伐桀其族至陕西，遗民为'黎民'。《逸周书·作雒解》'俘殷献民，迁于九毕'，其民为'黔首'，是殷人黑发，周秦人'红而髦''赤须''黄耇',故称殷人为黎为黔,由是可知周秦均夏民族。"① 臧知非曾明确指出,前述《公羊传》《谷梁传》等文献所谓秦为戎狄、虎狼之国等说法,俱为商鞅变法秦国强大之后,东方各国因惧怕、敌视而加以歧视、贬低之蔑称。② 实与秦人族属无关。

春秋战国时期,正是华夏文化圈的成熟期,其时,东方六国并未将秦国与秦人排除于华夏文化圈之外。春秋时期曾有东方诸国的尊王攘夷之举,其口号和行动所指均与秦无涉,则秦不在"夷"而在华夏文化圈当可肯定。儒家代表人物荀子曾入秦观其政治、风俗、文化,并赞扬秦国"治之至也",《荀子·强国篇》云:

> 应侯问孙卿子曰:入秦何见?孙卿子曰……入境观其风俗,其百姓朴,其声乐不流污,其服不挑。其畏有司而顺,古之民也。及都邑官府,百吏肃然,莫不恭俭敦敬忠信而不楛,古之吏也。入其国观其士大夫,出于其门,入于公门,归于其家,无有私事也。不比周,不朋党,倜然莫不明通而公也,古之士大夫也。观其朝廷,其闲听决百事不留,恬然如无治者,古之朝也。故四世有胜,非幸也,数也,是所见也。故曰:佚而治,约而详,不烦而功,治之至也,秦类之矣。

这段记述,也许有夸大成分,但它反映了中原士人对秦国政治、制度、文化、习俗的基本认识。秦人俗之朴、民之顺、吏之敦、士之公、朝之治,所体现的不正是儒家所提倡的"至治"吗?《荀子·儒效》篇曾谓:"居楚而楚,居越而越,居夏而夏,是非天性也,积靡使然也。故人知谨注错慎习俗大积靡则为君子矣。"楚、越居南,夏在北,秦没有与楚、越一样单独列出,则显然同在"夏"文化区。可见,楚、越、夏为当时三大文化区域,且因文化的长久熏陶与风俗的习染,这样的文化区不断得以扩展和巩固。荀子在三大文化区的划分中,将秦同列于华夏一方,与周人认同秦人是一致的,这当是西周至春秋战国时期的社会共识。

---

① 卫聚贤:《古史研究》第三集,商务印书馆1937年版,第58页。
② 参见臧知非《周秦风俗的认同与冲突——秦始皇"匡饬异俗"探论》,载《秦文化论丛》第十辑,三秦出版社2003年版。

三 秦非戎族的考古学观察

再从近年来新发现的秦文化遗址的考古学证据而论，以毛家坪秦文化遗址等考古材料为例，史党社认为西周时期秦文化的分布地域在今渭河上游的天水地区、西汉水流域的西和县、礼县一带。其东是西周文化分布区，而南、北、西三面则主要处于寺洼文化的包围之中。① 在这一区域之内，渭水上游秦文化与西周遗存、寺洼文化呈交错分布状。② 而西汉水流域周代遗存的陶器从形制来看，与渭水上游的周代遗存大致一样，属于同一个系统。而且秦文化遗址与寺洼文化遗址比邻分布。③ 近年来在天水地区的秦文化考古取得重大突破，以清水县李崖遗址、甘谷县毛家坪遗址和礼县西山坪遗址为代表的秦早期文化遗址，为我们确认秦人族源提供了重要线索。

目前在天水地区发现的秦早期文化遗址以清水县李崖遗址年代最早，约在西周中期。2009—2011 年秦文化联合考古队在清水县李崖遗址发掘了西周时期的灰坑 40 余个，墓葬 19 座，其中 4 座属寺洼文化，15 座属秦文化。④ 秦墓中绝大部分为西首墓和仰身直肢葬，带腰坑殉狗。墓葬的陶器基本组合为鬲、簋、盆、罐。鬲以商式方唇分裆鬲最具特色，簋的种类较多，既有商式簋，又有周式簋。陶器中方唇分裆鬲、三角方唇簋、折肩尊，以及三角划纹等特点和腰坑殉狗等与商文化葬俗颇多相似，包含浓厚的殷商文化因素。⑤ 这一发现，不仅出土了属于秦人上层的墓葬，而且为秦人东来说提供了直接线索。⑥ 也因此使秦人来自东方部族而非戎

---

① 史党社：《甘宁地区秦相关文物考察报告》，载《秦文化论丛》第八辑，陕西人民出版社 2001 年版。

② 南玉泉：《辛店文化序列及其与卡约、寺洼文化的关系》，载俞伟超主编《考古类型学的理论与实践》，文物出版社 1989 年版，第 73 页。

③ 甘肃省博物馆：《甘肃西汉水流域考古调查报告》，《考古》1959 年第 3 期。

④ 赵化成、梁云、侯红伟：《甘肃清水李崖遗址考古发掘获重大突破》，中国文物信息网，2012 年 1 月 20 日。

⑤ 梁云：《论早期秦文化的两类遗存》，载《西部考古》第七辑，三秦出版社 2014 年版，第 205—207 页。

⑥ 赵化成：《秦人从哪里来，寻找早期秦文化》，《中国文化遗产》2013 年第 2 期。

族得以证实。礼县西山坪遗址发掘于 2005 年，发现西周时期的 4 座墓葬和少量灰坑，还有东周时期 170 余个灰坑、5 座房基、10 个动物坑、31 座墓葬等。① 其年代为西周晚期至春秋时期，陶器组合为鬲、豆、盆、罐，不见商式方唇分裆鬲和陶簋。墓葬多为西首墓，绝大多数墓葬式为卷曲特甚的屈肢葬式，只有等级较高的 3 座墓为直肢葬式，并带腰坑和殉狗。可见，西山坪遗址陶器和葬式除 3 座高等级墓外，已经周式化，所以，时代较早又明显带有商式风格的李崖遗址被称为"李崖型"，周式化的西山坪类型被称为"西山型"。②

与西山坪遗址时代、文化面貌大致相同，亦属"西山型"的甘谷毛家坪遗址，1982 年和 1983 年甘肃省文物工作队和北京大学考古学系进行了第一次发掘，2012—2013 年秦文化联合考古队又进行了第二次发掘。从第一次发掘和研究结果表明，毛家坪遗址有三种文化遗存：一是以彩陶为特征的石岭下类型遗存；二是以绳纹灰陶为代表的"A 组遗存"；三是以夹砂红褐陶为特征的"B 组遗存"。这三类遗存中，"A 组遗存"正是从西周到春秋时期的秦人文化遗存；"B 组遗存"则是东周时期另一族属的文化，③ 可能与天水、陇东一带的羌戎民族有关。其陶器组合、葬式均与西山坪相同。所不同者只在毛家坪没有发现等级较高的仰身直肢葬，所以，毛家坪遗址为秦人下层平民墓葬区。

上述三处遗址中，西山坪与秦人西犬丘居地、李崖遗址与非子受封邑秦、毛家坪与周公东征迁商奄之民于朱圉的史实相对应。从天水地区目前所知最早的李崖遗址秦人墓葬多商式风格，西山坪遗址及礼县其他秦文化遗址与寺洼文化遗址相邻存在，毛家坪遗址 A、B 两组遗存分属秦人和西戎。"由此，不难看出，在晚商—西周时期，甘肃地区的秦文化，并不是以寺洼文化发展而来，其与寺洼文化是并行的两种文化。……秦人'在西戎'，'西戎'就是指属于氐羌系统的这些齐家—寺

---

① 赵丛苍、王志友、侯红伟：《甘肃礼县西山遗址发掘取得重要收获》，《中国文物报》2008 年 4 月 4 日。

② 梁云：《论早期秦文化的两类遗存》，载《西部考古》第七辑，三秦出版社 2014 年版，第 205—2017 页。

③ 甘肃省文物工作队、北京大学考古学系：《甘肃毛家坪遗址发掘报告》，《考古学报》1987 年第 3 期。

洼文化的主人。"① 据此，新考古材料证明秦人系西迁而来，秦人与西戎既不同源，也非同族。

四　秦非戎族的人类学观察

在考古学和人类学研究中，利用墓葬主人颅骨特征与人骨成分的比较分析，对于确认墓主及其人群的族属与民族特性具有重要价值。近年来随着秦文化遗址和墓葬的不断发现，秦人早期主要活动区域关陇地区的一些新出土墓葬人骨，通过专业检测和研究，获得一系列重要数据和结论，为我们探索秦人族属提供了新材料、新视角和新路径。从目前已经检测的秦人墓葬人骨资料中，我们选取了具有代表性的陕西临潼零口村战国中期秦墓、②凤翔孙家南头春秋秦墓、③宝鸡凤阁岭建河村战国秦墓、④甘肃甘谷毛家坪春秋战国秦墓⑤4组墓葬人骨样本资料，依据检测数据和结论作进一步分析。

人类学对墓葬人骨资料的检测及方法，主要是通过对墓主人颅骨的鉴定和精细测量，获得有关数据，指标一般有颅长、颅宽、颅高、最小额宽、颧宽、上面高、眶高、眶宽、鼻高、鼻宽、鼻颧角等十余个测量项目和颅指数、颅长高指数、颅宽高指数、上面指数、垂直颅面指数、额宽指数、鼻指数、眶指数8项指数测量项目。依据相关数据，首先通过基本描述统计的方法，对项目均值、样本方差、样本标准差、变异系数进行比较分析，得出个体之间颅骨数据的集中和离散趋势，确定本组颅骨的形态特征和数据，根据数据范围即可确定该组人的种属。其次是通过欧氏距离系数（DIJ值）聚类方法进行数据分析，依据距离系数的大

---

① 史党社：《甘宁地区秦相关文物考察报告》，载《秦文化论丛》第八辑，陕西人民出版社2001年版。
② 周春茂：《零口战国墓颅骨的人类学特征》，《人类学学报》2002年第3期。
③ 陈靓、田亚岐：《陕西凤翔孙家南头秦墓人骨的种系研究》，载《西部考古》第三辑，三秦出版社2008年版。
④ 陈靓：《宝鸡建河村墓地人骨的鉴定报告》，载《宝鸡建河墓地》，陕西科学技术出版社2006年版，第194—233页。
⑤ 洪秀媛：《甘谷毛家坪沟东墓葬区出土人骨的研究》，硕士学位论文，西北大学，2014年。

小，判断各颅骨组之间在体质类型上的接近程度，距离系数即 DIJ 值越小，说明二者之间在体质特征上相似性越大，反之则越小。根据这一方法，可以确定该组人种属之下的亚种、古代种族类型和种族亲缘关系。

依据相关学者进行的测量和数据分析，4 个组别的秦墓人种均属于亚洲蒙古人种。亚洲蒙古人种又分东亚、南亚、北亚和东北亚 4 个支系。中国境内的种族类型一般被划作古中原、古华北、古华南、古东北、古西北 5 个类型。[①] 为节省篇幅，兹将学者们对 4 组秦墓人骨的聚类分析及与有关支系类型、种族亲缘关系的结论整理成表 1，再作进一步分析。

首先，秦人归属东亚类型古中原种系。从表 1 中可知，4 组秦人中有 3 组属于亚洲蒙古人种东亚类型，仅建河组秦人为东亚、南亚类型兼有，则 4 组秦人聚类于东亚类型。在中国古种族类型聚类中，4 组秦人有 3 组属于古中原类型，仅毛家坪组秦人属于古西北类型。但毛家坪秦人与 3 组属于古中原组的秦人关系亲密，则 4 组秦人亦可聚类为古中原种族类型。据此可以认为秦人属于亚洲蒙古人种东亚类型的古中原种系。

其次，4 组秦人与各对比组中亲缘关系密切的组别相对集中。除了 4 个秦人组相互关系亲密之外，与秦人亲缘关系密切的合计约有 13 个组次，其中，瓦窑沟组出现 3 次，殷墟中小墓①组、殷墟中小墓②组各出现 2 次，除去重复，与秦人关系密切的只有 9 个组。这 9 个组中，殷墟中小墓①组、殷墟中小墓②组出自河南，属于黄河下游地区；瓦窑沟、西村周、仰韶、庙底沟、良辅 5 个组除庙底沟外俱在陕西，均属于黄河中游地区；磨沟齐家、核桃庄 2 个组在甘肃、青海，属于黄河上游地区。这一空间格局和相对集中的地域分布，似乎与秦人由东方迁往甘肃渭河上游，经商末西周至春秋初年进入关中的活动轨迹高度契合。如殷墟中小墓①、殷墟中小墓②组所代表的黄河中下游各组俱与秦人族属东夷的原居地相近，故零口秦组与黄河中游地区各组相聚类，其中又与殷墟中小墓①、殷墟中小墓②组的聚类最为紧密，这两者均为平民阶层的中小型墓葬。所以，"零口秦组与甘青地区各比较组差异明显，说明他们之间关系疏远，可能没有很深的渊源；相反，零口村秦组位于黄河中游地区，

---

① 朱泓：《体质人类学》，吉林大学出版社 1993 年版，第 348 页。

表1 春秋战国时期秦居民与其他古代人群的亲缘关系比较表

秦人组信息	对比组信息（数量、组名）	与亚洲蒙古人种亲缘关系			与对比组居民亲缘关系			与先秦中国居民类型亲缘关系			备注
		近（属于）	较近	疏远	近	较近	远	属于	近	远	
1. 零口组。11个个体（男7，女3，未成年1）。战国中期。	12组：西村周、殷墟中小墓①、殷墟中小墓②、平安堡、夏家店、蔚县、西团山、柳湾齐家、台西、上马、陶寺、彭堡组	东亚类型			上马、殷墟中小墓②组	蔚县组	夏家店、陶寺、殷墟中小墓③、彭堡、西团山组；西村周、殷墟齐家、台西、平安堡组	古中原类型	古西北类型	古东北、华北、华南类型	对比组为青铜时代、古代颅骨组
2. 孙家南头组。9个个体（男6，女3）。春秋时期	17组：昙石山、柳湾合并、仰韶合并、庙底沟、良铺、瓦窑沟、上孙家寨汉代、西村周、建河、殷墟中小墓①、彭堡、大保当、蒙古、藏族A、因组特、藏族B、华北组		南亚类型	北亚、东北亚类型	建河、仰韶合并、庙底沟、良铺、瓦窑沟、西村周、殷墟中小墓①组	昙石山、柳湾合并、彭堡、大保当、孙家寨汉代、蒙古、藏族A、因组特、藏族B、华北组		古中原类型	古西北类型	古东北、华北、华南类型	对比组为相近时代、古代颅骨组
3. 建河组。41个个体（男14，女25，青少年2）。战国中期至秦	15组：大保当、瓦窑沟、柳湾、昙石山、河岔、阳山、千骨崖、仰韶合并、因组特近代、华北近代	东亚、南亚类型兼有		北亚、东北亚类型	瓦窑沟、殷墟中小墓①组	千骨崖、华南近代、仰韶合并、西周组	大保当、昙石山、河岔、阳山、彭堡、因组特近代组	古中原类型	古华南类型	古东北、华北、西北类型	对比组为相近时代、古代颅骨组

续表

秦人组信息	对比组信息（数量、组名）	与亚洲蒙古人种亲缘关系			与对比组居民亲缘关系			与先秦中国居民类型亲缘关系			备注
		近（属于）	较近	疏远	近	较近	远	属于	近	远	
4. 毛家坪组。44个个体（男22，女15，性别不明7）。春秋至战国时期	14组：磨沟齐家、核桃庄、陶寺、仰韶合并、柳湾合并、庙底沟、寨峁、菜园、昙石山、姜家梁、庙子沟、西夏侯、河岔组	近（属于）			磨沟齐家、核桃庄组	陶寺、仰韶合并、柳湾、庙底沟组	姜家梁、昙石山、阳山、菜园组			庙子沟、西夏侯、河岔组	对比组多部分为新石器时代颅骨组
	19组：湾李、新丰、建河、西山、秦陵山任咨址、孙家南头、殷墟中小墓②、瓦窑沟、九凉、彭堡、干骨崖、磨沟寺洼、游邀、曲村、鲁中南组	东亚类型		东北亚、南亚类型	孙家南头、建河、瓦窑沟、殷墟中小墓②组	游邀、曲村组	鲁中南、干骨崖、殷墟中小墓③、芮国组	古西北类型	古中原类型	湾李、新丰、西山、秦陵山任咨址、彭堡、磨沟寺洼、九站、西村周组	古东北、华北、华南类型	对比组多部分属青铜时代和铁器时代居民组

且与殷墟中小墓②组有着密切的渊源关系，这说明零口村秦组的居民可能来自东方，也暗示秦人亦可能源于东方，这个结论与'东来说'相符。"① 孙家南头和建河组的聚类关系也与零口组相类。

如建河组的聚类分析结果显示，建河秦人组与瓦窑沟组、殷墟中小墓①组形态特征最为接近并聚为一个小类。建河组与干骨崖组、华南近代组、华北近代组、仰韶合并组、西村周组的关系比较接近。这其中，瓦窑沟组、西村周组居民的族属为周人，殷墟中小墓①组居民的族属为殷商的平民，建河组居民是先秦时期的秦人，它们几个组相互接近，说明商人、周人和秦人的种族特征大体相同，包括仰韶合并组，他们的体质特征与现代华南地区居民颇多类似。② 可见尽管与秦人相近的族群有多支且来自不同区域，但秦人族属并未因此而发生改变。

再次，秦人在春秋战国时期已经开始了民族融合的进程。在人类进化发展的历程中，人种和族群间的交往融合是一个时刻都在进行的过程，无论是同一地域内还是不同地域之间，不同人种、族群间长期的交往融合，既可能孕育新的族群，也可能使相互间彼此接近而存在亲缘关系。在与秦人关系相近的各对比组中，除了与秦人始出地相关的东方组外，其余各组都在秦人早期活动地域关陇地区。如仰韶、庙底沟、良辅、瓦窑沟、西村周组等皆在关中，且瓦窑沟、西村周组皆为周人遗存。这里是秦人春秋战国时期主要的活动地域，秦人收"周余民"并在周人故地发展壮大，其与周人的交往融合势所必然，人种成分的接近和具有亲缘关系也就顺理成章了。同样，在甘肃、青海地区与秦人接近的磨沟齐家组、核桃庄组，前者属于齐家文化遗存，后者为马厂文化遗存，在时间上都早于西周，秦人与之相近，当与其族群后裔存在交往融合。毛家坪组秦人为下层民众，其属于古西北类型亦此之故。这说明，秦人在西周至战国时期的关陇地区与群戎交错杂居过程中明显存在族群融合进程。尽管如此，这种融合并未改变秦人的族属，如磨沟寺洼组所代表的寺洼文化，一般认为是犬戎的遗存，其与秦人时代相同，而且比邻和交错相

---

① 周婧峰、周春茂：《秦人族源之人类学信息》，《考古与文物》2007年第6期。
② 陈靓：《宝鸡建河村墓地人骨的鉴定报告》，载《宝鸡建河墓地》，陕西科学技术出版社2006年版，第194—233页。

处，但相互亲缘关系疏远，故族群判然有别。

值得注意的是，在毛家坪组与秦文化对比组中，尚有临潼湾李、新丰、秦始皇陵兵马俑博物馆附近的山任窑址和甘肃礼县西山组4个秦人族群，检测结果显示相互关系疏远。这4个关系疏远群组中的前3个都是战国晚期至秦汉时的平民墓葬遗存，时间偏晚且延伸到秦统一后，研究者认为战国中晚期后大量三晋民众入居关中，还有像山任窑址就是修始皇陵的平民墓葬，人群体质上的内外交流更为频繁，致使亲缘关系值相差较大。后一个西山组为秦人在西周后期至春秋时期重要的城邑遗存，其居民等级估计高于毛家坪平民墓，故两者关系疏远。① 这表明探讨秦人族属来源和亲缘关系，还必须重视秦人墓葬中墓主的身份等级，也说明重新崛起于甘肃的秦人，在其族体构成中，也吸收了大量外来族群，因而上下层之间也存在体质成分的差异，这与秦人上层墓葬流行直肢葬，而下层流行屈肢葬的差异是一致的。

据此可以看出，在同属于亚洲蒙古人种东亚类型的各族群中，秦人属于中国境内的古中原类型，而非其重新兴起之地族群所属的古西北类型；从具体族群亲缘关系的考察中，发现秦人族群与关陇地区族群有长期而较为广泛的族群融合，但与当地土著族群在体质成分上，仍然差异明显，族群有别。也就是说，人类学通过颅骨形态分析和体质成分测量研究，表明秦人源起东方，与西北羌戎等并非同一族群。

（原刊《中国史研究》2022年第2期）

---

① 洪秀媛：《甘谷毛家坪沟东墓葬区出土人骨的研究》，硕士学位论文，西北大学，2014年。

东夷部族的太阳崇拜与嬴秦西迁

图腾崇拜曾是世界各地各民族早期普遍存在的原始宗教心理和文化现象，当一个族群将某种动物、植物、自然现象或特定物体视作与自身有亲缘或神秘关系，迷信它并作为其亲属、祖先、保护神的标志、象征或徽号时，图腾崇拜便出现了。所以，透过图腾崇拜，做一番原始察终的考索破解工作，庶几就可触摸到一个部族早期历史和文化心理的诸多信息。嬴秦是我国古老的东方部族，它与商族及其他东夷部族一样都曾盛行鸟图腾崇拜，这已为人所共知。实际上，东夷部族包括嬴秦在内不仅存在鸟图腾崇拜，同时也存在太阳崇拜，而且鸟图腾崇拜与太阳崇拜两相结合而形成了日鸟崇拜或阳鸟崇拜。这种特有的图腾复合崇拜，蕴含着嬴秦独特部族起源和早期发展的种种信息，本文就此试作探讨。

一 东夷部族的太阳崇拜

在原始宗教观念产生时期，世界上许多古老的民族，曾大多出现过日神崇拜或太阳崇拜现象。如古印度上古神话中的阿狄多、苏利亚、阿根尼，古埃及的拉、阿托，巴比伦的沙马士，波斯的阿达，古希腊的阿波罗等，他们都是其太阳神、火神或圣火之神。在上古中国，也同样有自己的太阳神崇拜。

在我国古史传说人物中，太昊、少昊、颛顼、帝俊、帝喾、舜、羲和等可能都与太阳崇拜有关。如太昊、少昊之名号就与太阳有密切关系，或者说就是太阳神。"昊"又作暭，《拾遗记》："昊者，明也。"丁山说太昊之昊无定字，可写作暭、皓、颢、皞、暉、浩等，诸字皆有甚大光明之义,"大昊者,大明也"。与太阳有关的天、日以及人间君主"帝""皇"都与日神有关。① 吴大澂《字说》谓:"皇,从日有光。"张舜徽说:"皇,煌也,谓日出土上光芒四射也。"又谓:"皇之本义为日,犹帝之本义为日。日为君象,故古代用为帝王之称。"② 胡厚宣指出,"昊"字在金文中乃是从"天"字变来,故"昊"有"天"意,亦指太阳。东方民族共推其君主为"昊",即以其为代表太阳之人。"昊"字后又演变为"皇"字,按其字形,其象太阳之形更显。故太昊亦称"泰皇",《楚辞》之"东皇""西皇"亦即太昊、少昊;后演变为"三皇",又演变为后世"皇帝"之统称。"知太昊、少昊为传说中之东方帝王,而其所代表乃太阳之意,则东方民族之崇拜太阳可知。"③ 顾颉刚说,太昊以风(凤)为姓,少昊以鸟名官,而"昊"义是煌煌的太阳,那就是鸟夷所崇拜的两位太阳神,拉作了自己的祖先。④ 可见,太阳或日神崇拜在我国古代是切实存在过的。而且,古代有关祭日、迎日等活动也见之于文献,甲骨文就有对日神崇拜的记载:

　　乙巳卜,王宾日。(佚存872)
　　庚子卜贞,王宾日亡尤。(金璋44)
　　出、入日,岁三牛。(粹编17)
　　辛未卜,又于出日。(粹编597)

郭沫若据此断定商人每天早、晚均有迎日出、送日入的礼拜仪式。卜辞中的宾日、出、入日、又日,就是这种仪式的记录。⑤ 陈梦家等对甲骨文的研究认为,商人对太阳神的祭祀仪式繁复,分为宾、御、又、岁等多种类型,而且按最高祖先祭祀的规格和祭法进行。⑥ 先秦文献也留下

---

① 丁山:《中国古代宗教与神话考》,上海书店出版社2011年版,第388页。
② 张舜徽:《郑学丛著》,齐鲁书社1984年版,第429页。
③ 胡厚宣:《楚民族源于东方考》,北京大学《史学论丛》第一册,1934年。
④ 顾颉刚:《鸟夷族的图腾崇拜及其氏族集团的兴亡》,载《史前研究》,三秦出版社2000年版。
⑤ 郭沫若:《殷契粹编》,科学出版社1965年版,第353—354页。
⑥ 陈梦家:《殷墟卜辞综述》,中华书局1988年版,第418页。

了这方面的信息，《礼记·郊特牲》："郊之祭也，迎长日之至也，大报天而主日。"郑玄注："天之神，日为尊。""以日为百神之王。"孔颖达疏："天之诸神，莫大于日。祭诸神之时，日居群神之首，故云日为尊也。""天之诸神，唯日为尊，故此祭者，日为诸神之主，故云主日也。"可见，上古时代对于太阳的崇拜和祭祀不仅存在，而且相当重要和普遍。

何新的研究表明，我国上古崇拜太阳神的部落还有以太阳神命名酋长的风俗，这些部落后来分化为两大系统，在北方的一系颛顼族称太阳神为羲（伏羲），以龙为太阳神的象征。这一系可能是夏人的先祖。在东方的一族帝喾族称太阳神为"俊"，以凤鸟为太阳神的象征，这一系是商人的先祖。①不论何新的两大系统说是否确当，但在我国东方上古存在太阳神崇拜则是不争的事实。《山海经·大荒东经》："东海之外大壑，少昊之国，少昊孺帝颛顼，弃其琴瑟。有甘山者，生甘渊，甘水出焉。"郭璞注曰："此经甘渊，实即《大荒南经》羲和浴日之甘渊。"则帝俊、羲和俱为东夷之属，且与少昊之国相邻或相近。

太昊、少昊所在的东夷地区，地居我国东部，其部族支系繁多。山东地区从大汶口文化到龙山文化，以东夷为代表的部族文化不断得到壮大和繁荣发展，山东境内广泛分布而又呈多中心格局的龙山文化遗址，正是少昊及其后裔支系走向繁荣的体现。郯子谈到他祖先少昊氏以鸟名官时指出，共有五鸠、五鸟、五雉、九扈等二十四官，均以鸟名官，②可知东夷部族确是一个鸟的王国，以鸟命官者如此之多，正是其部族繁荣、支系众多的真实写照，也是它们共同以鸟为图腾的反映。东夷部族又有崇拜太阳的习俗，山东各地龙山文化遗址陶器中有大量与太阳崇拜有关的十字形符号的存在，江苏连云港将军崖太阳崇拜岩画的发现，实际上就是包括嬴秦在内的东夷部族日神崇拜的具体反映。将军崖岩画的太阳神属于鸮形黥面像，而这一形象正是太阳神颛顼的形象。孙新周认为颛顼是鸱鸮黥面太阳神。颛顼一名不是太阳神的音记而是"形"记，"黥额"是东夷人成童的一种变形巫礼仪式，《太卜》郑注："'玉兆'，帝颛顼之兆"，故颛顼形象是一个额上黥有"玉兆"即脸上黥有玉的裂纹状纹

---

① 何新：《诸神的起源》，光明日报出版社1996年版，第61页。
② 《春秋左传》，内蒙古文化出版社2007年版，第554页。

样的神。① 丁山认为颛顼、尧、舜、俊"其实都是高祖夔一名的分化",其原型是鸱鸮(猫头鹰),是太阳神的生命意象,既然喾即"鼓",状如"鸱",那么高祖夔、舜、颛顼、帝喾其原型皆为鸱鸮无疑。② 此外,辽河流域发现的黥面太阳神像,也是颛顼的形象;甘肃礼县西垂秦先祖墓中出土的8件秦王棺椁鸱鸮金饰片则非图腾主神莫属。所以,鸱鸮(猫头鹰)也正是东夷族人所共同崇拜的太阳神夔和颛顼的象征。可见,在东夷部族所在的东方,确实普遍存在太阳崇拜的文化习俗。

二 《尚书·尧典》记载的羲和测日与太阳崇拜

崇日、祭日活动离不开对日月星辰和天象的观察了解,离不开对天象与四时、人事关系规律的发现、解释和总结。这必然不断推进先民们对天文和历法知识的积累与认识的升华,也催生了一个专门的职业——天象观察,于是就有重黎、羲、和等一批职业观天人的出现和司天官职的设置。

"羲和"是羲仲、羲叔、和仲、和叔四人的合称。作为帝尧时的司天之官,"羲和"一名则与日神崇拜有密切关联。"羲和"原为日神,也就是传说中的那位"生十日"的帝俊之妻。《山海经·大荒南经》郭璞注:"羲和,天地始生主日、月者也。"《楚辞》王逸注:"羲和,日御也。"羲和这位生出太阳的女神由于其与天文历象的关系,后来就与另一位生出月亮的女神常羲(仪)共同成为主管天文历象的官职名称,故黄帝时两个占日、占月的官员就分别为羲和和常仪来担任,而且性别也变为男性。至帝尧时仍沿用"羲和"一名作为司天地四时的官职名。而帝尧时任"羲和"之职的羲仲、羲叔、和仲、和叔四位,则是颛顼时司天地四时的官员重黎的后代。《尚书·吕刑》:"乃命重黎,绝地天通,罔有降格。"孔传:"重即羲,黎即和。尧命羲、和世掌天地四时之官,使人神不扰,各得其序。"孔颖达疏:"羲是重之子孙,和是黎之子孙,能不忘

---

① 丁山:《古代神话与民族》,商务印书馆2005年版,第178页。
② 孙新周:《岩画·鹿石·嬴秦民族寻根》,《天津师范大学学报》(社会科学版)2007年第4期。

祖之旧业，故以重黎言之。"《国语·楚语下》："颛顼受之，乃命南正重司天以属神，命北正黎司地以属民。……尧复育重黎之后，不忘旧者，使复典之，以至于夏、商，故重黎氏世序天地而别其分主者也。"而重黎两氏原是少昊、颛顼的后裔。《史记·楚世家》司马贞《索隐》："重氏、黎氏二官代司天地，重为木正，黎为火正。据《左氏》少昊氏之子曰重，颛顼氏之子曰黎。今以重黎为一人，乃是颛顼之子孙者。刘氏云：'少昊氏之后曰重，颛顼氏之后曰黎，黎对彼重则单称黎，若自言当家则称重黎。'"由此可见，东夷少昊、颛顼族后裔重黎及其后代"羲和"诸子，是一个世代以精通天文四时而位居司天地之职的部族。可见，在我国古史中，从黄帝至尧帝间，存在着羲和生日—重黎司天、司地—羲仲、羲叔、和仲、和叔祭日、测日和掌管历象这一套天文历象与日神崇拜相交织的传说。

《尚书·尧典》就比较系统地留下了尧帝分命羲、和诸位测日观象、以正历日的珍贵资料：

> 乃命羲和，钦若昊天，历象日月星辰，敬授人时。分命羲仲，宅嵎夷，曰旸谷。寅宾出日，平秩东作。日中，星鸟，以殷仲春。厥民析，鸟兽孳尾。申命羲叔，宅南交。平秩南讹，敬致。日永，星火，以正仲夏。厥民因，鸟兽希革。分命和仲，宅西，曰昧谷。寅饯纳日，平秩西成。宵中，星虚，以殷仲秋。厥民夷，鸟兽毛毨。申命和叔，宅朔方，曰幽都。平在朔易，日短星昴，以正仲冬。厥民隩，鸟兽氄毛。

这段史料详细记载了帝尧命四位负责天文历法的官员羲仲、羲叔、和仲、和叔分赴东、西、南、北四个测日点，进行祭日、测日和天象观测，确定太阳日出、日落和太阳高度角的四时变化，根据时令节气和鸟兽生存习性，以安排农时和指导民众生产生活的情况。这段文字，不仅具有重要的科学价值，它还包含着丰富的宗教观念和民俗文化的内容，是中国上古太阳崇拜的珍贵史料。

羲仲、羲叔、和仲、和叔为了完成"钦若昊天，历象日月星辰，敬授人时"的任务，分赴东、南、西、北四个测日区——旸谷、明都、昧谷、幽都，既进行"寅宾出日""寅饯纳日"的祭日工作，又通过具体观察和测量完成测日任务。这四个测日区的名称都有具体特定的含义，是根据太阳在四地的性状特点而命名的，如"旸谷"乃是太阳初升之所，旸即日出，所谓"日出旸谷天下明"。"昧谷"就是太阳降落之区，昧即昏暗，孔安国曰："日入于谷而天下冥，故曰昧谷。"各区进行测日的地点——嵎夷、南交、西和朔方，则都是确切而具体的地名。其中，东方测日点嵎夷当在今山东半岛近海之地，《尚书·禹贡》："青州，嵎夷既略，潍、淄其道。"孔传："东表之地称嵎夷。"《史记·五帝本纪》司马贞《索隐》："嵎夷，青州也。尧命羲仲理东方青州嵎夷之地，日所出处，名曰阳明之谷。羲仲主东方之官，若《周礼》春官卿。"《齐乘》卷一：宁海州大昆嵛山在"州东南四十里嵎夷，岸海名山也，秀拔为群山之冠"。① 宁海州治今山东牟平。据《文登县志》载："唐虞文登为嵎夷。"又载："旸谷在（文登）县西六十里，尧命羲仲宾日处。"可知，嵎夷、旸谷俱在今山东半岛东端牟平、文登间。先秦以来，齐地建有八神祠，"其祀绝莫知起时。"其中日、月、四时祠当与太阳崇拜有关。而日主祠即在文登之东荣成的成山角。秦始皇、汉武帝都曾巡行各处并行祭礼。汉武帝太始"三年春二月……行幸东海，获赤雁，作《朱雁之歌》，幸琅琊，礼日成山"。孟康注云："礼日，拜日也。"② 《史记·封禅书》："日主，祠成山。成山斗入海，最具齐东北隅，以迎日出云。"《集解》云："韦昭曰：'成山在东莱不夜，斗入海。不夜，古县名'。《索隐》'不夜，县名，属东莱。'案：解道彪《齐记》云'不夜城盖古有日夜出于境，故莱子立城以不夜为名。'斗入海，谓斗绝曲入海也。"胡渭《禹贡锥指》："《尧典》传云：'东表之地称嵎夷。旸，明也。日出于谷而天下明，故称旸谷。旸谷，嵎夷一也。'《正义》曰：'青州在东，界外之畔为表。故云东表之地。……薛士龙云：嵎夷今登州'……余按《封禅书》，秦始皇东游海上，祠齐之八神，'其七曰日主，祠成山。成山斗（头）入海，最居齐东北隅，以迎日出云'。韦昭曰：'成山在东莱不夜'。今文登县一百

---

① 于钦撰，刘敦愿、宋百川、刘伯勤校释：《齐乘校释》，中华书局2012年版，第50页。

② 《汉书》卷六《武帝纪》，中华书局1982年版，第206页。

八十里有成山是也。自古相传为日出之地，谓羲仲之所宅在此，颇近理。"春秋时的不夜城故址在文登县东北一百五十里，今山东荣成境内；成山即今半岛最东端的成山头。另外，月神祠在莱山，即今山东黄县东南；"四时主，祠琅琊，琅琊在齐东方，盖岁之所始。"琅琊即今山东胶南市南海边。这三个神祠均建于山东半岛一带，尤其是旸谷、不夜城、成山头俱在山东半岛最东头文登、荣成一带，古人皆认为是日出之处，为临海又日出最早之地，正是祭日、测日的佳地。

西方测日点"西"在今甘肃礼县境内，《史记·五帝本纪》裴骃《集解》："徐广曰：'以为西者，今天水之西县也。'骃案：郑玄曰'西者，陇西之西，今人谓之兑山'。"兑山即著名的嶓冢山，《禹贡》："嶓冢导漾，东流为汉。"《山海经·西山经》："嶓冢之山，汉水出焉，而东南注于沔。"《汉书·地理志》："西，《禹贡》嶓冢山，西汉所出，南入广汉白水。"嶓冢山今称齐寿山，在今甘肃天水市南，南接礼县，该山是长江支流嘉陵江上源西汉水的发源地，也是长江、黄河两大流域的分水岭。西县则是秦人西迁陇右后曾长期聚居和最早建都之地，西垂、西犬丘俱在西县境内。

帝尧分命"羲和"四人前往各处进行测日等活动，是一次重要的政治与宗教文化行为和天文观测活动，既宣示了他统治的强大，使教化被于四夷，也大大提升了天文观测和作历授时的水平。按《尧典》记载，通过这次测日定时，确定一年"三百六十六日，以闰月定四时，成岁"。并以此为根据，治理百官，保障百姓安居乐业。从天文学角度分析，表明帝尧时后世的历法体系和宇宙观已经基本成型。而且，对四季中星（二分二至）的观测，说明当时已经有了正南正北方位的概念，因此无疑有了将空间划分为四方的观念，则四方与四时对应的观念自然也已经形成。所以李约瑟认为这是近三千年中国天文学的基本宪章。[①] 可见，这一测日活动，无论对于促进天文历法发展，还是在推进中华文明与文化的进步方面，都具有重要意义。从以上对羲、和在东、西两个测日点地域的确定，以及太阳崇拜的产生，可以说与地居我国东方、临近大海的东

[①] 徐凤先：《从大汶口符号文字和陶寺观象台探寻中国天文学起源的传说时代》，《中国科技史杂志》2010年第4期。

夷有极为密切的关系。因此，以太昊、少昊为代表的东夷部族既是一个鸟图腾崇拜部族，也是一个太阳崇拜部族。

三 太阳崇拜与鸟崇拜的结合

如前所述，凤鸟是鸟图腾部族的太阳神象征。考诸文献，太阳崇拜与鸟崇拜的结合与帝俊之妻羲和有关。《山海经·大荒南经》：

> 东海之外，甘泉之间，有羲和之国。有女子名羲和，为帝俊之妻，是生十日，常浴日于甘渊。

《山海经·大荒西经》又云：

> 帝俊妻常仪生月，十有二。

可见，最早的羲和是帝俊的妻子、太阳的生母，她生了十个太阳。帝俊的另一位妻子常仪则生了十二个月亮。又据《海外东经》：

> 汤谷上有扶桑，十日所浴。在黑齿北，居水中，有大木，九日居下枝，一日居上枝。

《大荒东经》又云：

> 汤谷上有扶木，一日方至，一日方出，皆载于乌。

羲和所生十个太阳都栖息在扶桑树上，每天一个太阳轮流升替，循环值日运照大地。这汤谷的扶桑树就如同是太阳的家，日升日落太阳都要在这里出发和回归，而升起的太阳则是由"乌"这种鸟承载运行。上古人们把太阳东升西落的运行误以为是"皆载于乌"的飞鸟载日。而后来飞鸟载日又演变为鸟在日中，《淮南子·精神训》说"日中有踆乌"，又《本经训》记述羿射九日则谓"日中九乌皆死，堕其羽翼"。《春秋元命苞》亦谓："阳，天之意，乌在日中。"这种变化既是上古先民对日月星辰运行法则认识上升的体现，也是他们在原始宇宙宗教观念支配下，将神鸟与太阳有机结合的反映。文献中所谓太阳"皆载于乌""日中有踆乌""乌在日中"的记载，大约体现了古人在黄昏时节观测太阳落山时，对常有飞鸟飞过且因鸟之远近不同（近则飞鸟载日，远则鸟在日中），而与太阳结合呈现出不同图景的组合关系的一种直观解释，实际正是鸟神和日神结合的典型反映。祝中熹将这种日鸟结合称为"阳鸟图腾崇拜"，认为是一种日图腾部族与鸟图腾部族结合后形成的复合图腾，① 是很确切的。

这种阳鸟图腾崇拜由于曾长期盛行于崇鸟、崇日部族，因而，不仅见于文献记载，而且在我国仰韶、龙山文化彩陶等遗存中留下了不少印记和图案。在莒县陵阳河、大朱家村、杭头和诸城前寨以及尉迟寺遗址的陶尊或陶瓮上20余个图形文字的发现，既体现了东夷文化的先进，也有个别图形文字蕴含着本部族精神生活与部族归属的种种信息，有待于我们去发现和认识。而其中最具代表性的无疑是在大汶口文化遗址中多次发现的那个由日、鸟、山构成的图形文字"炅"（传统认为上部为日、中部为火焰、下部为山）。该字按字形可分三种，第一种由"日、火焰、山（山为五峰）"三部分构成；第二种与第一种相同，也由三部分构成，唯下部的山为三峰；第三种由上日下火两部分构成。大家公认该图形为同一个字，但解释却有不同。于省吾释为"旦"，② 唐兰训为"炅"（意为"热"），③ 王树明解为"炟"。④ 也有学者认为它不是一个文字，而是一个符号，或者为族徽或图腾。邵望平也认为是"旦"字，根据对图像文字与大口尊出土的墓葬等级、出土情况的综合分析，认为大口尊是一种礼器，既表示身份、地位，又用于祭祀和葬仪，而有刻文的大口尊应与祭天、观象和祈丰收等活动有关。⑤ 周谦、吕继祥认为陶文为"炟"，

---

① 祝中熹：《阳鸟崇拜与"西"邑的历史地位》，《丝绸之路》1998年学术专辑。
② 于省吾：《关于古文字研究的若干问题》，《文物》1973年第2期。
③ 唐兰：《关于江西吴城文化遗址与文字的初步探索》，《文物》1975年第7期。
④ 王树明：《从陵阳河与大朱村发现陶尊文字谈起》，《东方考古》第1集，科学出版社2004年版，第385—403页。
⑤ 邵望平：《远古文明的火花——陶尊上的文字》《文物》1978年第9期。

而且"炅"字与泰山封禅和虞舜祭天有关,所以,"泰山是古代中国的神山、圣山,泰山封禅的缘起与这个陶文有关"①。除了"炅"字之外,还有李学勤所释的"皇""封"等图形字,②也同"炅"字图形一样含义丰富。

　　图形文字"炅"实际上就是一个活生生的"飞鸟载日"图。"炅"字的构成,上部日和下部山应无疑义,唯中间的火焰似有进一步探讨的必要。这火焰形则更像是一个在空中飞翔的神鸟的侧面形象,左头右尾,载日飞翔。祝中熹、韩建业都已经指出了这一点。韩建业等认为鸟、日常为一体,崇鸟就是崇日,"炅"字陶文不仅发现于龙山文化遗址,其实在仰韶文化庙底沟类型的河南陕县庙底沟、陕西华县泉护村、华阴县西关堡等遗址中,早有类似题材,有的在"火焰"(鸟)下加三竖道,俨然是"三足鸟"的形象。陶文上圆圈下角形(即鸟)的图形,"更可能就是鸟日合体符号,即《淮南子·精神训》所说的'日中有踆乌'"。陶文"上面的圆圈既是太阳,也是鸟首;下面的双角形实即正面鸟形"。③ 如此说来,这"炅"字更准确地说是图文合一、日鸟合体、具有特定含义的符号,可能就是少昊氏或东夷部族其他首领的王号,后来又发展成族徽,其本义应源自日鸟图腾崇拜。这种日鸟图腾崇拜在良渚文化也有反映,良渚文化一些玉器雕饰的上方有许多的圆圈,人们认为是太阳标识,其下的火焰纹表示的是太阳照射下的性状,故被称为是太阳神徽;一些雕饰的边框内刻有阳鸟负日或太阳神徽,中央有一柱,柱顶立一鸟,故称其为阳鸟祭坛图。④ 在连云港将军崖岩画中还有以鸟喙人面纹为主的太阳群神像图,以星象与变形鸟纹为主的鸟星历图,还有三块有对称圆窝图案的大石,可能就是祭祀太阳神的祭坛。⑤

　　目前发现的大汶口文化和山东龙山文化遗址中有大量鸟形鬶的出土,如城子崖和前寨遗址的陶鬶,造型生动,极像伸颈而鸣的雁鸠形象,其

---

① 周谦、吕继祥:《大汶口文化陶文浅释》,《中国文物报》1998年9月30日。
② 李学勤:《重新估价中国古代文明》,《人文杂志》1982年增刊《先秦史论文集》,第8页。
③ 韩建业、杨新改:《大汶口文化的立鸟陶器和瓶形陶文》,《江汉考古》2008年第4期。
④ 杜金鹏:《良渚神祇与祭坛》,《考古》1997年第2期。
⑤ 《连云港将军崖岩画遗迹调查》,《文物》1981年第7期。

他还有鸟喙形鼎足等。城子崖遗址还曾出土两件盆形鬼脸式鼎足大陶鼎，足形状，高鼻梁，两只大眼睛，恰似雄鹰类鸟头的塑形。前寨遗址考古发掘时，曾出土一彩陶罐，画有八个圆圈的图案，按陶文之意，当释为八个太阳，[①] 它同样有着崇拜太阳之含义。众多的鸟形生活用具和太阳崇拜痕迹在鲁苏一带的发现和存在，说明上古东夷部族太阳与鸟崇拜习俗都非常盛行，它真实地反映了东夷部族以鸟和太阳为图腾的精神面貌。

四　伯益主"岁"与嬴秦西迁

《史记·秦本纪》："秦之先，帝颛顼之苗裔孙曰女脩。女脩织，玄鸟陨卵，女脩吞之，生子大业。大业娶少典之子，曰女华。女华生大费，与禹平水土。……乃妻之姚姓之玉女。大费拜受，佐舜调驯鸟兽，鸟兽多驯服，是为柏翳。舜赐姓嬴氏。"《索隐》："秦、赵以母族而祖颛顼……按：《左传》郯国，少昊之后，而嬴姓盖其族也，则秦、赵宜祖少昊氏。"又云："此则秦、赵之祖，嬴姓之先，一名伯益。"可知嬴秦族出东夷，为少昊之后，颛顼苗裔，是东夷部族的重要一支，亦以鸟为图腾。伯益作为嬴秦始祖，曾佐尧舜禹调驯鸟兽，平治水土，则其时以伯益为代表的嬴秦就是帝尧时期少昊后裔中已经强大起来的一支。伯益不仅是才能卓著的良佐之臣，而且精通四时和占岁。而精通四时和占岁，则必以知晓天文阴阳为前提。所以，在东夷部族掌管测日、祭日，精通天文、时序和历法，长期从事与测日授时有关的世族世官中，嬴秦是一支不可忽视的重要力量，则伯益也是日神崇拜系统中的重要一员。

在传说中的日神崇拜系统中，羲和"生日"，常仪"生月"，还有一位是"生岁"的后益即伯益。《山海经·大荒西经》："帝俊妻常羲（仪），生月十有二。"《山海经·海内经》云："共工生后土，后土生噎鸣，噎鸣生岁十有二。"《吕氏春秋·勿躬》："羲和作占日，尚（常）仪作占月，后益作占岁。""常羲""尚仪"即常仪，为月神。"后益""噎鸣"实际就是伯益。"岁"即年，一年分四时，有十二个月，故"生岁""占岁"也就是定四时和掌时序变化，亦即岁时之神。顾颉刚指出："从

[①] 任日新：《前寨陶文与虞舜祭天》，舜华网，2011年8月2日。

羲和之生十日而作占日，常仪之生十二月而作占月之例推之，则后益即噎鸣。"① 杨宽进一步指出："后益何以得称'噎鸣'耶？曰：'噎''嗌'乃声之转，杨雄《方言》云；'斯嗌，噎也，楚曰斯，秦晋或曰嗌，又曰噎。''噎鸣'即取义于'鸣若嗌嗌'也。"② 所谓"鸣若嗌嗌"，即是嬴秦所崇拜之玄鸟的叫声，它反映的是嬴秦玄鸟为图腾崇拜，则玄鸟也是其先祖伯益的化身。秦汉时今山东一带有八神祭祀，其中第八位神主即是"四时主"，祠在琅琊，"盖岁之所始"。所祭者即四时主，也就是伯益。可见，由日、月、四时之神羲和、常仪、伯益到占日、占月、占岁，这是一个太阳崇拜的完整体系。

由此说来，伯益无疑是一个日神崇拜的部族首领。与羲、和诸子同为帝尧属臣的伯益既是四时之神，又是东夷嬴姓首领，由于他们从事的都是祭日、测日、观天作历、分定四时的同类工作，于是，由日月生母到东方神女，由国家神巫到朝廷官员的奇妙组合，不仅形成了太阳崇拜的完整体系，而且也出现了东夷玄鸟图腾崇拜与太阳崇拜的联姻。

伯益既是帝尧之臣，也是"占岁"掌四时之神，则嬴秦在众多鸟日图腾崇拜集团中无疑是最具影响力和实力的一支，或者说已经上升为当时少昊部族中的主体，这从其后佐禹治水，帝舜赐其嬴姓，受封嬴、费、秦三邑可以证实。所以，在帝尧分命羲、和诸子测日的这一重大天文观测活动中，嬴秦是不可或缺的。嬴秦族不仅在帝尧集团占有的重要地位，而且关键是该部族除了精通天文历法之外，还有自己的独门绝技——占岁。因为测日作历这样既神秘神圣又需要专门知识的工作，在当时只有部族中的少数贵族和上层才可能为之。因此，在和仲去西部测日点——西邑的测日人员中，至少肯定有嬴秦族人或首领参与，而且，他们不仅参与了测日，其族人还全部或部分地留了下来，从此定居于此。这一测日活动中的后续事件，却成为在秦人发展史和中国历史上都具有重大意义的标志性事件，一方面，此举为后来嬴秦漫长而多次的西迁开辟了立足点；另一方面，这也成为秦人族体形成、兴起发展、崛起建国和一匡

---

① 顾颉刚：《尚书研究讲义》之《戊种之四》，燕京大学石印本，1931—1934 年版。
② 杨宽：《杨宽古史论文选集》，上海人民出版社 2003 年版，第 299 页。

天下的历史起点。在从夏初到周初长达近千年之久的漫长岁月中，嬴秦虽几起几落，流动不居而备受磨难，却义无反顾不远千里辗转跋涉，一路向西，最终迁至西垂定居，其奥秘不正在于这里是和仲测日处？因此，这一事件本身，也就成为历史上嬴秦族的第一次西迁。

（原刊《社会科学战线》2017 年第 10 期）

中潏归周与嬴秦崛起

周人灭商是历史上一件既决定周人也决定商人和秦人命运的重大事件，其结果商人失去了政权，周人建立了前后存续长达800余年之久的周王朝，而夏商以来几经起伏又一直处于流徙动荡状态的秦人，则最终完成了从东方向西方天水一带的迁徙。这一迁徙具体有两次，即商末中潏率族至西垂和周公东征迁商奄之民到朱圉。这也就是嬴秦继前三次西迁之后的第四、第五次西迁。完成商末周初的这两次西迁之后，嬴秦就开始了自己兴起建国的历史。

一 商周之际的嬴秦以及戎胥轩的活动

嬴秦在商末周初的西迁活动，是与周人的灭商活动交织在一起的。而周人灭商，又是其崛起后经过长期的充分准备而首先从其居地周围开始的，时已久居关中的秦人首当其冲。周人具体的灭商行动可以说始自古公亶父的"实始剪商"，至周文王时，据《史记·周本纪》记载，文王曾先后伐犬戎、伐密须、败耆国、伐邘、伐崇侯虎，自岐下而徙都丰。文王经过持续几十年的努力，到晚年时，已经是"文王帅殷之叛国以事纣"，唯知时也。① 以周人为首领的灭商同盟业已形成。接着继位的周武王最终完成了灭商的任务，建立了西周。周人灭商之前的"剪商"和灭商之后扫灭商残余势力的活动，都涉及秦人先祖，也引起了前后两次的嬴秦西迁。

---

① 杨伯峻编著：《春秋左传注》，中华书局2007年版，第932页。

在周人灭商前后，嬴秦族人分居数地，我们现在可以知道的除了早自夏末商初随畎夷进入关中，一直活动于西安一带的"九毕"和兴平的犬丘以及周原一带的"京"和"莽京"等地之外，至少在殷都安阳、山西汾水流域和东夷之地鲁西南均有分布。其中，中潏之子蜚廉、恶来父子俱为商王近臣，在殷都安阳和山西一带活动，鲁西南则是嬴姓故地，仍有嬴秦族人分布，后在蜚廉的策动下参与了"三监之乱"，最终被周公征服并西迁。这些地区的嬴秦族人俱与关中的中潏一支有直接和间接的关系，且后来都参与了嬴秦的西迁活动。

在周人灭商之前的"剪商"活动，也是世居关中的畎夷及其嬴秦族人与周人发生力量转换之时。这种力量转换的结果是周人一步步强大，具备了灭商的实力，而畎夷与嬴秦则在与周人在关中的相争中败下阵来，迁出关中。从商王武乙时起，畎夷首先反叛商朝，故武乙、帝乙都曾率军进入关中征伐畎夷，畎夷势力受到削弱。当时，周人作为商王的属国，也受到畎夷的攻击。《帝王世纪》载："昆夷（即畎夷）伐周，一日三至周之东门，文王闭门修德，而不与战。"《尚书大传》亦谓："文王受命，四年伐畎夷。"《史记·周本纪》："明年，伐犬戎。明年，伐密须。明年，败耆国。……明年，伐邘。明年，伐崇侯虎，而作丰邑，自岐下而徙都丰。"《毛诗·出车序》又载：文王时"西有昆夷之患，北有猃狁之难。"说明当时畎夷与周人的争夺和较量非常的激烈。史书未载双方战争的结果，但到文王晚年，已是"文王合六州之侯，奉勤于商"。六州即荆、梁、雍、豫、徐、扬诸州。① 与周人相邻的畎夷、嬴秦无疑就在雍州之内。所以，周武王灭商之后，遂有"放逐戎、夷泾洛之北"② 的举动。这当是武王灭商后回师关中对已经归附的畎夷残余势力的进一步处置。可见，畎夷、嬴秦在与周人的较量中最终以失败和归附周人而结束。嬴秦也正是在随畎夷归周后，西迁天水并"在西戎，保西垂"。这是嬴秦在商末周初西迁天水的第一步。

《史记·秦本纪》在秦人世系的介绍中没有涉及中潏之父为谁，而是

---

① 黄怀信等：《逸周书汇校集注》卷二《程典解第十二》，上海古籍出版社2007年版，第165—166页。

② 《史记》卷一一〇《匈奴传》，中华书局1982年版，第2881页。

在周孝王欲封非子时申侯强调其与大骆联姻一事中，追述两族关系时提到了中潏之父为戎胥轩。申侯说："昔我先骊山之女，为戎胥轩妻，生中潏，以亲故归周，保西垂，西垂以其故和睦。"这句话一方面道明是中潏之时嬴秦"归周"并西迁，另一方面又说明中潏之父为戎胥轩。于是，学界对中潏之父戎胥轩的身份就有了不同的判断。或以为是申侯为强调与大骆通婚的重要而故意编的，或以为是秦之母系为戎的标志，或以为是申侯为讨好周孝王所说的话不足为信，等等。

中潏大约与商王文丁、帝乙、周文王是同时代人，其父戎胥轩生活的时代当在周文王之前。三代时期的关中、陇右地区，除了有周人、嬴秦部族先后入居之外，更多的是占很大比例的当地土著——戎族各部。姬周与姜、申联姻，嬴秦与申戎的联姻，实际上正是周秦与当地戎族密切交往的体现，是当地人口构成和民族生态格局的一种反映，也是周、秦各自为了密切与戎族关系，改善其生存环境的一个重要举措。这种部族之间的联姻，作为一种改善相互关系的惯例在先秦时期屡见不鲜。所以，与其说申侯所言为虚或者讨好，不如说这是申侯对商末时嬴秦与西戎、周人关系实际状态的一种恰当表述。试想，申侯在周孝王面前据理力争的是其外孙在嬴秦的"适嗣"地位，若以假话为据胡编乱造，并要达到目的，既毫无说服力和可信度，也无异于自我否定。我们没有充足的根据和史料依据，就不应轻易否定《史记》记载的真实性。

申，又称申戎，即姜氏之戎，为先秦之西戎三大支（犬戎、姜戎、狨戎）之一，① 姜氏之戎周初被封于申。因周初在今河南信阳已封一申国，且在成周之东，故称东申，而位于宗周之西的申戎之国自然就是西申。《逸周书·王会解》载成周之会时，对四方来贡者按方位有记载，其中西方有氐羌和西申："西申以凤鸟，凤鸟者戴仁抱义执信。"则姜氏之戎称西申殆无疑义。蒙文通指出："《西山经》有申山，有上申之山，有申首之山，申水出焉。《地理今释》云：'申首之山，今甘肃中卫县南雪山山脉，东趋直至陕西葭州河岸为申山上申山之首干，故曰申首

---

① 段连勤：《犬戎历史始末述——论犬戎的族源、迁徙及同周王朝的关系》，《民族研究》1989年第5期。

也.'……则安塞米脂以北,西连中卫,为申戎之国。"① 这当是申戎见于记载的早期居地。后来,申戎南下关中,据《水经注·渭水注》:"岐水又历周原下,水北即岐山矣。岐水又东经姜氏城,东注雍水。"可知姜氏之戎当在姜水、雍水左右,即今武功、岐山、凤翔一带。② 则成周之会和周孝王时的申侯已经活动于关中西部。据《国语·郑语》韦昭注:"谢,宣王之舅申伯之国,在今南阳。"则知西申于宣王时东迁,分封于谢,在今河南南阳市。但谢地申国不是东申而应是南申。③ 后西周末申侯联合西戎攻周幽王,西周亡。可见,申侯所在姜氏之戎在西周时期是一个对西周历史和秦人历史发展都产生过重要影响的西戎部族。

这里需要强调的是,戎胥轩作为中潏之父既然不应贸然否定,那么,在嬴秦发展史上又该如何看待他呢?首先,他是嬴秦族一个承前启后的关键人物,在商末商、周、嬴秦关系非常微妙之际,戎胥轩与申戎的联姻,大大缓解、密切了嬴秦与戎族的关系,也间接改善了与申戎有同样姻亲关系的周人的关系。嬴秦与几大势力关系的改善,为此后中潏从容部署嬴秦部族未来走向,并将部族一分为二创造了条件。其次,为嬴秦"归周"和西迁成功奠定了基础。戎胥轩与申戎的联姻,改善的不仅是与申戎的关系,而且以申戎为中介,使嬴秦与戎族其他各部的关系也得到改善,这就使嬴秦进入群戎林立的陇右有了可能。正因为如此,中潏西迁天水,"在西戎,保西垂"不仅成功,而且进入之后也站稳了脚跟定居下来,由此才开启了秦人崛起、壮大和建国的历史进程。所以,考察秦人早期的发展历史,戎胥轩承前启后的作用是不应被忽视的。

二 中潏归周与嬴秦西迁

中潏归周是秦人发展史上的关键事件,也是对周秦时代中国历史走向产生深远影响的重大事件。《史记》卷五《秦本纪》载嬴秦中衍"其玄孙曰中潏,在西戎,保西垂。生蜚廉。蜚廉生恶来。恶来有力,蜚廉

---

① 蒙文通:《古代民族迁徙考(四)》,《禹贡》第七卷第六、七期合刊。
② 何清谷:《嬴秦族西迁考》,《考古与文物》1991年第5期。
③ 何浩:《西申、东申与南申》,《史学月刊》1988年第5期。

善走，父子俱以材力事殷纣。周武王之伐纣，并杀恶来"。据此可知，中潏之子孙蜚廉、恶来与殷纣王、周武王约略为同时代人，则中潏当是与商王文丁、帝乙、周文王同时代人。中潏之时已经"在西戎，保西垂"，也就是说至迟在周文王时中潏已经迁到了西垂。中潏之父为戎胥轩，在西周孝王与申侯关于戎胥轩的一段对话中，也能证实西迁这一点。《秦本纪》："申侯乃言孝王曰：'昔我先骊山之女，为戎胥轩妻，生中潏，以亲故归周，保西垂，西垂以其故和睦'。"周人世与戎族通婚，现在，自戎胥轩起，嬴秦首领也与戎族通婚，由于西戎与周、秦两族都有了姻亲关系，周、秦两族由此而"亲"。也因为周秦有了间接的相亲关系，戎胥轩生子中潏之后，嬴秦便"以亲故归周，保西垂"。可知，嬴秦西迁西垂，就在中潏之时。这就是嬴秦的第四次西迁。

中潏西迁天水，"在西戎，保西垂"，既是其跟随畎夷在与周人的较量中处于下风而归顺之后的被迫之举，但同时也是中潏在失败中寻找机会，在前途未卜时创造机会的明智之举。周武王灭商前后嬴秦族人的活动《秦本纪》有具体记载：

> （中潏）生蜚廉。蜚廉生恶来。恶来有力，蜚廉善走，父子俱以材力事殷纣。周武王之伐纣，并杀恶来。是时蜚廉为纣石（使）北方，还，无所报，为坛霍太山而报，得石棺，铭曰"帝令处父不与殷乱，赐尔石棺以华氏"。死，遂葬于霍太山。蜚廉复有子曰季胜。季胜生孟增。孟增幸于周成王，是为宅皋狼。皋狼生衡父，衡父生造父。造父以善御幸于周穆王，得骥、温骊、华骝、騄耳之驷。西巡狩，乐而忘归。徐偃王作乱，造父为周穆王御，长驱归周，一日千里以救乱。穆王以赵城封造父，造父族由此为赵氏。自蜚廉生季胜已下五世至造父，别居赵，赵衰其后也。恶来革者，蜚廉子也，早死。有子曰女防。女防生旁皋，旁皋生太几，太几生大骆，大骆生非子。以造父之宠，皆蒙赵城，姓赵氏。

这段记载非常重要，是解开秦人西迁与秦赵起源的关键。但是，这段记述过于简略，也有一些缺漏和错误，导致人们对秦人历史的认识存在分歧。我们综合《史记》记载和已有研究，在纠谬补正的基础上，庶几可复原中潏在商周易代之际对嬴秦族人的应对安排和后来分合变化的大致情况。这里有以下四点值得注意。

其一是中潏之子蜚廉生有三个儿子。上文所说恶来、季胜、恶来革应该是蜚廉所生的三个儿子。其中,恶来显系长子,季胜为三子,恶来革自然当为次子。关于恶来革,学界大多以为与恶来为一人,细究起来,恶来助纣被杀和恶来革"早死"并非同一人、同一件事,且三子季胜之"季",显为伯、仲、季这一传统兄弟排行的反映。《史记·赵世家》则有蜚廉"命其一子曰恶来,事纣,为周所杀,其后为秦"之说,这里显然主要在于强调季胜一支为赵,以示秦赵之别。所谓"别居赵",是相对于中潏迁西垂之前嬴秦之故地陕西犬丘为"本居"而言。这一点很重要,它透露的是季胜一支属于从中潏、恶来革本宗所析出的一支。

其二是中潏西迁西垂。自戎胥轩、中潏父子时,周人已经强大崛起,他们处在两大势力的夹缝中,一方是嬴秦长期臣服且受到重用的商王朝,但却江河日下,前景暗淡;另一方是嬴秦与之相邻且正在崛起的周人。面对这样的两难抉择,夏商以来备受打击、流徙和动荡的嬴秦,最终采取了将家族力量一分为二,既事殷又归周的两全之策。即中潏安排蜚廉和他的三个儿子分居三处,其中,蜚廉与恶来父子在殷都事殷纣;三子季胜"别居"晋南;次子恶来革及其子女防随中潏率活动于关中的嬴秦族主体西迁西垂。这无疑是一个最佳选择。于是,中潏一支不仅完成了弃商归周的转变,也实现了西迁西垂,避其锋芒,离开周人核心势力区关中的目标。由此奠定了嬴秦族人改变命运和崛起发展的基础,后来的秦人与秦国、赵人与赵国,都是在中潏的这一决策下先后崛起和建国的。

《秦本纪》在介绍了从女防至非子居于西垂的五代之后又说:他们"以造父之宠,皆蒙赵城,姓赵氏"。这句话语义含混,与前文联系颇难理解,既说嬴秦早自中潏已经"在西戎,保西垂",又说女防至非子五代"皆蒙赵城,姓赵氏"。由此引起了对秦人西迁的不同认识和争论。不少学者据此以为秦人先迁至晋南,再迁至关中,最后迁至天水;或认为东西往返数次,最后定居西垂。王玉哲以为秦族自商末至大骆、非子一直居于山西,大骆、非子之时才西迁入陕西犬丘。[①] 黄灼耀则以为"以造父

---

① 王玉哲:《秦人的族源及迁徙路线》,《历史研究》1991 年第 3 期。

之宠,皆蒙赵城,姓赵氏"一语为乱简,原文应接在"赵衰其后也"之下。自中潏至非子,秦人一直活动于关中地区,故非子的居处与赵城无关。① 尚志儒也据此以为中潏是由山西汾河流域西迁至西垂。② 这些看法皆因对"皆蒙赵城,姓赵氏"一语的含混记载和不同理解所致。论者多以为"蒙赵城"就是"居赵城",其实不然,这一点陈平已有详细驳正。③ 唯"蒙"字不仅有"蒙受"之义,还有"假冒"之义。《史记·魏其武安侯列传》:"夫父张孟,尝为颍阴侯婴舍人。得幸,因进之,至二千石,故蒙灌氏姓,为灌孟。"颜师古注云:"蒙,冒也。"秦人"蒙赵城,姓赵氏",只是借同族之姓冒为己姓,以消解无姓无祀之窘况,并非与赵姓一支同在赵城。因此,所谓"蒙"即是假冒之义,这就如魏晋时期一些士族以本姓最尊之地冒为其郡望是同样的道理。所以,其时,并非位居本宗的中潏、非子一支"居赵城",恰恰相反,而是季胜一支从本宗析出定居于晋南一带。中潏自迁往西垂后,中潏与蜚廉次子恶来革子孙就一直在西垂,了解这一点,对于我们正确认识秦人西迁非常重要。

其三是中潏长子长孙事殷纣。我们知道,嬴秦族人早在商代中期太戊、中衍之时已是"遂世有功,以佐殷国,故嬴姓多显,遂为诸侯"的商朝显贵,他们世代追随商王成为其肱股之臣。所以,中潏时,其长子长孙蜚廉、恶来"俱以材力事殷纣",这是嬴秦族人继续延续着其世代"以佐殷国"传统的反映。其结果是随着武王灭商,恶来被杀。蜚廉按《史记》记载其时正在出使北方,殷纣王被杀,蜚廉在今山西霍县的霍太山筑坛报祭,死后葬于霍太山。这一说法有误,《孟子·滕文公下》说在周公东征时"驱飞廉于海隅而戮之",这已被清华简《系年》简文所证实。真实情况大约是蜚廉报祭纣王后,采取了公布死讯而潜逃东方的金蝉脱壳之计,试图东山再起,故蜚廉又在嬴秦故地商奄一带发动嬴姓诸国参与三监之乱。蜚廉的这一行动又与嬴秦的最后一次西迁密切相关。

其四是蜚廉小儿子季胜居留霍太山一带。史书没有交代中潏幼子季胜原居何处,只是说"季胜生孟增。孟增幸于周成王,是为宅皋狼。皋

---

① 黄灼耀:《秦人早期史迹初探》,《学术研究》1980年第6期。
② 尚志儒:《早期嬴秦西迁史迹的考察》,《中国史研究》1990年第1期。
③ 陈平:《关陇文化与嬴秦文明》,江苏教育出版社2005年版,第205页。

狼生衡父，衡父生造父。造父以善御幸于周穆王……徐偃王作乱，造父为穆王御……穆王以赵城封造父，造父族由此为赵氏。"可见，季胜一支到晋南后，初在霍太山，继在皋狼，后定居于赵城。霍太山，据《史记正义》引刘伯庄云："纣都之北也。霍太山在晋州霍邑县。"地当在今山西省霍州东南。皋狼即西汉皋狼县，其地即今山西省吕梁市离石区县北。赵城，《史记集解》："徐广曰：'赵城在河东郡永安县。'"《括地志》："赵城，今晋州赵城县是。本彘县地，后改永安，即造父之邑也。"汉唐彘县，即今山西省霍州市。则造父所居赵城与蜚廉报祭霍太山俱在同一地区。上述文献，明确说明自季胜至造父五世一直居住于晋南地区，也间接说明季胜在其父蜚廉为纣"石（使）北方"和报祭霍太山时，就已经生活于此。前引蜚廉"得石棺，铭曰'帝令处父不与殷乱，赐尔石棺以华氏'"一语所谓"处父"，《史记索隐》以为是"蜚廉别号"，尚志儒则谓"处父"并非蜚廉，而是他的另一个儿子季胜。所谓"帝"即是"天帝""上帝"，即已经归周的中潏假借"天帝"名义，告诫孙子季胜选择"不与殷乱"的道路，① 以谋求新的机遇。这也说明季胜已在晋南。陈平以为"处父"不是季胜而是蜚廉。实际上，不论处父究为蜚廉、季胜父子中的哪个人，所谓的石棺和铭文大约都是蜚廉为掩人耳目造成已死假象而潜逃东方的脱身之计。据此，我们可以说晋南季胜一支就是随其父兄事殷纣时来到晋南，后恶来被杀，蜚廉东逃之后继续据守于晋南，后成为战国时赵国的建立者。嬴秦自夏末商初来到关中之后，至此又分出晋南季胜一支。

由此可见，在商周易代之际，中潏为了嬴秦族未来发展与生存的考虑，在商周两强之间做出了既事商又归周、将家族力量一分为二的选择。这一重大决定和以上变化的产生，决定了嬴秦族人此后的发展，也改变了此后中国历史发展的进程。中潏归周和西迁西垂，开辟了嬴秦族人中后来发展为秦人一支在周人外围生存发展的空间，也保障了嬴秦族人在商周交替、改朝换代的动荡环境中免受亡族灭种之难。中潏之子蜚廉和其孙恶来继续追随商纣王，一方面使嬴秦族人受到失姓亡氏的沉重打击，恶来被杀，但是，蜚廉后又逃往东夷故地策划参与了三监之乱，引发了

---

① 尚志儒：《早期嬴秦西迁史迹的考察》，《中国史研究》1990年第1期。

周初嬴秦族人的又一次西迁，壮大了嬴秦在西垂的力量；另一方面，中潏另一子季胜则继续留在晋南，后来这支嬴秦势力世居其地，成为赵氏和赵国的建立者。与此同时，蜚廉另一子恶来革及其子女防则远离商周之争，未参与追随商人与周人作对的活动，随中潏迁往西垂，故在周灭商之后保全了家族。此后，女防一支就发展为我们所说的秦人。

三　初居西垂的嬴秦早期线索

商周易代之际，嬴秦族经历了中潏西迁西垂和季胜东迁晋南，蜚廉、恶来追随商纣王而恶来被杀，蜚廉逃至东方发动熊、盈等十七国参与三监之乱战败，余部又被西迁天水等一系列重大变故。尽管中潏在商周较量的复杂形势下，采取了将家族力量一分为二既事商又归周的两全之策，使嬴秦在西垂、晋南的两支力量避免了灭顶之灾，但是，蜚廉、恶来父子追随商纣王与周人为敌和蜚廉发动熊盈诸国的叛乱行为，招致了周人对嬴秦族人的打击限制和压迫虐待，不仅"俘殷献民"，迁熊盈十七国余部至"九毕""朱圉"等地，而且，西垂、晋南两支未参与反叛的嬴秦族人也同样被视作部族奴隶。所谓"坠命亡氏，踣其国家"和失姓断祀、迁移流散便是周初嬴秦族人命运的最好概括。

嬴秦西迁天水，特别是中潏"在西戎，保西垂"地在何处？曾长期成为学术界争论不休的话题，直到20世纪80年代以来，甘谷毛家坪、天水董家坪秦文化遗址以及礼县秦公墓遗址的发现与发掘，才使中潏西迁何处这一问题的解决有了可信的考古资料。甘谷毛家坪遗址、清水李崖遗址等秦文化的遗存，其时间上起西周初年，下至战国时期，与秦人西迁天水及其活动时间正好一致。据《甘肃甘谷毛家坪遗址发掘报告》称：

> 毛家坪A组遗存的文化面貌与陕西关中的西周文化和东周文化相似或相同。通过分析比较，可知其年代在西周和东周时期，并可推知其各期的年代。……同已发表的东周秦墓资料相比较，毛家坪三期墓的Ⅳ式鬲、Ⅳ式和Ⅴ式大喇叭口罐与八旗屯、宝鸡西高泉春秋早期鬲、大喇叭口罐相似；毛家坪四期墓的Ⅵ式鬲、Ⅵ式大喇叭口罐与八旗屯春秋中期鬲、大喇叭口罐相似；毛家坪五期的Ⅶ式鬲、

Ⅶ式大喇叭口罐与高庄春秋晚期战国早期的同类器相似。因此，毛家坪墓葬三至五期的年代约当春秋早至战国早期。那么，毛家坪墓第一、二期的年代可能早至西周。①

由此可知，中潏西迁时间与毛家坪第一、二期遗存时代是相合的。如前所述，中潏生活在商末周初，具体时间当与商王文丁、帝乙、周文王为同时代人。更准确地说，中潏早在商末就可能西迁天水了。这一点与毛家坪遗址的材料也是相符的，对此，遗址发掘者赵化成进一步指出：

> 毛家坪西周时期秦早期文化年代上限可到西周早期，这说明，至少在这一时期秦人已经活动于甘肃东部地区了。再则，西周时期秦人的生活用品即陶器已经周式化了，那么，由原来的文化转变为现在这种情况须有一个过程，这个过程的开始自然至迟在商代晚期就应该发生了。……考古发现和文献记载都表明，秦人至迟在商代末年已经活动于甘肃东部，也就是说已经在西方了。②

近年来有学者认为毛家坪遗址并非西周早期遗址，而是西周中晚期遗址，在天水地区目前发现的秦文化遗址中，以清水县李崖遗址时代最早，该遗址出土有一大批商式风格的陶器，如方唇分裆鬲、厚方唇簋、三角划纹簋等。③则该遗存具有浓厚的殷商遗风，赵化成等认为它很可能是非子的封邑秦亭所在。虽然我们现在掌握的材料还不能肯定李崖、毛家坪墓地就是中潏"在西戎，保西垂"的遗存，但可以肯定，中潏西迁之地就在天水地区。

继中潏一支西迁天水之后，周公东征取胜后，又将东方被征服的熊盈诸国部分族民迁往河南、陕西，也有进入天水地区的，李学勤研究认为，清华简《系年》第三章中所载的"邾虐"，实际就是位于今甘谷县的

---

① 赵化成、宋涛：《甘肃甘谷毛家坪遗址发掘报告》，《考古学报》1987年第3期。
② 赵化成：《寻找秦文化渊源的新线索》，《文博》1987年第1期。
③ 赵化成等：《甘肃李崖遗址考古发掘获重大突破——为寻找秦先祖非子封邑提供新线索》，《中国文物报》2012年1月20日。

朱圉，即朱圉山。正好毛家坪遗址就位于朱圉山前的渭河谷地上。所以，毛家坪遗址不仅证实了中潏西迁及其地域所在，也证实周公东征后又有一部分嬴姓族民来到天水。中潏西迁与周公东征后嬴姓族再次到达天水，就构成了后来称为"秦人"的主体，只有当嬴秦族民入居天水之后，秦人的出现才成为可能。所以，商末周初嬴秦族民迁入天水，及其在天水一带的开发与发展，奠定了秦人兴起的基础。

中潏在商周易代之际，为了嬴秦族的生存和发展，将家族一分为二和本支西迁西垂之举，为嬴秦族的发展开辟了新的空间，也为秦人的崛起奠定了基础。天水毛家坪秦人遗址的发现和清华简《系年》所载嬴姓商奄之民至"朱圉"的新材料的揭示，还有中潏之孙分支迁居晋南与西垂史实的考释，都证明了嬴秦族人早在商末周初进入天水一带，已是不刊之论。

（原载宋镇豪主编《嬴秦文化与远古文明》，中国文史出版社2018年版）

淮水祠、雍水与嬴秦西迁

秦人族出东夷，自帝尧时起，至周公东征，在长达千年之久的漫长时间里，经历了五次西迁，① 最终定居于甘肃天水地区，历经西周三百多年14代人的努力，实现了秦人的崛起和秦国的建立，并创造了原生态的秦文化。然后东进关中，由今陕西宝鸡到凤翔，再由凤翔到咸阳，完成了由称霸一方到一统华夏的历史性转变。探究秦人早期历史，其西迁问题至关重要，而秦人的第五次西迁，亦即周公东征后的秦人西迁不止一地，其中一支秦人就来到了今凤翔一带，顾颉刚先生已经有过精彩的论述，② 本文拟在其基础上再作申论。

一 周初周公东征与嬴秦西迁

在秦人早期西迁历史的研究中，李学勤通过清华简的整理和研究，提供了新的线索。③ 据清华简《系年》的第三章，简文在叙述了周武王死后发生三监之乱，周成王伐商邑平叛云：

> 飞厯（廉）东逃于商盍（盖）氏。成王伐商盍（盖），杀飞厯（廉），西迁商盍（盖）之民于邾圉，以御奴虘之戎，是秦先人。

---

① 雍际春：《人口迁徙与嬴秦崛起》，《中国史研究》2014年第4期。
② 顾颉刚：《鸟夷的图腾崇拜及其氏族集团的兴亡》，载《史前研究》，三秦出版社2000年版，第148—210页。
③ 李学勤：《清华简关于秦人始源的重要发现》，《光明日报》2011年9月8日。

"飞"就是飞廉,"商盍氏"即《墨子·耕柱篇》《韩非子·说林上》的"商盍",也是称作"商奄"的奄。关于飞廉、恶来,《史记·秦本纪》云:"周武王之伐纣,并杀恶来。是时蜚廉为纣石(使)北方……死,遂葬于霍太山。"这和《系年》所记不同。但《孟子·滕文公下》却有与《系年》一致的记载:

> 周公相武王,诛纣。伐奄,三年讨其君,驱飞廉于海隅而戮之,灭国者五十,驱虎豹犀象而远之,天下大悦。

蜚廉为中潏的儿子,蜚廉的儿子是恶来,子孙三代都是商朝末年的著名人物。《秦本纪》说:"恶来有力,蜚廉善走,父子俱以材力事殷纣。"他们助纣为虐,史有明文,但他们给秦人带来怎样的命运,却没有文献记载。将文献记载与《系年》结合起来可知,周灭商后,蜚廉并没有死在霍太山,而是逃奔商奄之后。联合和发动今山东一带的嬴姓诸国参加了三监之乱。奄即是《秦本纪》讲的运奄氏,属于嬴姓,蜚廉逃向那里,正是由于同一族姓之故。当时今山东到苏北的嬴姓国族都是反周的,《逸周书·作雒篇》说:"周公立,相天子,三叔(管叔、蔡叔、霍叔)及殷、东、徐、奄及熊盈(嬴)以畔(叛)。……凡所征熊盈(嬴)族十有七国,俘维九邑。"这充分说明了嬴姓族在这场叛乱中充当了主力。

奄是东方大国,是商王朝非常重要的组成部分,其国都当在今曲阜。根据古本《竹书纪年》:"南庚更自庇迁于奄。"《路史·国名纪》:"甲即位,居奄。"可知商王南庚、阳甲都曾建都于奄,然后盘庚才从奄迁到今河南安阳的殷。奄之所以称为"商奄",大概就是由于这个缘故。据《左传》定公四年,周初封鲁,"因商奄之民,命以伯禽而封于少皞之虚",杜预注:"商奄,国名也。少皞之虚,曲阜也。"《史记·周本纪》张守节《正义》引《括地志》:"兖州曲阜县奄里,即奄国之地也"。《后汉书·郡国志》:"鲁国,(古)奄国。"可见位于今曲阜的奄国应是当时参与反周的熊盈十七国中的大国,飞廉东逃至此,说明这里当为嬴姓诸国汇聚的中心地带。清华简的相关记载,对解决早期秦人西迁的问题具有重要价值。

首先，周公东征之后，将嬴秦族人直接迁往今甘肃甘谷一带。李学勤指出：《系年》的记载明确指出周成王把商奄之民西迁到"邾虐"这个地点，这也就是秦人最早居住的地方。"虐"在战国楚文字中常通读为"吾"，因此"邾虐"即是《尚书·禹贡》雍州的"朱圉"，《汉书·地理志》天水郡冀县的"朱圉"，在冀县南梧中聚，可确定在今甘肃甘谷县西南。这实际上应该是秦人入居陇右的第二次西迁，在"商奄之民"到来之前，中潏已经"在西戎，保西垂"了。

其次，周公平叛后，将商奄之民强迫迁往各地。叛乱失败以后，周朝将周公长子伯禽封到原来奄国的地方，建立鲁国，统治"商奄之民"，同时又将其迁往其他各地，目前所知至少有四个地方：一是据《尚书序》讲，把奄君迁往蒲姑；二是《系年》所记载的迁往"邾虐"即今甘肃甘谷。来到这里的"商奄之民"正是秦的先人；三是今河洛一带，《尚书》之《多士》和《多方》篇，都有记载；四是今西安一带，《逸周书·作雒解》："凡所征熊、盈族十有七国，俘维九邑，俘殷献民，迁于九毕。""九毕"即在今西安一带。五是关中西部凤翔一带。

二　关中"淮水"与嬴秦西迁

周公东征不仅巩固了西周的统治，也改变了原东夷地区的政治和族群格局，大量熊盈（嬴）等部族的被迫迁徙，也改变了被迁入地区的族群结构。原来随畎夷西进居于关中的嬴秦族人，在其首领中潏带领下"在西戎，保西垂"，西迁西垂之后，周公东征又将东方熊盈（嬴）族人大量迁入西方，其分布除了李学勤指出的陇右"邾虐"和关中西安"九毕"一带之外，在关中西部的右扶风也有迁入，这是以前所不知道的发现。兹据顾颉刚考证作一申论。

《汉书·地理志》右扶风武功县："大壹山，古文以为终南；垂山，古文以为敦物；皆在县东。斜水，出衙领山北，至眉入渭。褒水，亦出衙领，至南郑入沔。有垂山、斜水、淮水祠。"王先谦《汉书补注》云："赵一清云：'"淮"疑"雍"之误'。……汪士铎云'淮水'当作'褒水。'先谦案：作'褒'是。"顾颉刚指出，武功县的山水有四，山为大壹、垂山；水为斜水、褒水，而祠则为三，即垂山、斜水、淮水。当地没有淮水,何来淮水祠?以前注家多以为"淮"为"襃"或"雍"字之误。然《散氏盘铭》中亦有"淮嗣工虎"一名,该盘即发现于陕西宝鸡以南的渭水南岸,可证《汉书·地理志》所载"淮水"一名不错。《水经注》记载有雍水出雍县雍山,即水出今宝鸡市凤翔区西北,东南流至周至县北入渭,为渭水支流;《汉书·沟洫志》说关中有漳渠,据唐代以来地志记载,唐武德三年(620)分岐山县置围川县,该县有围川水,唐代岐山县即汉代雍县。"围"本作"漳"。《释名》:"'淮',围也",则"漳"和"围"同音。"于是我们在陕西中部找到了《散氏盘》和《汉书·地理志》里的'淮水'。然则何以又作'雍水'呢?""雍"字在甲骨文中左旁从水省,右旁从隹,其下从邑表示是淮水边的都邑。罗振玉在《殷墟书契考释》中认为,"淮"与"雍"为一字。丁山《由三代都邑论其民族文化》一文指出,雍水今名"漳水"。漳"淮"古音相近。"淮""雍"二字在金文中形亦相似,"深疑雍水本名'淮水',淮水即《散盘》所称'淮嗣工虎'国也,故汉时武功县犹有淮水祠。《地理志》:扶风郡武功县有垂山、斜水、淮水祠三所,赵一清云:'淮疑雍之误。'由《散盘》推之,秦、汉以来所谓雍水者,固皆淮水之误"。① 古文"淮"与"雍"的字形都是从"隹"从"邑",说明它的本义乃是鸟夷的都邑。"秦都所以名'雍',就因为它在雍水的旁边,正确地说,就因为它在淮水的旁边。而这条水之所以名'淮',即是表示秦族本居潍水流域,他们这一族迁到渭水流域的凤翔,是在作《散氏盘》之前,这些秦人已经把这条出于凤翔流至周至的水称作'淮水'了;到秦德公时建为都城,东方的遗民住到那边去的就更多了;其后,'雍城'的字音虽因它的假借字而读作 iung,但'雍水'的音则始终不变,直到现在还是呼作'漳水'。为了秦人住在那里有根深蒂固的历史,所以《禹贡》的作者就规定了西河到黑水这一区域的名称为'雍州'。他万万没想到'雍'即'淮',这个水名和邑名都是在周公东征之后原来居于潍水流域的鸟夷西徙后的新名词,在传说的大禹时代是不可能存在的。为着东方民族大迁徙,恶来这一族被迫迁移到渭水流域,于是本在东方的'淮(潍)水'一名西迁了,东方民族所崇奉的上帝和祖先神少昊也西迁了,甚至后起的'凤翔'

---

① 丁山:《古代神话与民族》,商务印书馆2005年版,第29页。

这个地名也很可能由于秦人的'高祖少昊挚之立也,凤鸟适至'及'凤鸟氏,历正也'这些古老的传说而来。这同是不忘其本的民族意识的一种深刻的表现。"①

顾颉刚的上述考证,不仅说明位于东方包括淮水下游的东夷嬴秦族人在周公东征后有大量族人西迁西方,西迁西方的嬴秦族人不独进入陇右,在关中西安及以西均有分布。而且关中西部渭水支流雍水、漳水之名俱源自"淮水"之名。而"淮水"一名系嬴秦西迁带来名称的发现,一是证实了秦人确为东方鸟夷部族;二是证实了秦人确为西迁之部族;三是揭示了雍州、雍山、雍水、雍县、雍城之名"雍",包括雍县后改称"凤翔",都是源自"淮水"一名随秦人西迁,秦人为祀奉少昊之鸟夷部族的文化奥秘。

由此可见,周公东征促成了嬴秦族人的最后一次西迁,为嬴秦族人最终完成漫长而多次的西迁画上圆满的句号。秦人此后在西方的兴起和建国,随着部族西迁的完成,已是"地利"与"人和"兼备,只待"天时"了。因此,商周之际,秦人既弃商归周又继续追随纣王,既西迁西垂后又在东方参与三监之乱,周公东征平定东方与嬴秦族人再次西迁,这一系列事件环环相扣、互为因果,既是早期秦人悲惨命运的生动反映,也是了解早期秦人文化特点和民族性格不可忽视的背景因素。

[原载《辉煌雍城:全国(凤翔)秦文化学术研讨会论文集》,三秦出版社2017年版]

---

① 顾颉刚:《鸟夷的图腾崇拜及其氏族集团的兴亡》,载《史前研究》,三秦出版社2000年版,第206—209页。

人口迁徙与嬴秦崛起

秦人族出东夷,为嬴姓部族的一支,其称"秦"始自定居天水之后西周孝王封非子为"附庸"。我们所讨论的秦人西迁,主要发生在此前的三代时期。其时,秦人尚无"秦"之称,故以"嬴秦"相称。三代时期是一个国家初兴、方国林立、部族融合加剧和民族演化形成的时期,在长达千年之久的历史岁月里,嬴秦的西迁绝非一时一地,而是呈多次多点、阶段性、渐进式的。概括起来,上自唐尧,下至周公东征,嬴秦西迁大约就有五次,分别为帝尧时、夏初、夏末、商末和周公东征,兹分述如下。

嬴秦第一次西迁,大约发生于帝尧时期。嬴秦所在的东夷集团在远古时代是一个文化发达,为中华早期文明多有贡献的部族。而尤为突出的是东夷部族在天文历象方面成就卓著。少昊、颛顼是东夷部族的主要首领,《左传》昭公二十九年:"少昊氏有四叔:曰重,曰该,曰修,曰熙,实能金、木及水。……颛顼氏有子曰犁……"重与犁均为司天地之官。据《史记·历书》记载,黄帝是历法的发明者,始作《调历》,颛顼"能修黄帝之功",《尚书·吕刑》:颛顼"乃命重黎,绝地天通,罔有降格"。《国语·楚语下》:"颛顼受之,乃命南正重司天以属神,命北正黎司地以属民。……尧复育重黎之后,不忘旧者,使复典之,以至于夏、商,故重黎氏世序天地而别其分主者也。"《史记·楚世家》司马贞《索隐》:"重氏、黎氏二官代司天地,重为木正,黎为火正。据《左氏》少昊氏之子曰重,颛顼氏之子曰黎。今以重黎为一人,乃是颛顼之子孙者。"由此可见,东夷少昊、颛顼族后裔重、黎及其后代"羲和"诸子,是一个世代以精通天文四时而位居司天地之职的部族。

在东夷部族中，嬴姓族也精通天文历法，少昊四叔之"修"，陈平就认为是嬴秦始祖母女脩。① 而嬴秦先祖伯益也是一个知晓天文历法之人。《吕氏春秋·勿耕》："羲和作占日，尚仪作占月，后益作占岁。"后益即伯益，其与黄帝时羲和、常仪一道，均为太阳之神，羲和生日为日神，常仪生月为月神，伯益生岁为四时之神。秦汉时有"四时主"祠在琅琊，"盖岁之所始"。由此说来，嬴姓先祖伯益由于正是一个日神崇拜的部族首领，具有占岁定四时的本领，也就是一个精通天文历法的部族。故在帝尧时命羲、和四人进行的大规模测日观象活动的队伍中，必有嬴姓伯益的后裔参与其中。

据《尚书·尧典》记载，帝尧命四位负责天文历法的官员羲仲、羲叔、和仲、和叔分赴东、西、南、北四个测日点，进行祭日、测日和天象观测，确定日出、日落和太阳高度角的四时变化，根据时令节气和鸟兽生存习性，以安排农时和指导民众生产生活。其中，羲和四人中的和仲负责西行观测日落："分命和仲，宅西，曰昧谷。寅饯纳日，平秩西成。"帝尧分命羲和四人前往各处进行测日等活动，是一次重要的政治行为和天文观测活动，通过这次测日定时，确定一年"三百六十六日，以闰月定四时，成岁"。从天文学角度分析，表明帝尧时后世的历法体系和宇宙观已经基本成型，而且，四季中星（二分二至）的观测，说明当时已经有了正南正北方位的概念，因此无疑有了将空间划分为四方的观念，四方与四时对应的观念无疑也已经形成。所以李约瑟认为这是近三千年中国天文学的基本宪章。② 对于推进中华文明与文化的进步，都具有重要意义。

和仲前往昧谷所在的"西"进行的日落与秋分太阳高度角的观测。"西"地在今甘肃礼县境内，《史记·五帝本纪》裴骃《集解》："徐广曰：'以为西者，今天水之西县也。'"《汉书·地理志》："西，《禹贡》嶓冢山，西汉所出，南入广汉白水。"嶓冢山今称齐寿山，在天水市南，南接礼县，该山是长江支流嘉陵江上源西汉水的发源地，也是长江、黄

---

① 陈平：《关陇文化与嬴秦文明》，江苏教育出版社2005年版，第155页。
② 转引自徐凤先《从大汶口符号文字和陶寺观象台探寻中国天文学起源的传说时代》，《中国科技史杂志》2010年第4期。

河两大流域的分水岭。这样，嬴秦的一部分就随和仲西去测日而来到了西犬丘一带并定居下来。这就为此后嬴秦西迁至此埋下了伏笔，西县由此成为嬴秦西迁陇右后曾长期聚居和最早的建都立国之地。

嬴秦的第二次西迁发生于夏朝建立前后。嬴姓部族首领伯益，早自帝尧时就成为朝中的重要大臣，帝舜时为朕虞，掌管山林川泽，佐禹平治水土，大获成功，受到帝舜的奖励，赐姓嬴，又赐以姚姓玉女。"而后举益，任之政"，成为大禹的继承人。《史记·夏本纪》记载："十年，帝禹东巡狩，至于会稽而崩。以天下授益。三年之丧毕，益让帝禹之子启，而避居箕山之阳。……于是启遂即天子之位，是为夏后帝启。"这段记载，在司马迁等人笔下，将禅让制理想化地描述成了在一派友好礼让气氛中完成的让贤之举，其实则掩盖了由选贤任能、"天下为公"的军事民主制向父死子继的"家天下"即王位世袭的国家阶段过渡中血腥的权力之争。据上海博物馆藏战国楚竹书《容成氏》简33—34记载：

> 禹又（有）子五人，不以其子为逡（后），见咎（皋）夅（陶）之贤也，而欲以为逡。咎（皋）秀（陶）乃五壤（让）以天下之贤者，述（遂）禹（称）疾不出而死；禹于是乎壤（让）益，启于是乎攻益自取。①

《竹书纪年》又说："益干启位，启杀之。"《韩非子·外储说右下》："古者禹死，将传天下于益，启之人因相与攻益而立启。"《战国策·燕策》亦谓："启与友党攻益而夺之天下。"这种相攻相伐的权力之争，正是国家诞生前夕，部落联盟内各派势力争夺权力的真实写照。

作为战败的一方，嬴姓族不仅其首领伯益被杀，失去了原来在朝中的显赫地位，而且，部族也因此而遭到打击排挤，被迫迁移流散。嬴姓族人作为东夷的一支，初居费邑，即今山东费县，后封于嬴和秦，嬴邑即今山东莱芜，秦即今河南范县（原属山东）。这是嬴秦族人最初的根据地。就此而言，史籍所载伯益避居箕山以让位于启，以及其后由伯益被

---

① 马承源主编：《上海博物馆藏战国楚竹书（二）》，上海古籍出版社2002年版，第276页。

杀引起的连锁震荡，促成了嬴秦的第二次西迁。

伯益避居之地箕山，当在今河南林州市。除此之外，伯益嬴秦部族在夏启以来接连的攻伐、排挤和打击下，其主体或部分被迫离开原来故地，流散其他各地。《史记·秦本纪》云，伯益儿子大廉、若木之后，其玄孙费昌当夏桀之时，"子孙或在中国，或在夷狄"。虽然此言夏末时伯益子孙的分布，但"子孙或在中国，或在夷狄"的分布格局，已经与伯益被杀前嬴秦原居地大相径庭。

嬴秦的第三次西迁在夏末商初。夏建立后，东夷与夏的关系大致处于若即若离状态，时而交战，时而宾服。夏末时，"桀为暴虐，诸夷内侵"。① 东夷成为消灭夏王朝的一支重要力量。而备受夏统治者打击排挤的嬴秦，在商人灭夏时则成为商人灭夏的坚定同盟者。史称费昌"当夏桀之时，去夏归商，为汤御，以败桀鸣条"。费昌"去夏归商"后作为畎夷的一支随商夷联军进入关中扫灭了夏的残余势力。所以"商代向西拓土，嬴姓东夷人，在商人的旗帜下入于西戎"②。

原居东方的东夷，夏末以前不见活动于山西、关中等西方，但商夷联军灭夏后关中地区就有了东夷人的活动。《竹书纪年》："桀三年，畎夷入于岐以叛。"《后汉书·西羌传》："后桀之乱，畎夷入居邠岐之间，成汤既兴，伐而攘之。"可见，"东夷人中的一部分，主要是九夷中的畎夷，确实在夏末作为商夷联军的组成部分，由我国东方进入西方的关中平原。"③ 据《史记·周本纪》记载，畎夷入关时，正是在邠立国的周族酋长不窋在位，不窋为夏的稷官。"不窋末年，夏后氏政衰，却稷不务，不窋以失其官而奔戎狄之间。"不窋失官和逃奔正是受到畎夷西迁的逼迫所致。考古学发现已经证明，关中东部及西部岐山等地独具地方特点的商文化遗存，其年代上限为商代二里冈上层，④ 邹衡称其为商文化京当型。正是商初包括畎夷在内的商文化势力已进入关中地区的反映。因此"夏

---

① 《后汉书》卷八五《东夷传》，中华书局1980年版，第2808页。
② 傅斯年：《民族与古代中国史》，河北教育出版社2002年版，第44页。
③ 段连勤：《关于夷族的西迁和嬴秦的起源地、族属问题》，《人文杂志》1982年增刊《先秦史论文集》。
④ 尹盛平：《犬夷与犬戎》，载《周秦社会与文化研究》，陕西师范大学出版社2003年版，第257—267页。

商之际，随着商夷两族对夏朝战争的进展，的确有一支夷人（畎夷）来到了关中地区。秦嬴就是这支西来的夷人中的一部分。"①

畎夷也就是甲骨文中所称的犬方、犬侯。丁山认为其封地在今河南商丘。② 尹盛平指出，"'犬侯'应该是因都邑称犬丘而得名，所以'犬侯'当是畎夷之君。殷墟卜辞的'犬方'应是指'犬侯'，也就是畎夷之国，在今陕西兴平、礼泉与扶风、岐山一带。关中西部商文化京当类型当是'犬方'，也就是畎夷的文化遗存，证明商代早期畎夷有一支迁徙到陕西的关中中西部。"③ 胡厚宣先生指出："周之犬邱，当即殷之故犬地。"④ 据《史记·齐世家》畎可作犬，知畎、犬通用，所以甲骨文的犬方应即文献所载的畎夷。

犬丘既为畎夷之都，亦为嬴秦所居之地。据文献记载西周春秋时期犬丘共有四处，即宋国犬丘、卫国犬丘、槐里犬丘和西县西犬丘。按《左传》襄公元年、十年分别曾有"郑子然侵宋，取犬丘"和"孙蒯获郑皇耳与犬丘"之事，此即宋国犬丘，地在今河南省与安徽省交界的永城市；《春秋》隐公"八年春，宋公卫侯遇于垂"。《左传》曰："八年春，齐侯将平宋卫，有会期。宋公以币请于卫，请先相见。卫侯许之，故遇于犬丘。"《春秋》经文所说的垂，显然就是《左传》所说的犬丘，所以杜预《集解》注曰："犬丘，垂也，地有两名。"可见犬丘即垂，垂即犬丘，都是指的同一地方。尹盛平认为："东垂亭，也就是东犬丘，在山东范县以南不远，在秦地内，当是秦夷，也就是畎夷的都邑。"⑤ 这是卫国犬丘，地在今河南与山东交界的菏泽。周之犬丘又名槐里，周懿王十五年"自宗周迁于槐里"。《括地志》："犬丘故城一名槐里，亦曰废丘，在雍州始平县东南十里。"地在今陕西兴平东南，当为畎夷西进关中

---

① 段连勤：《关于夷族的西迁和嬴秦的起源地、族属问题》，《人文杂志》1982年增刊《先秦史论文集》。
② 丁山：《甲骨文所见氏族及其制度》，科学出版社1956年版，第117页。
③ 尹盛平：《犬夷与犬戎》，载《周秦社会与文化研究》，陕西师范大学出版社2003年版，第257—267页。
④ 胡厚宣：《殷代封建制度考》，载《甲骨学商史论丛初集》，台湾大通书局1943年影印本，第76—77页。
⑤ 尹盛平：《犬夷与犬戎》，载《周秦社会与文化研究》，陕西师范大学出版社2003年版，第257—267页。

所都之地。至于商末周初中潏"在西戎，保西垂"，居西犬丘，则是嬴秦第四次西迁的落脚之地，地在今甘肃礼县境内。

以上西周春秋时期的四个"犬丘"地名，正是畎夷自东而西渐次西迁在地名上的反映。犬丘作为畎夷之都，其名称随畎夷流徙而迁移，"天水西南的犬丘之所以又称西犬丘、西垂，正是对于山东曹县（菏泽）的犬丘又称垂而言的"①。所以，由山东菏泽、河南永城市的犬丘，到陕西兴平、甘肃礼县的犬丘，这正是畎夷由我国东方移至我国西方所走过的足迹；它同样也是嬴秦族自东方入陕西、进甘肃的迁移路线。嬴秦即畎夷入居关中，不仅改变了关陇地区的部族分布格局，由此引发了一系列的部族互动与迁徙，而且，商、周与嬴秦、西戎之间错综复杂的关系演变，决定了此后商周政权的兴衰命运。

嬴秦第四次西迁在商末周初。嬴秦作为商朝的显贵在周灭商中又一次遭到毁灭性的打击，武王灭曾"放逐戎、夷泾洛之北"，② 嬴秦自然在放逐之列，故在商末周初中潏"在西戎，保西垂"率族西迁天水。③ 中潏根据商王朝即将崩溃和周人崛起的形势，最终采取了将家族力量一分为二，既事殷又归周的两全之策。即中潏安排蜚廉和他的三个儿子分居三处，其中，长子蜚廉与恶来父子在殷都事殷纣；三子季胜"别居"晋南；次子恶来革及其子女防随中潏率活动于关中的嬴秦族主体西迁西垂。于是，在周灭商的过程中，继续追随商人的蜚廉、恶来父子受到镇压，恶来被杀，蜚廉后又逃往东夷故地；三子季胜则继续留在晋南，世居其地，后来成为赵氏和赵国的建立者；次子恶来革以及其子女防则远离商周之争，未参与追随商人与周人作对的活动，随中潏迁往西垂，故在周灭商之后保全了家族。此后，女防一支就发展为我们所说的秦人。这一变故，一方面使嬴秦族人受到失姓亡氏的沉重打击，恶来被杀；另一方面，中潏一支不仅完成了弃商归周的转变，也实现了西迁西垂，避其锋芒，离开周人核心势力区关中的目标。由此奠定了嬴秦族人改变命运和崛起发

---

① 段连勤：《关于夷族的西迁和嬴秦的起源地、族属问题》，《人文杂志》1982 年增刊《先秦史论文集》。

② 《史记》卷一一〇《匈奴列传》，中华书局1982 年版，第2881 页。

③ 《史记》卷五《秦本纪》，中华书局1982 年版，第174 页。

展的基础,后来的秦人与秦国、赵人与赵国,都是在中潏的这一决策下先后崛起和建国的。

中潏此举既是其跟随畎夷在与周人的较量中处于下风而归顺之后的被迫之举,但同时也是中潏在失败中寻找机会,在前途未卜时审时度势的明智选择。这一重大决定和以上变化的产生,决定了嬴秦族人此后的发展,也改变了此后中国历史发展的进程。中潏归周和西迁西垂,开辟了嬴秦族人中后来发展为秦人一支在周人外围生存发展的空间,也保障了嬴秦族人在商周交替、改朝换代的动荡环境中免受亡族灭种之难。

嬴秦第五次西迁发生于周初的周公东征。在周灭商前后,中潏长子蜚廉从山西霍太山潜逃至东夷嬴姓故地今山东曲阜一带。新发现的清华简《系年》的第三章简文在叙述平定三监之乱的同时,也留下了蜚廉参与叛乱的记载:"飞历(廉)东逃于商盍(盖)氏。成王伐商盍(盖),杀飞历(廉),西迁商盍(盖)之民于邾圉,以御奴叔之戎,是秦先人。"①《孟子·滕文公下》与《系年》有一致的记载:"周公相武王,诛纣。伐奄,三年讨其君,驱飞廉于海隅而戮之,灭国者五十,驱虎豹犀象而远之,天下大悦。"可知周灭商后,蜚廉并没有死在霍太山,而是逃奔商奄之后,联合和发动今山东一带的嬴姓诸国参加了三监之乱。《逸周书·作雒篇》说:"周公立,相天子,三叔(管叔、蔡叔、霍叔)及殷、东、徐、奄及熊盈(嬴)以畔(叛)。……凡所征熊盈(嬴)族十有七国,俘维九邑。"说明嬴姓族在这场叛乱中充当了主力。

简文"飞历"就是蜚廉,"商盍氏"即《墨子·耕柱篇》《韩非子·说林上》的"商盍",亦即"商奄"的奄。奄也即是《史记·秦本纪》所载的运奄氏,属于嬴姓,蜚廉逃向那里,正是由于同一族姓之故。奄是东方大国,是商王朝非常重要的组成部分,其国都当在今曲阜。根据古本《竹书纪年》:"南庚更自庇迁于奄。"《路史·国名纪》:"甲即位,居奄。"可知商王南庚、阳甲都曾建都于奄,然后盘庚才从奄迁到今河南安阳的殷。奄之所以称为"商奄",即此之故。可见位于今曲阜的奄国应是当时参与反周的熊盈十七国中的大国,蜚廉东逃至此,说明这里当为嬴姓诸国汇聚的中心地带。

---

① 李学勤:《清华简关于秦人始源的重要发现》,《光明日报》2011年9月8日。

清华简《系年》关于蜚廉的记载,清楚地说明在周公东征之后,将嬴秦族人直接迁往今甘谷一带。李学勤指出:《系年》的记载明确指出周成王把商奄之民西迁到"邾虚"这个地点,这也就是秦人最早居住的地方。"虚"在战国楚文字中常通读为"吾",因此"邾虚"即是《尚书·禹贡》雍州的"朱圉",《汉书·地理志》天水郡冀县的"朱圉",在冀县南梧中聚,可确定在今甘肃甘谷县西南。①

嬴秦族人迁往"邾虚"和"邾虚"之在甘谷,得到甘谷毛家坪秦人墓葬遗址的证实。毛家坪遗址位于朱圉山南第二阶地上,这里前俯渭河,后倚朱圉山,毛河从坪西北注入渭水。从1982年到1983年,甘肃省文物工作队和北京大学考古学系对遗址进行了两次发掘。发掘和研究结果表明,毛家坪遗址有三种文化遗存,其中的"A组遗存"正是从西周到春秋时期的秦人文化遗存。"②遗址起始年代略晚于周成王时期,但与秦人西迁至此基本前后相接。由此可见,周公东征促成了嬴秦族人的最后一次西迁,为嬴秦族人最终完成漫长而多次的西迁画上圆满的句号。嬴秦西迁并定居天水之后,其历史就进入了受封赐姓、兴起建国和崛起强大、一统华夏的新的历史发展阶段。

嬴秦西迁是一个涉及秦人起源,并与其早期历史紧密相连的重要问题,也是先秦时期复杂而又特殊的重大移民事件。就秦人自身而言,嬴秦的西迁是与其部族命运、历史发展、生存空间、部族构成、族际关系等交织在一起。作为移民事件,它是一个涉及夏商政权演变、周秦关系、族群分布和区域开发等多因素的复杂过程。因而,这一移民事件与先秦时期的历史发展走向和民族演变格局息息相关。

(原刊《中国史研究》2014年第4期)

---

① 李学勤:《清华简关于秦人始源的重要发现》,《光明日报》2011年9月8日。
② 甘肃省文物工作队、北京大学考古学系:《甘肃毛家坪遗址发掘报告》,《考古学报》1987年第3期。

秦早期农业与工商经济发展初探

嬴秦族出东夷，从帝尧时期至周初，在长达千年之久的漫长时期，经过帝尧时和仲至"西"测日、夏初伯益争权失利、夏末商初随商夷联军西进关中、商末周初中潏归周"在西戎，保西垂"、周公东征迁商奄之民至天水等五次西迁，① 最后入居西北边陲天水一带，并始称秦人，建立政权进而崛起。秦人西迁落脚的天水渭河、西汉水上游"两河流域"，正处于我国农牧过渡带上，早期秦人发挥自身优势，因地制宜，充分利用当地独特的自然条件和资源基础，发展了以农牧并举为特征的早期经济，从而支撑秦人迅速建国崛起。②

关于秦人早期农业及其经济的发展，由于史料记载缺略，还有传统观念的影响，一般认为秦人在天水地区与戎狄无异，经济落后，还处于游牧状态。但是，随着近三十年来关陇地区特别是天水地区甘谷毛家坪、礼县大堡子山等一批秦早期文化遗址的发现，传统观点受到了挑战，引发了人们对秦人早期历史和经济面貌的重新审视和探讨。本文拟就嬴秦西迁后的农业发展与早期经济发展作一初步探讨。

一 天水地区原始农牧业的起源与秦人早期农业的发展

天水地区是中国旱作农业的重要起源地之一，当地气候温润、植被

---

① 关于嬴秦西迁问题，学术界认识尚不一致，有一次、两次、三次、四次西迁等不同观点，且在西迁的时间、路线等具体问题上也有不同。笔者研究认为，嬴秦的西迁绝非一时一地，而是既有从不同地点出发又有多条路线的多次迁移的一个复杂过程，概括起来就是以上五次西迁。

② 雍际春：《论天水秦文化的形成及其特点》，《天水师范学院学报》2000 年第 4 期。

良好、山川台原相间分布和黄土疏松肥沃的条件，成为原始旱作农业兴起和早期农业多元发展的理想之区。大地湾、西山坪、师赵村3处前仰韶时代的文化遗址，从距今8000年一直延续发展至距今4000年，在长达4000多年之久的岁月里，早期先民创造了堪称发达的农业文化。

大地湾第一、二期文化层出土的黍、粟、油菜籽标本距今已有7000年之久，其中，黍标本为国内最早。① 在天水境内另一处新石器时代早期遗址西山坪出土了距今5650—4300年前的粟、黍、小麦、燕麦、青稞、水稻、大豆和荞麦等8种农作物的标本，这些作物标本涵盖了东亚和西亚两个农业起源中心主要的作物类型。这一发现，不仅表明原产于西亚的小麦和燕麦早在距今4650年前就已传播到中国西北地区，而且也标志着中国最早的农业多样化可能就出现在新石器时代的甘肃天水地区。② 可见，这里不仅适宜多种农作物种植，而且，起源于西亚的小麦、燕麦种子的发现，将中国与西亚之间的联系和文化交流的时间大大提前。

在天水大地湾、西山坪和师赵村遗址及其遗存，还发现了数量众多的动物骨骼，为我们提供了探索秦早期牧业发展的重要背景资料。三个遗址发现的动物计有猕猴、兔子、红白鼯鼠、仓鼠、中华鼢鼠、中华竹鼠、狗、豺、貉、棕熊、黑熊、虎、豹、豹猫、象、马、苏门犀、苏门羚、家猪和野猪、麝、獐、梅花鹿、马鹿、黄牛、羊、狸、鸡、龟、蚌等数十种。这些动物越往后期驯化类动物的数量就越多，尤以猪的骨骼为多，则表明当地很早就有了畜牧业，而在距今8220年前就有了家鸡的驯养，为我国最早的记录。③ 其中，特别值得一提的是，中国传统的所谓"六畜"在三个遗址中均有发现，而且，作为家畜，其数量在遗址早期相对较少，而时间愈后家畜数量则愈多，这就清楚地表明，早在新石器时代早期，天水地区的家畜饲养和畜牧业就已经发展起来。

---

① 甘肃省考古文物研究所：《秦安大地湾新石器时代遗址发掘报告》（上），文物出版社2006年版，第704页。

② 李小强等：《甘肃西山坪遗址生物指标记录中国最早的农业多样化》，《中国科学》D辑：《地球科学》2007年第7期。

③ 甘肃省文物考古研究所：《秦安大地湾新石器时代遗址发掘报告》，文物出版社2006年版，第863页；中国社会科学院考古研究所：《师赵村与西山坪》，中国大百科全书出版社1999年版，第338页。

以上事实说明，天水地区是我国原始农牧业的重要起源地之一，天水地区有着发展农业、畜牧业的优越条件和悠久传统。这种条件为秦人进入天水发展农牧业奠定了坚实基础。

秦人先祖不仅懂鸟兽之言，善于驯马驾车，长于畜牧，而且也是一个善于经营农业的部族。秦人之"秦"就与农业生产有关，秦字的甲骨文字形，就是一个双手抱杵舂米禾之形。[①] 这显然与秦人早期从事农业生产或发明粮食加工工具有关。正因为如此，秦人的始祖伯益就是协助大禹治水的水利专家，而且其族曾在故地凿井和引种推广水稻。[②] 及至嬴秦西迁至天水一带，当地位居农牧交错带、既宜农耕又宜畜牧的自然条件，使嬴秦如鱼得水，在农业和畜牧两个方面都有了用武之地。

据目前所知，嬴秦在天水已发现的最早的活动遗址为清水县李崖遗址，时间约当西周早中期，接着是西周中晚期的甘谷县毛家坪遗址和礼县西山遗址等。从各遗址城址形态或聚落形式、陶器组合、生产工具等分析，他们完全过着定居生活。如毛家坪遗址在第一次发掘中发掘了秦人墓葬31座，该遗址起初被认定"年代从西周早期一直延续到战国晚期"，后经进一步验证，当为西周中晚期遗址。[③] 毛家坪遗址地处渭河阶地，依山傍水，适宜于先民们居住和从事农业种植，至今仍然是当地主要的粮食蔬菜种植区。在毛家坪A组遗存中，出土铁镰一件，长8厘米、宽2—3.5厘米、厚0.3—0.9厘米，[④] 这是迄今出土最早的秦人使用铁器劳动工具的重要发现。毛家坪出土的陶器中，有炊具、鼎、鬲、甗、甑、釜等组合，特别是还出土了两件陶仓。"陶仓的发现，反映了其饮食生活当以农作物的粮食为重要食物来源。这完全不像人们一贯传统的说法，

---

① 徐中舒：《耒耜考》，《农业考古》1983年第1期。

② 李江浙在《秦人起源范县说》一文（《民族研究》1988年第4期）中认为秦人先祖是将野生稻驯化为人工稻并进行技术推广者。这一说法欠妥，现已发现的我国远古时代最早的水稻种子，其时间早在七八千年以前甚至上万年前，故人工驯化和种植水稻的时间无疑要早于伯益所在的舜禹时代。因此，伯益及其族人只能是水稻种植的推广者。

③ 早期秦文化考古联合课题组：《2004年早期秦文化考古项目开展以来的主要工作及收获》，载《早期丝绸之路暨早期秦文化国际学术研讨会论文集》，文物出版社2014年版。

④ 甘肃省文物工作队、北京大学考古学系：《甘肃甘谷毛家坪遗址发掘报告》，《考古学报》1987年第3期。

认为秦人当时过着游牧、狩猎的生活。"① 遗址所反映的秦人早期社会生活正是定居的农业生活。袁仲一认为："从居住遗址中发现的灰坑、残房基地面，说明从西周早期开始，秦人起码已过着相对定居的生活。居址出土陶器的基本组合，为鬲、盆、豆、罐，另有甗、甑等。这种组合反映了其饮食生活的内容，当以农作物的粮食为其重要的食物来源之一。这完全不像人们一般传统的说法，认为秦人当时完全过着游牧、狩猎的生活。"② 这一见解不仅准确揭示了秦人早期社会历史的基本面貌，而且对于启发人们正确认识和评价秦人早期历史与文化，具有重要的开拓意义。

自中潏以来至秦文公东迁关中，约十四代秦人亦即整个西周时期，始终以天水两河流域为根据地，在同周人、西戎的周旋中不断发展壮大着。其中，秦人在当地的农业生产虽然没有留下文献记载，但粮食生产和农业发展无疑是其走向崛起的重要基础，也是秦人在与西戎交战中能够渐次取得优势的物质保障。无论作为秦人秦亭故里的清水李崖遗址，还是西汉水流域的众多遗址，其所在遗址分布、器物组合、建筑基址、仓储设施、袋形窖穴、城址墓葬等遗存，无疑也是农业定居文化的具体反映。

二 秦人早期牧业及养马业的发展

秦人不仅擅长农业生产，也是一个精于驯化鸟兽和经营牧业的部族。伯益不仅佐禹导山平治水土，还曾被舜任命为"养育草木鸟兽"的"朕虞"，③ 也就是管理山林川泽开发和主持畜牧业的官员。文献中所谓伯益懂鸟兽之言和调驯鸟兽的记载，实际正是伯益及其部族也擅长经营畜牧业的真实反映。所以，伯益及其部族在东夷地区就是一个精通农业和牧业的部族，其后裔西迁天水之后，虽然由东方平原地带来到了内陆黄土

---

① 樊志明：《秦农业历史研究》，三秦出版社2007年版，第10页。
② 袁仲一：《从考古资料看秦文化的发展和主要成就》，载《秦文化论丛》（第一集），西北大学出版社1993年版。
③ 《史记》卷一《五帝本纪》，中华书局1982年版，第39页。

高原山地，但是，天水地区适宜于农业生产和畜牧经营的自然条件，却与秦人擅长的农牧并举的经济生活多有契合。

天水地区山地、台原、河谷交错分布，森林、草地广布的小地理单元，却为早期人口稀疏区一些部族进行小规模、小区域农业和牧业生产提供了最为理想的空间。这种经济活动的最大优势就在于多种经营和复合生产，就农业而言，多种农作物的种植，可以保证每年都能获得较为稳定的收获，即使一两种作物减产，还有其他作物丰收。就牧业而论，马、牛、羊食草动物和家猪、鸡等饲养动物对自然条件的依赖程度应有区别，因此，一种畜类养殖受损，可由其他畜类的收获抵消。即使牧业受损，又有农业补充，反之亦然。这大约就是天水两河流域早期原始农业和牧业均较为发达，并成为原始先民宜居之所和乐于选择定居的奥妙所在。

秦人在天水地区的早期发展中，养马是其牧业的主要方面。这是因为在传统冷兵器时代，马匹除了是重要的运输工具之外，更是用兵作战的坐骑。秦人入居天水，对西戎环伺周边，骑马驰骋，游牧射猎的畜牧生活，可谓感受真切。秦人要生存、发展，就必须适应当地的环境条件，必须发展自己的畜牧业。也只有拥有了可与西戎抗衡的养马业，西戎的威胁和压力才有可能得到遏制。而畜牧养马，本为秦人之长，何乐而不为呢？

史载："非子居犬丘，好马及畜。"后非子为周孝王养马于汧渭之间也大获成功，可知秦人具有丰富养马经验和牧业传统。秦襄公建西畤，用马祭祀；[①] 在礼县大堡子山秦公墓地、圆顶山遗址、西山墓地和其他秦人墓葬中，多有车马坑或马骨，也正是马匹在秦人经济生活与宗教祭祀中占有重要地位的标志，更是养马业发达的直接反映。

天水两河流域先秦时期良好的植被条件是发展畜牧业的理想区域。大量发现的新石器时代以来的人类文化遗址大多分布于各河流二三级阶地和台原地带，则表明其时河谷阶地与台原地既是人类定居之所，也是农业种植的主要范围，除此之外的河滩地、山坡地和山地林缘地带当为发展牧业的空间。这样说来，先秦时期的天水地区，可以说一派林缘牧

---

① 《史记》卷五《秦本纪》，中华书局1982年版，第178页。

区的景象。我们从张家川木河乡马家塬战国时期西戎墓葬中发现大量的马骨和车马坑，秦汉时期天水一带为国家牧马重地，两汉设立牧师苑等史实中，都可证实当地牧业的发达。① 甘肃礼县博物馆收藏有"天水家马鼎"一件，上刻"天水家马鼎"等字，学界普遍认定为秦汉时刻字。"家马"乃秦汉时太仆之所属养马官员。在新发现秦封泥资料中也有"家马"一名，并有"上家马丞""下家马丞"等封泥出土。② 家马鼎在礼县的出土表明，这里确为秦汉时国家的养马重地。因此，秦汉以来当地牧业的发展，早期秦人对牧业的经营和提倡功不可没。也就是说，战国秦汉时期天水地区国家牧马重地的形成，实际上正是在秦早期奠定牧业生产的基础上的继续和发扬光大。

礼县一带秦人故里牧业的发展，还有一个得天独厚的有利条件，就是在今礼县盐官镇出产井盐。盐不仅为人类所需，亦为家畜饲养不可缺少，牛马羊在野外舔食盐土即是其生理需要的反映。《管子·轻重》篇云："无盐则肿，守圉之国，用盐独甚。"③ 秦人迁至西垂即开始了对食盐的生产，秦代封泥中就有"西盐"之印。④ 在汉武帝时这里就设有盐官，组织食盐生产。今本《汉书·地理志》陇西郡西县虽无盐官记载。但《水经注》卷二十则有汉代设盐官的记载：

> 右则盐官水南入焉。水北有盐官，在嶓冢西五十许里，相承营煮不辍，味与海盐同。故《地理志》云"西县，有盐官"是也。⑤

据此可知今本《汉书》当有脱文。今礼县盐官镇一名当由此而来。礼县盐官生产井盐不仅历史悠久，而且延续至今。唐安史之乱时，杜甫避乱至秦州，后南下入蜀，途经盐官时，曾被当地繁忙的煮盐景象所吸

---

① 雍际春：《西汉牧苑考》，《中国历史地理论丛》1996 年第 2 期。
② 周晓陆、路东之、庞睿：《秦代封泥的重大发现》，《考古与文物》1997 年第 1 期；周晓陆、路东之、庞睿：《西安新出秦封泥补读》，《考古与文物》1998 年第 2 期。
③ 马非百：《管子轻重篇新诠》，中华书局 2013 年版，第 532 页。
④ 周晓陆、路东之、庞睿：《秦代封泥的重大发现》，《考古与文物》1998 年第 2 期。
⑤ 陈桥驿：《水经注校释》，杭州大学出版社 1999 年版，第 362 页。

引，有感而作《盐井》诗一首：

> 卤中草木白，青者官盐烟。
> 官作既有程，煮盐烟在川。
> 汲井岁辘辘，出车日连连。
> 自公斗三百，改转斛六千。
> 君子慎止足，小人苦喧闹。
> 我何良叹嗟，物理固自然。①

可见其时煮盐业规模不小，一派兴旺之象。盐官镇现存盐井祠及盐井正是当地产盐历史的见证。

盐既是人们赖以生活的必需品，同时也是养马必备的条件。非子在犬丘"好马及畜"，除了拥有丰富的经验之外，可能与其定期让马匹饮用盐水密切相关。牲畜在特定生长阶段补充一定的盐分，对于其强健体格和长膘至为关键。《重修西和县志》说："盐官城内卤池，广阔十余丈，池水浩瀚，色碧味咸，四时不涸，饮马于此立见肥壮。"② 非子正是发现并掌握了这一奥秘，其长于养马的绝技，不仅为当地人所津津乐道，而且声名远播甚至传至周王室。也正因为盐官一带井水含盐，不仅秦人养马大获成功，而且，当地直至近现代，也一直是天水一带马、牛、骡、驴等大牲畜的交易集散之地，年交易成交量达一万余头（匹）。③ 这一传统无疑与当地人善蓄养大家畜有关，也更与含盐之水易于使大牲畜在暂时存栏期间发生脱胎换骨般快速强壮的因素有关。所以，我们无须细究这一传统何时而来，就可知道，这一传统实际正是自秦人养马以来，善于发挥和利用自然资源而逐步形成的久远习俗。

不难看出，秦人在天水的崛起，牧业发达特别是养马成功，是其发展的重要支撑之一。其与西戎共处、对峙乃至交战征伐，在建立国家的过程中不断以弱胜强，都与此大有关联。而且，非子养马闻名于周王室，

---

① 高天佑编：《杜甫陇蜀纪行诗注析》，甘肃民族出版社2002年版，第74页。
② 朱绣梓：《重修西和县志》，1947年刻本。
③ 康世荣：《秦都邑西垂故址探源》，《礼县史志资料》1985年6月。

也使秦人赢得了地居边陲而兴起建国的难得机遇和政治地位。而秦人称"秦"和崛起建国，非子养马邑秦，无疑是这一征程真正的起点。

三　秦人早期的工商业发展

在秦国早期发展和国家创建时期，也是一个手工业的快速发展阶段，秦人不仅拥有了自己的手工业，而且也有了自己的采矿业和金属器物加工业。具体而言，手工业生产至少有粮食加工、畜牧产品加工、车辆制造、建筑、食盐加工、陶器制作、采矿业和金属工具与器具铸造业等。这里仅就具有代表性的车辆制造、采矿和金属铸造业以及商业发展作一番探讨。

（一）车辆制造

秦人长于养马又善御，这是其固有传统，且在西迁天水之后得到新的发展。《毛诗序》云："秦仲始大，有车马礼乐侍御之好也。"[①] 这正是对秦人早期车马技术发达的真实记载。在礼县大堡子山、西山、圆顶山发现和发掘的秦人墓葬中，都有车马坑和大量车马的随葬；在清水刘坪墓地也同样存在车马坑和随葬车马；2012年秋五方联合考古队在甘谷毛家坪进行新一轮的钻探发掘，又新发现大面积的墓葬区，已经确定的中小型墓葬在1000座以上，在已经发掘的墓葬中，亦有车马坑，其中一座出土了完整的战车，车轮、车箱、车衡、车辕、马骨、长矛等遗物完整而清晰。[②] 秦人早期在天水各地居住区墓地车马坑的普遍存在，正是其现实社会中广泛而普遍使用车马的再现。

一辆马车或战车的制作是一项系统工程，涉及车辆设计、木工、皮革、青铜铸件、机械、组装等多个工序和环节。秦人早期大量车马的存在和使用，体现了其在车辆制造上，已经具备了高超的技术，虽然限于资料我们尚无法就此详加深究，但在其广泛使用于作战、出行、狩猎、

[①] 司马迁：《史记》卷五《秦本纪》裴骃《集解》注，中华书局1982年版，第178页。

[②] 2012年11月11日笔者前往发掘现场参观，材料由主持发掘的梁云博士介绍和车马坑观摩所得。

运输等实际运用之中，就很能说明其车辆制造技术的娴熟与过硬。礼县圆顶山遗址 98LDK1 车马坑发掘较为完整，可作为了解秦人车马技术的标本。兹将祝中熹对该坑车马的布局结构描述引述如下：

> 98LDK1 为长方形竖穴土坑，方向 266°。长 18.80、宽 3.15、深 4 米，内葬车马一列 5 乘，辕东舆西，前后相随。第一、三、四乘为驷马，第二、五乘为两马挽驾。首乘四马服具齐全，骨骼完整，骨下垫有苇席；余车之马均为剔骨葬，马骨用漆皮包裹，多处放置铜泡。入藏前按车舆及双轮尺寸挖坑，然后将各车分别置入。以首乘为例，舆坑长 1.92、宽 1.10、深 1.20 米。两轮轨距 2.08 米，轮径 1.32 米，辐条 28 根。两毂中部较粗，两端渐细，近似纺锤形，各长 0.52 米，轮外部分长 0.26 米。车轴通长 2.86 米，中部粗而贯毂处较细。舆下部分径 0.11 米，两端径 0.06 米。辕长 2.92 米，末端压在车轴正中，十字相交，交点至踵长 0.41 米，横截面呈圆形，前、中、后三部分径长分别为 0.08 米、0.10 米、0.12 米。车衡压于辕的前端，榫卯套合。衡长 1.23 米，中间粗，两端细，端末套有铜衡管。辕、衡均髹褐色漆。舆底由四轸构成长方形外框，轸木宽 0.05 米、前后长 1.70、左右宽 0.78 米。轸下纵设两根与轸同宽的方木条，位处辕的两侧，以加固轸木，承受车舆底板。舆底板由 5 块宽 0.10—0.15 米的木板组成，髹黑漆。舆四周都有遮栏痕迹，结构与规格不详。舆顶为木质车伞，圆形，径 1.34 米。[①]

从以上描述中不难看出，秦人车舆制造技术已经相当高超，这些车辆制作精美，设计精巧，装饰优美，显示了秦人具有强大的军事实力和过硬的车舆制造加工能力。

先秦时期我国的车辆一般都是两轮，但圆顶山秦人贵族墓 98LDM1 号墓出土的青铜器四轮车形器，可能就是一种无辕的四轮车。该器铸造考究，装饰精美，小巧美观，四轮，无辕，方舆，有厢盖。器高 8.8 厘米，

---

① 礼县博物馆、礼县秦西垂文化研究会：《秦西垂陵区》，文物出版社 2004 年版，第 23 页。

舆厢长11.1厘米、宽7.5厘米、高2.9厘米,轮径4厘米。厢盖可通过旋转舆厢四周安装的立鸟而开启或闭锁。车轮每轮辐条8根,軎辖俱全,转动自如。厢盖上有熊纽和人形纽。舆厢四侧角各附一只昂首向上的行虎;舆厢盖及四侧饰蟠虺纹饰。关于该器的性质,据发掘报告称其为"四轮方盒",认为"可能是妇女放置首饰化妆品的专门用具",① 但韩伟亲见实物后,认定是一辆挽车。它与1989年在山西闻喜县晋墓出土的车形器极为相似,故该器被定名为刖人守囿铜挽车。② 祝中熹认为挽(輓)车作为秦王公贵族丧礼中运送灵柩的车辆,不用马拉。而由死者的亲属、臣属和挚友等执绋牵挽而行,关陇民间至今仍流行的"扯纤"即是古代挽车制度影响下的遗风。③ 这一青铜车形器,作为车辆是完全恰当的,因为,就在同一墓中还出土有蟠虺纹方盒形器,这才应是"首饰化妆品的专门用具"。则"四轮方盒"必是一种车辆。虽然它是作为挽车而随葬于墓中的,但毫无疑问也是对实用车辆的模仿。因此,可以说,早期秦人的车辆制造既有灵活快速的两轮战车,也有平稳庄重的四轮车。透过微型仿制青铜四轮车的精美灵巧,显现的正是秦人具有良好的车辆制造技术。

(二) 金属铸造

自天水地区礼县秦公陵园墓葬文物面世之后,秦人早期金属文物就有了数量可观的实物,这是秦人在天水地区社会文明的典型反映。透过各种金属器物,可以窥知秦在天水地区已经具有技艺精湛的金属铸造工艺。特别是大堡子山秦人西周晚期或春秋早期秦公墓葬青铜器与圆顶山春秋时期墓葬青铜器的出土,为我们了解和研究秦人早期不同发展阶段金属铸造技术提供了第一手珍贵资料。

目前所知在天水地区发现的金属器物,计有铁器、青铜器、铜器及金器等。在甘谷毛家坪西周秦墓遗址中,就发现有铜器和铁器,说明秦

---

① 甘肃省考古研究所、礼县博物馆:《礼县圆顶山春秋秦墓》,《文物》2002年第2期。
② 参见国家文物局主编《中国文物精华大辞典(青铜篇)》,上海辞书出版社、香港商务印书馆1995年版,第171页。
③ 礼县博物馆、礼县秦西垂文化研究会:《秦西垂陵区》,文物出版社2004年版,第27页。

人在入居天水地区不久就已经有了金属加工业。其中，青铜器铸造是大宗和主业。在礼县大堡子山秦公大墓出土的金属器具，学术界由于对墓主的认定尚未取得一致，争论涉及的墓主就有秦仲、庄公、襄公、文公、宪公诸君。这种争论正好说明上述诸君在位期间，当是秦人金属铸造业迅猛发展的时期。在大堡子山秦公墓出土流散和收藏的青铜器有数十件之多，主要器类有鼎、簋、壶、盘、钟、镈、车马器等。这些青铜器仿周器风格明显，在形制上与周器很是接近，如在器形上鼎为立耳垂腹蹄形足，与西周晚期的同形器的差别只是鼎腹略浅，底更近平，蹄足更大一些而已；簋只是垂腹不太突出、盖的坡缘稍陡；壶的差别仅在腹径略小、颈部曲率略小；钟、镈形制亦皆承周制。在纹饰上，也盛行西周晚期的流行图案，如垂鳞纹、波带纹、窃曲纹、瓦棱纹、重环纹等。① 说明秦人全面学习周文化、周礼制，在青铜器铸造上有明显的反映。

但是，我们并不能因此而将秦人早期青铜铸造看作西周工匠或外来人员的作品，而否认秦人的创新与发展。尽管大堡子山秦青铜器不似周器那样精致，"可能秦国工匠尚未掌握内范悬浮法所致"，"说明秦人尚未掌握大型器内外范的等距技术"。② 然而，秦人并没有一味模仿，而是不断探索创新和提高铸造技术，在模仿中有继承有取舍，在发展中有变化有创新有探索。陈平认为秦国的青铜文化在两周之际发生了一系列令人瞩目的重要变化，"铜器的形制、纹饰与铭文从西周晚期完全由周人代作而呈晚周作风，一变为春秋早期由秦人自作而呈秦文化特色"。③ 这种看法是很有道理的，说明秦人在建国前后正经历着金属铸造工艺的重要转型。

从目前已知最早的秦庄公不其簋到大堡子山秦公器（以李学勤介绍之秦公壶一对，上海博物馆藏四鼎二簋共八件为代表），④ 两相比较，前

---

① 礼县博物馆、礼县秦西垂文化研究会：《秦西垂陵区》，文物出版社 2004 年版，第 27 页。
② 李朝远：《上海博物馆新获秦公器研究》，《上海博物馆集刊》1996 年第 7 期。
③ 陈平：《浅谈礼县秦公墓地遗存与相关问题》，《文物》1998 年第 5 期。
④ 秦公壶请参见李学勤、艾兰 1994 年 10 月 30 发表于《中国文物报》的《最新出现的秦公壶》一文；四鼎二簋请参见李朝远发表于《上海博物馆集刊》1996 年第 7 期的《上海博物馆新获秦公器研究》一文。

者的形制、纹饰、铭文与书风与西周铜器没有本质差别。陈平以为这是秦人"借用周室之熟练铸铜工匠和书艺精湛之史官书佐为之"的体现。①其实，这并非周人代作的结果，而是秦人金属铸造起步阶段仿制周器的体现。到了后者即襄、文二公的秦公八器之时，随着秦人金属铸造技术的提高和经验的积累，已经具备了生产具有本国特色铜器的条件和能力，因而，必然形成春秋早期秦国青铜礼器具有秦文化特色的发展趋向。

在秦公八器中，除了铭文书体已具备了春秋秦青铜文化的特色之外，器形的发展尚不平衡，如壶颈内缩较少而下腹内缩较多，与西周晚期的颂壶相比更显颀长细高，并且这一趋势在此后秦壶中又有进一步的发展，故也初具秦文化特色；而上海博物馆四鼎中，前二鼎与西周形制相同，后两鼎下腹与底相接处已作圆形外鼓，已初露向春秋典型秦器转化的端倪。而现藏于中国国家博物馆著名的秦器秦公簋的铸造工艺表明，秦国在青铜业生产方面，已达到了与春秋时期最先进、影响也最大的齐国不相上下的水平。② 这种变化的参差不齐，是秦人青铜铸造工艺正处于由周式化向秦文化转型的过渡阶段。

再从春秋中期以来圆顶山秦贵族墓地出土青铜器的变化，我们就能更清楚地看到秦人在青铜器铸造上的创新与变化及其个性特征。圆顶山春秋中期秦贵族墓抢救性发掘收获颇丰，仅出土青铜器就达近百件，主要有鼎、簋、盨、方壶、圆壶、盉、盘、匜、甗、尊、盒、车形器等，基本组合为鼎、簋、壶、盉、盘、匜、甗。这批青铜器形成了不同于周人和东方列国青铜器的独特风格。这种具有秦人自身风格的青铜器在鼎、簋、壶、盨等器物上无论形制还是纹饰都有明显的展现，祝中熹对其形制纹饰与大堡子山器物的不同有清晰的揭示：

> 如鼎腹的下垂趋缓甚至全变圆，鼎足已无扉棱，簋耳不再丰大且已无珥，三圈足变矮，垂鳞纹退居次要位置，兽面纹已很少使用等。有些因素则被发展强化，如鼎的蹄足更加粗壮并且根部大幅度外移，蹄底阔而成台，方壶口壁外张，束颈下移成束腰且曲率增大，

---

① 陈平：《浅谈礼县秦公墓地遗存与相关问题》，《文物》1998 年第 5 期。
② 祝瑞开：《春秋初中期齐晋楚的封建主革命》，《西北大学学报》1979 年第 1 期。

波带纹使用频率升高等。有些因素开始出现，如细密蟠虺纹大量使用，方壶双耳有高支附饰，平盖附耳鼎和短颈鼓腹环耳壶等。有些因素则被保留，如鼎的浅腹风格以及在足部纹饰下凸起一道圆箍，簋盖与腹饰瓦棱纹，凤鸟形窃曲纹形成了对称与不对称两种规范化图案等。以上种种趋向，融合起来便显示出春秋时期秦国青铜器的基本特征。这种有别于东方列国的青铜器的风格在圆顶山时期已大致形成。①

圆顶山青铜器最具特色的是器物上的蟠虺纹，这一纹饰被装饰在各类器物之上，其中，在鼎的纹饰中多为蟠虺纹与其他纹饰的多种组合；在簋上均以蟠虺纹和瓦棱纹居多，但总括而论，蟠虺纹居于纹饰的主体。

用动物作附饰是圆顶山青铜器的又一特色，在壶、盨、盉等器物上最为典型。例如98LDM1、98LDM2各出的一对方壶，各一件扁圆体四足盉，98LDM2和2000LDM4各出土盨一件，这些器物无不形制庄重大方、典雅考究，纹饰华丽优美、古朴隽永；器身的附饰动物，更是生动逼真、栩栩如生，呼之欲出，无疑是当时青铜器中的典范之作。如其中的盨为椭方体，双耳有繁复纹饰，覆盘式大圈顶盖，形制已近似簋。盖顶四角各饰一只凤鸟，凤首外向，圆目，钩喙，高冠，长尾翘起。盖沿上部四角及左右两侧各饰行虎一只；沿下部前后侧面各饰行虎三只，虎首均向下。器腹前后侧面各饰行虎三只，虎首均向上，与盖沿行虎一一相对。双耳为镂空的蟠虺纹和鸟兽的结合体，主体是一兽首衔一凤首，周边附饰五只小虎和一只小鸟。圈足四角处各附一只长尾卧虎作为支足，虎首向外，其背上各立一只小鸟，小鸟圆目钩喙，巨首小尾。整件器物共有附饰动物46只，足见其附饰动物数量繁多。

青铜器铸造有非常繁复的程序和严格的铸造工艺，一件精美的或大型的青铜器，其制作流程与工艺，是一个包括采矿、冶炼、制范、造型、浇注、修整等多重工序、多环节协调的系统工程。这些具有秦人自身风格的青铜器物的大量出现，表明了秦人建国之后在青铜铸造技术上有了巨大进步。由西周末或春秋初大堡子山青铜器基本沿袭周器，到春秋中

---

① 礼县博物馆、礼县秦西垂文化研究会：《秦西垂陵区》，文物出版社2004年版，第26页。

期已经形成了自己的形制风格和纹饰特点，显示了秦早期文化乃至器物制造上也已初步形成自己的传统。

在大堡子山秦公墓中出土有金饰片和金虎，其中，韩伟在巴黎展览所见和伦敦图录上公布的鸷鸟形金饰片有4对8件，小型金饰片34件；[①] 甘肃省博物馆征集金饰片约20件，甘肃省考古研究所收藏有清理大墓时出土的小型金饰片7件；礼县博物馆征集口唇文羽形金饰片5件。[②] 在巴黎展出金器中，还有金虎一对，另外在日本MIHO博物馆也展出过一对金虎，与巴黎金虎形制、尺寸相当。这些金饰片，实际都是大墓被盗掘，大量文物流失后现世的少部分材料，实际数量远比现知的要多。上述金饰片多为钩云纹、口唇纹鳞形、云纹圭形、兽面纹盾形、目云纹窃曲形等。

这些金饰片体现了高超的制作水平和精湛的技艺，不仅工艺先进，而且造型独特，或惟妙惟肖，或简洁抽象。纹饰图案既是艺术审美观念的生动表现，也包含着丰富的文化内涵。如礼县秦墓金饰片，为了使金饰片纹样具有像青铜器纹饰那样的装饰效果，秦人便在锤制成型的金饰片背面，首先用头部呈三角形的木凿冲凿出"V"形沟槽，然后再用锐利的刃具在金饰片背面沟槽中心錾刻出一条纹路，以增强金箔饰片的浑厚凝重。再如以木质为芯的套接金虎，巴黎展品中的一对，通长41厘米、高16厘米，腹宽3—4厘米，用了10段不同形状的金箔饰片包裹木虎，再用铆钉和套接等技术组接成金虎，[③] 体现了秦人金匠的奇妙巧思与超凡的工艺水平的完美结合。由此可见，秦人对金饰片的加工制作，已形成了锤击、打磨、冲凿、錾刻、剪裁、组合、铆接等一整套的工序，说明西周晚期秦人的黄金加工工艺水平已经相当高超。

在金属铸造方面，除了青铜器和金器之外，还有铁器的铸造。人们公认秦人较早掌握了冶铁技术，在毛家坪遗址中发现有一把铁镰；在圆顶山墓地出土四件铁剑，其中，三件仅存铜茎，一件仅存金首

---

① 韩伟：《论甘肃礼县出土的秦金箔饰片》，《文物》1995年第6期。
② 礼县博物馆、礼县秦西垂文化研究会：《秦西垂陵区》，文物出版社2004年版，第12页。
③ 韩伟：《论甘肃礼县出土的秦金箔饰片》，《文物》1995年第6期。

金格。

(三) 采矿业

秦人堪称精湛的金属铸造与加工工艺，必然建立在发达的矿产开采与冶炼技术之上。天水地区特别是西汉水流域是一个有多种金属矿产的地区，尤以黄金、铅锌矿藏丰富著称。关于黄金，大堡子山秦公墓、清水刘坪春秋戎族墓葬和张家川马家塬战国西戎墓葬中，都有大量黄金饰品出土。据所知和公布的资料，大堡子山秦墓中就有金箔饰片、金虎，尤其是金箔饰片数量很多，按民间传说墓室四周及棺椁上都有金箔饰片装饰。清水刘坪墓中也有不少虎食羊等图案的金箔饰片。在如此集中的区域古墓中有如此之多的黄金饰品发现，这在我国区域考古中并不多见。可知其时天水一带有较多黄金流通。至于黄金的来源，不外乎两种途径，即从其他地方贸易所得和自产。

天水一带早在距今四五千年之前就有西亚小麦、大麦等作物传入，作为善于从事商贸活动的秦人从西域等地交易黄金、玉石当不是什么难事。故韩伟以为："这些黄金很可能来自黄金产地的河西走廊和阿尔泰地区。"并说："据文献及考古发现，知西周晚期秦族拥有甘肃东部之清水、秦安、天水、西和、礼县等地。这里并不产金。"① 从河西等地贸易黄金完全可能，但说天水当地不产黄金，却非实际。正好秦人所在的礼县、清水等地均有黄金矿产。礼县、西和一带西秦岭山地多金属矿产，不仅有金矿，还有铁、铜、锑、铀、钨、硫、煤、水晶等20多种矿产。礼县罗坝、洮坪乡一带，近年已发现岩金矿，西汉水中下游的甘肃成县与西和县接壤的纸坊、苏元乡一带也有沙金，天水市秦州区李子园附近亦有沙金和岩金矿；上述金矿目前仍在开采。礼县金矿既有矿带，也有沙金，至今该县还是黄金大县，近年来年产黄金保持在3000千克以上，如2015年产量为3235千克。② 清水县白驼乡亦有金矿开采，采金点距刘坪遗址

---

① 韩伟：《论甘肃礼县出土的秦金箔饰片》，《文物》1995年第6期。
② 礼县统计局：《甘肃省礼县国民经济和社会发展统计资料（二〇一五）》，内部资料，2016年，第129页。

不远。新出土的秦代封泥中就有"西采金印",① 这似乎已经清楚地表明,秦人立国之都西犬丘亦即后来的西县自秦人建国以来就是盛产黄金的地方,故有"西采金印"的发现。所以,早在西周时期,秦人肯定在天水一带已经开采黄金,进而有了自己的黄金加工业。另外,联系目前已有不少署有"西工封"②"西工宰阉"③ 的兵器出土,而秦国当时对兵器的制作有严格的管理制度,其中,中央武库的兵器来源,亦主要由西、雍、咸阳等曾是都城之地提供,由此可以肯定,西县之地曾是秦国自建国以来一个重要的包括黄金加工在内的金属铸造和兵器制造中心。

(四) 秦人早期的商业发展

秦人也是一个善于经营商业的部族。有人认为伯益熟识草木又懂鸟兽之言,担任虞官,并非其仅擅长畜牧,而可能与其长于商贸有关。特别是结合秦人夏商间流动不居和迁徙频繁的生存状态和生活方式,商代嬴姓多显和善御的特点,都表明秦人是一个商贸部族。他们凭借其奔走各地为中原政权输送马匹、玉石、金属矿产等重要物资,既获得利益又得到政治优待。④ 这一新见颇具启示,有助于我们进一步揭示秦人早期的生存和社会发展状态。但说秦人完全就是一个商贸部族并非恰当,相对于其他部族与国家,秦人比他们更擅长商贸,当是公允的定位。

作为一个具有商业眼光的部族,秦人一定具有敏锐独到的视角和寻找机会的潜能。秦人西迁天水,固然是多种因素和特定条件综合作用的结果,但并非唯一选择。从其族人早在帝尧时随和仲不远千里来到今甘肃礼县一带"宅西"测日,⑤ 到三苗西入甘南、陇南,再从畎夷随商夷联军入陕,犬丘地名由东方到陕西、甘肃的沿袭,到最后中潏"在西戎,保西垂",⑥ 定居于此。可以清楚地看到,这千年之间,似有一只无形的手,在鬼使神差地牵制和引导着嬴秦部族,一波一波、一步一步由东方

---

① 徐卫民:《出土文献与秦文化的研究》,《河南科技大学学报》2006 年第 1 期。
② 刘余力:《王二年相邦义戈铭考》,《文物》2012 年第 8 期。
③ 李占成:《"陇西郡戈"考》,《考古与文物》1994 年第 4 期。
④ 陈更宇:《早期嬴秦人生活方式的探索》,《文史哲》2009 年第 5 期。
⑤ 周秉均:《尚书易解》,华东师范大学出版社 2010 年版,第 6 页。
⑥ 《史记》卷五《秦本纪》,中华书局 1982 年版,第 174 页。

向遥远的西方边陲犬丘汇聚。可以说，嬴秦之所以最后落脚西垂，确有其深层原因和奥秘存在。张天恩在探讨嬴秦西迁西垂时认为"有更深层的原因"，并敏锐地提出："极有可能与经济利益有较大的关系。"秦人自定居于此到秦始皇时代，一直没有放松对西垂的经营，无疑"有保证军民用盐供给的意义"①。陈更宇进一步从宏观层面指出，长于商贸的秦人在商周之际，观察到商纣王穷奢极欲、需索甚广；周文王已经崛起，欲联合各部东进灭商。故双方都有大量物资需求。于是，蜚廉、恶来、季胜继续交好于商，得益于殷；中潏与女防则"归周"交好周文王而受益于周。所以，两支嬴秦所居地都是重要物产之地，蜚廉、季胜所在霍太山一带有玉，中潏、女防所居西垂产盐。秦人入居西垂，能够在很长时期保持和平，"贸易活动应当是最主要的原因"②。这些见解很有道理。

应该说，除了以上因素，嬴秦族人在历时千年之久的时间里，不约而同汇聚西垂，就在于早自随和仲测日"宅西"之时，就以商人的独特眼光，发现了当地至少有两种重要的物产——盐和黄金。嬴秦作为知晓"鱼盐之利"价值所在的东夷人，生产和经营盐业，无可置疑。由此可以说，嬴秦人辗转西迁西垂，当早自帝尧时随和仲"宅西"测日的嬴秦族人即已发现这里有盐和黄金，后来嬴秦人分批来此定居，正是看准了当地有盐和黄金这两种物资。所以，秦人西迁西垂的经济利益和深层原因当大抵如此。

1975 年在陕西省岐山县董家村发现一座西周窖藏，出土的一批青铜器中，有铭文的青铜器就有 30 多件，其内容涉及土地交易、司法诉讼和王室制度等，器物年代在周穆王至宣王之间，器主为非常富有的裘卫家族。据研究，该家族为嬴姓。③ 据铭文所载，裘卫家族财富巨大，既有大片土地，还有贵重玉器、丝帛织品、虎皮、鹿皮等。裘卫曾与矩伯交易，用玉璋、鹿皮等物品换得土地一千三百亩。④ 陈更宇据此推测裘卫家族可

---

① 张天恩：《礼县等地所见早期秦文化遗存有关问题刍议》，《文博》2001 年第 3 期。
② 陈更宇：《早期嬴秦人生活方式的探索》，《文史哲》2009 年第 5 期。
③ 刘士莪：《周原青铜器中所见的世官世族》，载《周秦文化研究》，陕西人民出版社 1998 年版，第 406 页。
④ 张传玺主编：《中国历代契约汇编考释》，北京大学出版社 1995 年版，第 3 页。

能就是季胜的后裔。① 由此可见，嬴秦族人具有商业眼光，擅长贸易，确有其事。

秦人早期的商业活动，除了在西垂大量养马进行马匹交易外，如上所说黄金贸易和饰品加工、食盐的销售也应是肯定存在的。除了这三项之外，青铜器、兵器、铁器、玉石、丝织品和粮食等物品也应当是秦人进行商业贸易的主要物品。

在甘肃礼县大堡子山、圆顶山、西山等秦人墓葬中，有大量精美青铜器、车马器出土，包括鸾亭山亦有大量玉器特别是玉圭出土，圆顶山春秋秦贵族墓98LDM2中，还出土一件金首金格铁剑和三件铜茎铁剑，不少在礼县和其他各地出土的青铜戈等兵器上著有"西工"和"右库工师"等铭文。② 这都说明秦人在青铜器、兵器、铁器铸造方面很是擅长，其作为商品交易乃是自然之事。

至于玉石，天水当地用玉的历史非常久远，天水西部武山县就盛产墨绿色的鸳鸯玉。在境内新石器时代遗址中，就有不少玉器出土，如距今5000年的大地湾四期文化中出土的一批古玉，其中就有产自武山县的墨绿色的鸳鸯玉，故被认为是独立形成的土生土长的玉文化。③ 在天水师赵村遗址距今4100—3900年的第七期文化层中，"新发现一批制造精美，晶莹璀璨的玉器。包括玉璜9件，玉环3件，玉璧1件，玉琮1件，共14件"。④ 这些玉器中，玉璜、玉璧为墨绿色，玉琮为浅绿色，也当为本地的鸳鸯玉。在甘谷毛家坪遗址中，发现玉玦5件，玉璧1件，其中有两件墨绿色半透明的玉玦，⑤ 也是出自毛家坪以西不远的武山鸳鸯玉。这是我们所知秦人最早使用玉器的资料。在礼县秦墓发现的大量玉器中，不少并非墨绿色，说明玉石除了天水所产外，主要来自与西域等地交易所得。

关于丝绸贸易，目前人们已经公认早在公元前5世纪中原地区就已

---

① 陈更宇：《早期嬴秦人生活方式的探索》，《文史哲》2009年第5期。
② 康世荣：《秦都邑西垂故址探源》，《礼县史志资料》1985年6月。
③ 杨柏达：《甘肃齐家玉文化初探——记鉴定全国一级文物所见甘肃玉》，《陇右文博》1997年第1期。
④ 中国社会科学院考古研究所：《师赵村与西山坪》，中国大百科全书出版社1999年版，第316页。
⑤ 甘肃省文物工作队、北京大学考古学系：《甘肃甘谷毛家坪遗址发掘报告》，《考古学报》1987年第3期。

开始了与西域的丝绸贸易。而有人更认为早在商末丝绸就已经西传。[①] 在礼县鸾亭山等处出土的玉圭上,明显有织物包裹的残迹,其织物或许就是丝织品。就此而言,往来于各地贩运交易的秦人,有可能正是较早进行丝绸西传和交易的重要部族。

秦人作为一个同样善于经营农业的部族,种植粮食除了自己消费之外,将剩余粮食作为商品进行交换当是商贸的常规之举,大堡子山城址新发现的大型仓储建筑基址,似乎正是当时为了粮食及货物的储藏而修建的,就很能说明问题。

(原刊《农业考古》2018 年第 1 期)

---

① 屠恒贤、张实:《商周时期丝绸的外传》,《东华大学学报》2006 年第 2 期。

秦文化研究

商鞅变法与秦文化的转型

在中国历史上，秦人及秦国因其特殊的际遇和环境，而形成了"原生型"的文化。① 秦文化从形成到秦王朝灭亡，大约经历了三个发展阶段，即由非子受封到襄公建国的早期阶段，德公都雍至商鞅变法前的中期阶段和此后的后期阶段。独具特色和优势的秦文化在其发展过程中，在经历早期阶段的勃兴和中期前段的优势释放之后，渐趋衰落，而商鞅变法，引发了秦文化的转型和革新。秦文化的这一转型和再造，是秦人在以华戎交汇、农牧并举为特征的固有文化基础之上，广泛吸收融汇六国文化的有益成分，并加以整合而推陈出新的新型文化。这一新型文化成为秦人迅速强大和一统天下的重要精神力量。可见，秦文化在周秦易代和社会转型之际的转型，无论在秦人发展史上还是中国历史上，都非常重要，本文对此试作探讨。

一 秦文化的形成发展与秦国的崛起

嬴秦族出东夷，以少昊苗裔、伯益之后自居，故本为东方部族。然因种种变故，在上自帝尧下至周初越千年之久的漫长岁月里，曾先后经过五次西迁，最后落脚陇右天水，开始了其族体形成、建国崛起的辉煌历程。② 从商末之时，嬴秦首领中潏"在西戎，保西垂"，率部分族人来到天水一带，定居于群戎环伺的山原溪谷间。接着，周公东征平定三监

---

① 苏秉琦：《中国文明起源新探》，生活·读书·新知三联书店1999年版，第130页。
② 雍际春：《人口西迁与嬴秦崛起》，《中国史研究》2014年第4期。

之乱，杀中潏之子蜚廉，迁参与叛乱的部分嬴姓"商奄之民"至朱圉（今甘肃天水市甘谷县境内朱圉山）。① 这两部分西迁天水的嬴秦之民，就成为秦人族体构成的基础。从中潏下传七代至非子，因其为周王室养马有功，被周孝王封为附庸，"邑之秦，使复续嬴氏祀，号曰秦嬴"。② 由此，秦人出现，嬴秦进入了秦族、秦国、秦文化发展的新阶段。

由秦嬴（非子）下经秦侯、公伯、秦仲、庄公、襄公而建国。其中，秦仲时西戎反王室并灭地居犬丘的秦大骆之族，周宣王封秦仲为大夫命伐西戎，反被西戎所杀。接着宣王派兵七千使秦仲子庄公伐戎获胜，并收复犬丘，被封为西垂大夫。秦人在为周王室捍卫西方安全和反击西戎的过程中迅速发展起来。庄公之子襄公继位七年时（前771），犬戎灭周，襄公因救周和护送周平王有功，遂被封为诸侯，并被赐以岐丰之地，"秦襄公于是始国"。秦经过六代人的艰辛努力，终于在西垂建立了自己的国家。建国八年后，襄公之子文公率秦人东入关中，建都汧渭之会。接着宁公都平阳、武公伐戎、德公迁都雍城，开始了秦人争霸称雄和一统华夏的新征程。

由中潏至非子受封而秦人族体形成，继由非子至襄公实现建国，再从文公东迁至德公迁都雍城，约十八代秦人历经四百多年的致力发展，是秦文化由孕育生成并迅速发展的早期阶段。陇右天水一带东隔陇山与周室王畿之地相邻，其西、北两面广布戎、狄，西垂正处于周人与戎狄的夹缝之中。秦人在群戎包围的形势下要定居下来并争取生存空间，无异于虎穴谋皮，困难重重。与此同时，天水地区群山溪谷、山原广布和林茂草丰的自然环境，也与秦人原在中原的自然面貌大异其趣。秦人在新的生存环境中，一面主动与西戎友好交往、虚心学习并通婚融合，开创了与西戎和睦相处的新局面，从而使秦人广泛吸收了戎狄文化的异质养料，为秦文化的再生注入了活力与新鲜血液；也使秦人赢得西戎的认可，在西垂站稳了脚跟；而且秦人也通过戎人的周旋与周王室改善了关系。另一方面，秦人因地制宜，趋利避害，发挥农牧兼长的优势，筚路蓝缕、披荆斩棘发展生产，黍、粟种植和养马牧畜均获得成功，出现农

---

① 李学勤：《清华简关于秦人始源的重要发现》，《光明日报》2011年9月8日。
② 《史记》卷五《秦本纪》，中华书局1982年版，第177页。

牧两旺的景象，为秦人的兴起和文化创造奠定了基本的物质基础。天水市毛家坪与董家坪发现的西周时期秦墓遗址文化层表明，秦人屈肢葬、西首墓等葬俗，① 还有车马技术等，显然是秦人受西戎文化影响的结果，而农业定居与随葬礼仪等又是秦人生活"周式化"的反映。自中潏至非子八代秦人在天水地区艰苦卓绝的创业活动，终于使秦人开始摆脱困境、走向复兴，秦文化也由此产生。

从非子至襄公六代秦人的百余年间，是秦人迅速发展的阶段，他们不惜失地亡君，惨淡经营，勉力抗击西戎，誓死保卫西周西部的安全，终于由附庸而大夫，由大夫而西垂大夫，进而位列诸侯，始建秦国，并得到周平王允许秦人东进关中的许诺。② 在此阶段，秦人在文化发展上也是突飞猛进，秦仲时已"始有车马礼乐侍御之好"，襄公始国，既是周文化在秦国的广泛普及活动，更有一番从政治、军事、经济到制度、宗教、礼仪等各方面的文化建设，使秦人在物质文明和精神文明诸方面，都取得不亚于关东诸国的文明成就，故秦人开始"与诸侯通使聘享之礼"。接着，文公时"初有史以纪事""收周余民而有之""法初有三族之罪"，建神祠，于是，"民多化者"。秦文化与关中周文化有机结合，形成了农牧并举、华戎交汇而推陈出新的秦文化，并具有开放兼容、功利进取、尚武勇猛、朴素实用的鲜明特点和文化优势。③

自德公都雍开始，秦国进入了扩充国力和东向争霸的新阶段。秦国经德、宣、成三公至秦穆公时励精图治，经过将近四十年的经营发展，内强经济军事，广纳贤才，外与晋国长期相争，得晋"西河八城入秦，秦东境至河"。并灭梁、芮两国。秦的国力进一步上升，已经具有与东方诸侯争霸的实力。此后，秦穆公挥师西进陇右，反击西戎，"益国十二，开地千里，遂霸西戎"。秦国由此成为可与东方大国晋国抗衡的大国。

从秦德公至秦献公，历 19 君 315 年，是秦文化发展的中期阶段，其间以前期穆公和后期献公在位时期，形成秦文化发展的两个高峰。整体

---

① 甘肃省文物工作队、北京大学考古学系：《甘肃甘谷毛家坪遗址发掘报告》，《考古学报》1987 年第 3 期。
② 参见《史记》卷五《秦本纪》，中华书局 1982 年版。
③ 雍际春：《天水秦文化的形成及其特点》，《天水师范学院学报》2000 年第 4 期。

而言，一方面随着秦国的发展壮大，另一方面又随着秦国东向发展以及与晋、楚、魏等国日益密切的争夺与盟会，秦文化在各方面都更加受到中原文化的影响。例如，秦穆公时，不仅国力强盛，而且文教昌明，穆公亦自豪地以"中国以诗书礼乐法度为政"自居。

尽管如此，就文化的整体水平分析，秦国仍然落后于东方诸侯。故史载"秦僻在雍州，不与中国诸侯之会盟，夷翟遇之"。秦孝公以此为耻辱，并下求贤令：

> 昔我穆公自岐雍之间，修德行武，东平晋乱，以河为界，西霸戎翟，广地千里，天子致伯，诸侯毕贺，为后世开业，甚光美。会往者厉、躁、简公、出子之不宁，国家内忧，未遑外事，三晋攻夺我先君河西地，诸侯卑秦，丑莫大焉。献公即位，镇抚边境，徙治栎阳，且欲东伐，复穆公之故地，修穆公之政令。寡人思念先君之意，常痛于心。宾客群臣有能出奇计强秦者，吾且尊官，与之分土。①

秦孝公正是基于秦国在国力和文化上仍然落后于关东诸国的现实，为了富国强兵而毅然任用商鞅，大刀阔斧地实行变法。由此，开启了快速崛起和实现统一的历史发展新阶段。

二　商鞅变法与秦文化的转型

任何一种文化都有其孕育、产生、繁荣发展和势能释放的过程与规律，也有其繁荣之后因时因地的调适和变革，唯如此才能永续常新，也才是一种成熟的文化。秦文化产生后，经襄公建国与文公收周余民和以史纪事而显示出强大势能，从而出现了穆公称霸与秦国的崛起。春秋战国之际，关东诸国先后掀起变法与革新热潮，面对六国雄起和思想文化的勃兴，秦文化进入了调适期，景公图治，简公推行初租禾、"令吏初带剑"，献公"止从死"，实行"户籍相伍""初行为市"等，都是秦国历

---

① 《史记》卷五《秦本纪》，中华书局1982年版，第202页。

图革新进行文化调适的反映,并最终出现了以商鞅变法为标志的秦文化新的变奏与转型。

其时,秦人积极从东方各国特别是三晋文化中汲取营养,加之秦人历来重用东方士人谋士为其所用,这些因素共同促进秦文化发生转型和变革。于是秦国以商鞅变法为转折点,开始了以富国强兵为目标的全面社会改革和文化转型。商鞅变法可以概括为以法家学说为治国理论,通过"任法而治"和"壹赏、壹刑、壹教"、推行县制的实施,打破旧有的政治生态,从政治上为君主专制和政令畅通奠定基础;经济和军事上通过农战政策、军功授爵的实行,使富国强兵大见成效;在用人上不拘一格,广纳六国贤能之士,形成布衣将相竞相效命国家的局面,在组织上为变法图强提供了保障。① 变法的成功和持续,奠定了秦国强大和实现一统的基础。

对于商鞅变法这场对中国历史进程有深刻影响的改革,汉人刘向《新序》评论道:"秦孝公保崤函之固……国富兵强,长雄诸侯,周室归籍,四方来贺,为战国霸君,秦遂以强,六世而并诸侯,亦皆商君之谋也。夫商君极身无二虑,尽公不顾私,使民内急耕织之业以富国,外重战伐之赏以劝戎士,法令必行,内不阿贵宠,外不偏疏远,是以令行而禁止,法出而奸息。……此所以并诸侯也。故孙卿曰:'四世有胜,非幸也,数也。'"② 由此可见,商鞅变法的实施效果和价值绝不仅限于"国富兵强",孝公之后,秦国之所以能够"长雄诸侯""四世有胜""六世而并诸侯",正是由商鞅变法而法令必行、令行禁止、法出奸息、政令畅通的必然结果。所以,这场以法家思想为指导的变法运动,无疑是一场深刻的社会变革,不仅通过变法引发了秦国政治、经济、军事的全面变革与转型;而且,更为重要的是也进而引发了全面的文化革新运动。

首先是变革思想深入人心。商鞅变法以"更法"为主线,"民本"为基础,"农战"为核心。《商君书·壹言》说:变法必须"因世而为之治,度俗而为之法"。主张"明主之治天下也,缘法而治,按功而治。"

---

① 马卫东:《商鞅法治路线与大秦帝国建立》,载《华夏文化论坛》第六辑,吉林文史出版社 2011 年版。

② 《史记》卷六八《商君列传》裴骃《集解》引,中华书局 1982 年版,第 2237 页。

(《商君书·君臣》)君主立法必须遵循自然规律,即所谓"法天""法地""法四时"(《商君书·算地》)。认为好利是人的一种自然本性,"民之性,饥而求食,劳而求佚,苦则索乐,辱则求荣,此民之情也"(《商君书·算地》),民众总是在生活中权衡利弊得失,以维护自己的私利,"民之性,度而取长,称而取重,权而索利"(《商君书·算地》)。因此,为了君主的统治和社会秩序的稳定,应该颁布法令来作为官吏、民众的言行标准、驱使民众做事的动因和获取利益的渠道。故"法者所以爱民也,礼者所以便事也,是以圣人苟可以强国,不法其故;苟可以利民,不循其礼"(《商君书·更法》)。正是在法治和民本思想的指导下,通过打击旧贵族势力和奖励军功、推行县制、重刑重罚等措施的切实推行,既使法令在全国畅通,也使国民在变法中得到实实在在的好处。于是,变法"行之十年,秦民大悦,道不拾遗,山无盗贼,家给人足"①。由于变法涉及国家政治、经济、军事等各个方面,并得到大多数民众的响应和拥护。所以,随着王权的加强和民心的凝聚,秦国国民的政治文化素质得到改变和升华。一种新的有利于大一统的国家意识、民族认同、文化认同的观念随之而生。这无疑是变法最大成功之处,由此奠定了秦人迅速强大、战无不胜、一匡天下的精神优势和文化基础。

其次是力战爵赏成为社会风尚。秦人本来具有强烈的尚武风尚,变法中奖励耕战和军功授爵的实行,打通了下层民众升迁发展、改变命运的通道,极大地吸引和调动了全国民众积极向上、建功立业的强烈愿望,使力战爵赏一时成为社会风尚。商鞅主张:"明主之治天下也,缘法而治,按功而治。凡民之所以疾战不避死者,以求爵禄也。明君之治国也,士有斩首捕虏之功,必其爵足荣也,禄足食也。"(《商君书·君臣》)强调通过"壹教"使人们知道"务之所加,存战而已矣。夫故当壮者务于战,老弱者务于守,死者不悔,生者务劝,此臣之所谓壹教也。民之欲富贵也,共阖棺而后止。而富贵之门,必出于兵。是故民闻战而相贺也,起居、饮食、所歌谣者,战也"(《商君书·赏刑》)。认为"劫民勇,勇民死,国无敌者,必王"(《商君书·说民》);若"使民怯于邑斗,而勇于寇战",就是"王者之政"(《商君书·战法》)。萧公权指出:"然商韩

---

① 《史记》卷六八《商君列传》裴骃《集解》引,中华书局1982年版,第2234页。

之重耕战，几乎欲举一国之学术文化而摧毁扫荡之，使政治社会成为斯巴达式之战斗团体，此则其独到之见解。"① 当举国皆兵和民众追求力战爵赏成为社会风尚之时，秦国国力的上升与攻无不克、战无不胜的结局也就不足为奇了。

再次是移风易俗。商鞅变法的强力推行和全面展开，在秦国社会形成了令行禁止、改易风俗的新气象。秦文化形成于陇右天水，不仅深受西戎文化的影响，而且宗法、伦理、礼制观念淡薄，尚力好斗等旧俗等，成为制约改革发展和教化民众的障碍。商鞅所谓"始秦戎翟之教，父子无别，同室而居，今我更制其教，而为其男女之别"②，正是典型表现。后来"商君遗礼谊，弃仁恩，并心于进取。行之二岁，秦旧俗败"。移风易俗的推行，收到了"民勇于公战，怯于私斗，乡邑大治"的良好效果，③ 形成"厚重、恳实、倔犟而执着……则坚韧而简朴、务实……善于众志成城，同仇敌忾"的新风尚。④

最后是广泛吸纳六国文化。有人认为除了法家思想，儒家、墨家对战国后期秦政治、学术、文化都产生了深刻影响。⑤ 秦国向来有不拘一格吸纳六国贤能之士而用之的传统。变法以来，客卿制度的进一步实施，吸引了大批六国贤士的加盟，也将六国文化的精华成分和先进因素融入秦国，并在其治国理政中由上而下得到施行。与此同时，秦国又推行"徕民"政策，招徕大量三晋之民为之垦田种粮，发展生产。所谓"今以草茅之地，来三晋之民而使之事本，此其损敌也与战胜同实，而秦得之以为粟，此反行两登之计也"（《商君书·徕民》）。徕民政策的推行不仅收到了增强秦国实力和"损敌"的效果，而且他们也将六国文化传播于乡里民间。于是，通过上下交相作用，六国文化的有益成分被大规模传播到秦国，这对秦文化的改造和发展转型发挥了积极作用。

于是，秦文化又出现以崇法与尚武有机统一、耕战为本、实用功利

---

① 萧公权：《中国政治思想史》（卷一），辽宁教育出版社1998年版，第156页。
② 《史记》卷六八《商君列传》裴骃《集解》引，中华书局1982年版，第2237页。
③ 《史记》卷六八《商君列传》裴骃《集解》引，中华书局1982年版，第2237页。
④ 周新芳、叶海芹：《齐文化与秦文化之比较》，《齐鲁学刊》2003年第5期。
⑤ 秦彦士：《秦文化的重新审视——兼论秦国政治文化与"秦墨"》，《成都师范学院学报》2015年第6期。

为特色的新文化和新风尚。《荀子·强国篇》对秦国社会的观察,就是对秦国社会风尚变化的典型概括:"入境,观其风俗,其百姓朴,其声乐不流污,其服不佻,甚畏有司而顺,古之民也。及都邑官府,其百吏肃然,莫不恭俭、敦敬、忠信而不楛,古之吏也。入其国,观其士大夫,出于其门,入于公门;出于公门,归于其家,无有私事也;不比周,不朋党,倜然莫不明通而公也,古之士大夫也。观其朝廷,其朝闲,听决百事不留,恬然如无治者,古之朝也。故四世有胜,非幸也,数也。是所见也。故曰:佚而治,约而详,不烦而功,治之至也,秦类之矣。"这种社会新风尚与新文化的形成,成为秦人实现统一、建立帝国的文化基础和精神力量。秦孝公任用商鞅进行变法后,秦国快速崛起并开始了吞并六国一统天下的历史进程。从孝公到惠文王、武王、昭王、孝文王、庄襄王诸君,在 110 年的时间里,几代君主致力于改革内政和发展经济,主动学习吸收中原文化,促进秦国力不断上升,从而保障了在与六国争锋中立于不败之地。秦赵长平之战后,秦国已经在争霸战中雄踞六国之上。此后,秦国仅用十多年时间就扫灭六国,一统天下,建立了中国历史上第一个大一统的中央集权国家。

当然,秦文化的这种革新与转型,有一个由渐变到质变的漫长过程,而且其变化异常显著,商鞅变法最终完成了这一过程。这在秦文化已有的考古发现中是有明显痕迹的,梁云对此曾有精辟的分析:一是青铜器变化明显。秦铜容器"春秋型"和"战国型"两大器群虽在年代上前后衔接,但彼此面貌迥异,没有发展演变关系,存在很大的跳跃性。秦墓铜容器的两大器群内部各自的变化虽是连续性的,但两大器群之间看不出有什么继承关系。春秋型器群的主要器类如鼎、簋、方壶、盘,明显来源于西周时期的周文化,从春秋中期以后开始形成了自身的特点,鼎足鼓弩开张、铜壶大帽压顶。由于战国中期大量吸收了附耳矮蹄足铜鼎、圆壶等三晋青铜文化以及鍪、釜等巴蜀文化因素,演变而为战国型器群。

二是陶器变化巨大。春秋早期至战国早期的春秋型器群的基本组合为鬲、曲腹盂、豆、大喇叭口罐;战国中晚期至秦代前后的战国型器群的基本组合为釜、折腹盆(或甑)、小口圆肩罐或广肩缶、大口鼓腹瓮、茧形壶、蒜头壶。二者虽然在年代上前后相继,但面貌差异很大。

三是秦的器用制度在战国中期也发生了巨变。春秋至战国早期的秦墓中多随葬彩绘仿铜陶礼器，其比例不低于同时期的东方国家墓葬；而战国中期以后的墓葬中陶礼器锐减，与东方国家陶礼器泛滥的景象形成了鲜明对照。这说明秦人"在改变旧的上层建筑的道路上，就不像东方诸国那样用庶人使用士礼、卿大夫僭越王礼的方式来破坏往昔的鼎制，而是走着直接改变鼎制传统形式的道路"①。春秋至战国早期的秦墓中盛行随葬石圭，而在战国中晚期至秦代前后的墓中石圭几乎绝迹，葬圭之风戛然而止，与同时期三晋墓中石圭的泛滥反差强烈；对用圭制度的破坏，秦显然走了一条跳跃式的道路。

四是秦墓的墓葬形制在战国中期也发生了很大的变化。战国早期以前的秦墓全为竖穴墓，战国中期以后洞室墓达到50%以上的比例，在很多墓地中甚至达到70%以上。

秦文化器物群在战国中期发生巨变，这一巨变已经超出了器物组合和形态所限定的分期范畴。战国中期秦从东方接受了矮足鼎、圆壶等铜容器，小口圆肩罐、茧形壶等日用陶器；从巴蜀吸收了釜、鍪等实用铜器，再加上陶釜的广泛流行，使文化面貌焕然一新。这个变化已经不能用对外部文化因素的吸收来简单加以解释，所以，这就意味着秦文化性质发生了改变。②

我们知道，秦人自建国以来，虽然其发展也有过起落变化，但整体而言一直处于上升和崛起，其文化的发展和转型，并没有受到外力的干预，故其文化的转型是自发完成的。汤因比在《历史研究》中曾说文明成长的标准是一种趋向自决的进程："如果说自决是成长的标准，自决的意思是自省，那我们就可以分析各个文明实际上赖以成长的进程，条件是我们需要研究一下各文明不断认识自己的途径。一般而论，一个处在文明进程中的社会，是通过'属于'这个社会的个别人或这个社会所从属的那些人来自我认识的。"③春秋战国之际，秦人正是在不断崛起和"自我"认识提升的激扬下成长发展，又在外在障碍与内在挑战两个层面

---

① 俞伟超、高明：《周代用鼎制度研究》，《北京大学学报》（哲学社会科学版）1978年第1、2、3期。
② 梁云：《从秦文化的转型看考古学文化的突变现象》，《华夏考古》2007年第3期。
③ [英]阿诺德·汤因比著，刘北成、郭小凌译：《历史研究》，上海人民出版社2000年版，第122页。

的交相考验中不断提升着"自决"的能力,并根据发展需要自觉地进行社会变革和文化转型。其结果促成了战国中期商鞅变法的出现。

俞伟超先生认为商鞅变法在秦国建立起以军功为基础的二十等爵制,致使秦从根本上废除了用鼎制度。① 陈平也认为正是献、孝二公时期的变法图强运动,打破了原来僻居西方的封闭局面,与关东诸国的联系加强,大量吸收外部文化因素,致使铜器群风格发生了突变。② 这种封闭局面的打破,为秦人吸纳以三晋文化为代表的中原文化提供了便利。而这种便利在春秋时期基本是不具备的,如在崤之战失利后,秦人曾长期与关东联系并不畅通,文化交流处于半隔绝状态,故有"秦僻在雍州,不与中国诸侯之会盟,夷翟遇之"的记载。这也正是春秋与战国后期秦文化突变转型的原因所在。

由此可见,秦文化的这种转型,乃是秦国历史发展和秦人一直致力于吸纳以周文化为代表的中原文化的必然;而其文化的突变,也是春秋与战国时移世易,秦人立志图强东进,逐鹿中原,实现既定目标的自然结果。所以,以商鞅变法为标志,秦人历史和文化进入了新的发展阶段。

三 秦文化转型的历史动因及其意义

作为一种原生型文化,秦文化的形成经历了漫长而又复杂的过程。就其时空关系而论,秦人的起源与发展经历了由尧舜禹到夏商周,由东夷—中原—天水—关中的演变轨迹,与之相应,其文化发展也有一个由东夷—华夏化—戎化(吸收戎狄文化)—回归华夏的转换升华进程。

在这一进程中,秦人西迁天水是一个重要分水岭,此前亦即西周之前,在长达千年之久的时间里,其先祖嬴秦由东夷大族而跻身唐尧、虞舜和夏禹的股肱之臣,夏初伯益与夏启争权失利,嬴秦遭到沉重打击和排挤而流散中原。夏末,嬴秦参与商夷联军灭夏之战并随联军入居关中,

---

① 俞伟超、高明:《周代用鼎制度研究》,《北京大学学报》(哲学社会科学版)1978 年第 1、2、3 期。

② 陈平:《试论关中秦墓青铜容器的分期问题》,《考古与文物》1984 年第 3、4 期。

再次崛起而成为商朝的诸侯显贵。因此，从尧舜禹到夏商时期，嬴秦作为东夷大族，实际上一直是华夏文化的追随者和参与者。商末周初，中潏归周并西迁天水之后，其作为周室的属族，袭用周文化，学习周的礼乐文明，既是臣属周室角色的需要，也是自身发展的需要，亦为面对西戎环伺的险恶环境下的必然选择。同样，面对兵强马壮、强悍勇武的西戎，入乡随俗，习其骑射技术，养成强悍性格，也是秦人迫于生存需要的最佳选择。这一时势造就了秦人以华戎交汇、农牧并举为特色的新型文化。这一文化，无疑是在全面吸收周文化亦即夏商周文化的基础上，又主动汲取西戎文化而推陈出新、融合再造的复合型新文化。

这一文化形成之后，在春秋初期大放异彩，它凭借开放兼容、进取实用和化合创新的文化优势，博采众长、及时吸纳，推动秦文化壮大发展，向更为强势和扩张的方向发展。但是，随着时间的延续，进入春秋中后期，秦文化兴起之时的那种优势和威力，伴随国民因循保守习惯的出现而逐步衰减。欲在大国争霸中立于不败之地，对秦文化的改造革新和注入新的文化因素，乃势在必行。

正是在这一背景下，秦孝公任用商鞅推行变法。变法的实施大见成效，不仅改变了秦国的社会风尚，并且逐渐形成了以集权统治为核心的政治文化，以重利尚武为核心的军事文化，以勤劳淳朴为核心的农耕文化，从而改变了以游猎为主体的流民文化，以法家思想为核心的急功近利的社会风气。[①] 所以，商鞅变法既是一次彻底的政治改革和社会革新，也是秦国大规模地吸收六国文化，并使之制度化的一次大规模的移风易俗运动。通过变法，新的崇法尚功与传统尚武强悍相结合，又一次激发出秦文化的青春活力，形成更具扩张力的强势文化。以商鞅变法为标志，秦文化又一次实现了转型和再造。可见，既前后相继又跨越转型的秦文化，无疑是秦人崛起强大过程中走向文明的文化结晶，也是秦人建立霸业、统一中国的文化优势所在。

我们从秦文化生成、发展、转型和实现统一的历史轨迹中，可以清楚地看到这一文化，既上承三代文化之大成，又统摄融汇农耕、游牧两大文明于一体，是多元融通和创新升华的文明结晶。正如孔子所讲："殷

---

① 张少斌、徐亚刚：《秦统一中的文化因素》，《绥化学院学报》2011年第2期。

因于夏礼，所损益可知也；周因于殷礼，所损益可知也。"① 实际上，不仅夏、商、周三代文化间继承关系明显，秦对于周文化的继承也是显而易见的。这样说来，我们对孔子的话还可以再作续补："秦因于周礼，亦有所损益也。"

春秋战国时期，是一个周室衰微、礼崩乐坏的时代，也是一个大国崛起、变法图强的时代，革新成为时代主流。随着周文化的衰落和大国争霸局面的形成，思想文化的百家争鸣与激烈碰撞交锋，催生了中国历史上少有的文化勃兴，因而造就了"轴心时代"的来临。六国文化正是在这样特定的环境呈现百花齐放、异彩纷呈的景象。如果说六国文化是诸国对周文化的超越与升华的话，则秦文化的转型便是在六国文化的影响下发生的。虽然当时秦国的文化土壤尚不足以产生与六国相颉颃的思想家和学术流派，但是，具有兼容开放传统的秦国通过不拘一格引进六国贤能之士委以重任，并在其政治实践中将六国文化思想上的先进理念与治国方略付诸实施，反而兼收并蓄、撮其精要而后来居上。商鞅变法的实施与法家思想的推行，正是其大规模地吸收六国的文化主张并使之制度化的具体实践和展示。

商鞅变法作为秦文化转型与新变奏的标志性事件，奠定了秦国一国独强和完成统一的文化优势。经过变法的推行和一百余年的发展，秦国以"奋六世之余烈，扫八荒而吞四海"之势一举吞并六国，结束了长达五百多年的群雄争霸局面。秦文化的这次华丽转身，是华戎交汇、农牧并举的秦文化与农耕文化的一次成功融汇和深度对接，也是秦文化的又一次升华再造。秦文化的转型，既不是对原有文化的简单放弃，也不是对六国文化的全盘接受，而是以富国强兵为追求的两相结合与重新建构，由此而形成了以崇法尚武为特征的新文化。它不仅保留了秦文化原有的开放进取、尚武强悍和功利实用的文化优势，而且以法家思想为主体，有所取舍地广泛吸收了六国文化之精华，并通过一系列制度、法规以及奖惩办法，将新文化及其成果用法度使之规范化、系统化和制度化。如果说秦文化在早期以尚武为典型特征的话，则转型后的秦文化以崇法为标志。于是，转型后的秦文化便将原先植根于个人的尚武文化上升为整

---

① 《论语·为政》，中华书局2014年版，第165页。

个国家的文化核心，并进一步刺激这种尚武文化向极致发展。所以，转型后的秦文化，既是扩张型的，也是功利型的，而且是文武兼备、农战结合的强势文化。秦文化的转型，完成了秦文化由秦国文化上升为正统文化，亦即由地域文化向统治文化的过渡，这也是一次成功的文化整合运动。而秦始皇统一中国以及大一统集权制度的确立，也标志着文化一统、文化整合在形式上的实现。

（原刊《秦始皇帝陵博物院》2017年卷）

两周时期的秦戎关系与民族融合

中国先秦时期的两周时代，是中国历史上的第一次民族大融合时代，它以华夏与四夷的交流融汇为主要表征。其中，尤以周、秦与西戎关系的演化与融合最具典型意义。周人兴起于西北黄土高原，西戎是以甘青地区土著居民为主形成的强大部族，而秦人则是东夷一支经辗转西迁而入居陇右天水进而崛起的新秀。三者关系的演化构成这一时期历史发展的主线。西周的强大与衰落，秦人的西迁与崛起，都与西戎与周人、秦人关系的演进和双方实力的升降对比息息相关。西戎的强大导致西周的衰落，而在周戎角力的夹缝中崛起的秦人则最终征服了西戎。所以，西戎作为我国先秦时期活跃于西北的强大部族，不仅是周秦历史发展的主要参与者，而且在促进民族融合中发挥了重要作用，为中华民族的形成和中华文化的发展，做出了重要贡献。

一 西周时期的秦戎关系

秦人族出东夷，早自夏末，嬴秦作为畎夷的一支已随商夷联军扫灭夏人残余而西迁关中，从此开始了它与周人、西戎错综复杂的交往和联系。在整个西周时期，弱小的嬴秦在周与西戎两强相争的夹缝中与之和睦相处，积累力量，致力发展，完成了定居—获姓受封—建国的三部曲。

商朝建立后，周人与嬴秦俱作为商王的属族而活动于关中及西北地区。至商末时，周人崛起并开始了"剪商"活动。从商王武乙时起，嬴秦所属的畎夷反叛商朝，故商王武乙、帝乙都曾率军进入关中征伐畎夷，畎夷势力受到削弱。与此同时，周人也受到畎夷的攻击。《帝王世纪》

载:"昆夷(即畎夷)伐周,一日三至周之东门,文王闭门修德,而不与战。"《尚书大传》亦谓:"文王受命,四年伐畎夷。"《史记·周本纪》:"明年,伐犬戎。"《毛诗·出车序》又载:文王时"西有昆夷之患,北有猃狁之难"。说明当时畎夷与周人的较量非常激烈,虽然史书未载周人与畎夷双方战争的结果,但到文王晚年时,周人已征服西方各部,故"文王率殷之叛国以事纣"①。在这归附的"殷之叛国"中,既包括久居西北的西戎,也包含与周人相邻的畎夷在内。可见,畎夷与嬴秦在与周人的相争中败下阵来。所以,周武王灭商之后,遂有"放逐戎、夷泾洛之北"②的举动。则西戎和畎夷、嬴秦在与周人较量中最终失败和归附了周人。

嬴秦在商末周初的归周和西迁天水,就是在西周打击排挤嬴秦和嬴秦与西戎联姻的背景下实现的。嬴秦首领戎胥轩、中潏父子当与商末文丁、帝乙、周文王为同时代人,按申戎首领申侯所言:"昔我先郦山之女,为戎胥轩妻,生中潏,以亲故归周,保西垂,西垂以其故和睦。"③可知戎胥轩娶申戎郦山之女为妻而生中潏,而周人亦与申戎早有联姻关系,正是由于申戎与周、秦俱有联姻关系,故嬴秦"以亲故归周",并由关中西迁天水,"在西戎,保西垂"。这是先秦史乃至中国历史上的重大事件,一是周、秦、西戎三者互动交往的关系由此开启;二是嬴秦与西戎因联姻而确立起和睦关系,并在其势力范围接纳了嬴秦的入居;三是嬴秦在经历千年之久的流徙不居和动荡起伏最终落脚天水,这是其部族崛起和建国的历史起点。

戎胥轩和中潏父子的和戎、西迁之举,是嬴秦在商周易代之际一次艰难而英明的抉择。周武王灭商前后嬴秦族人的活动《秦本纪》有具体记载:

> (中潏)生蜚廉。蜚廉生恶来。恶来有力,蜚廉善走,父子俱以材力事殷纣。周武王之伐纣,并杀恶来。是时蜚廉为纣石(使)北

---

① 杨伯峻:《春秋左传注》,中华书局2009年版,第932页。
② 《史记》卷一一〇《匈奴传》,中华书局1982年版,第2882页。
③ 《史记》卷五《秦本纪》,中华书局1982年版,第177页。

方,还,无所报,为坛霍太山而报,得石棺,铭曰"帝令处父不与殷乱,赐尔石棺以华氏"。死,遂葬于霍太山。蜚廉复有子曰季胜。季胜生孟增。孟增幸于周成王,是为宅皋狼。皋狼生衡父,衡父生造父。……穆王以赵城封造父,造父族由此为赵氏。自蜚廉生季胜已下五世至造父,别居赵,赵衰其后也。恶来革者,蜚廉子也,早死。有子曰女防。女防生旁皋,旁皋生太几,太几生大骆,大骆生非子。以造父之宠,皆蒙赵城,姓赵氏。①

按《史记》记载蜚廉死葬霍太山可能有误,《孟子·滕文公下》说在周公东征时"伐奄,三年讨其君,驱飞廉于海隅而戮之,灭国者五十,驱虎豹犀象而远之,天下大悦"。真实情况大约是蜚廉报祭纣王后,采取了公布死讯而潜逃东方的金蝉脱壳之计,试图东山再起,故蜚廉又在嬴秦故地商奄一带发动嬴姓诸国参与三监之乱。蜚廉的这一行动引发了周初嬴秦族人的又一次西迁,壮大了嬴秦在西垂的力量。

据《清华简·系年》第三章:简文在叙述了周武王死后发生三监之乱,周成王伐商邑平叛云:

飞厯(廉)东逃于商盍(盖)氏。成王伐商盍(盖),杀飞厯(廉),西迁商盍(盖)之民于邾虘,以御奴䚅之戎,是秦先人。②

《逸周书·作雒篇》亦说:"周公立,相天子,三叔(管叔、蔡叔、霍叔)及殷、东、徐、奄及熊盈(嬴)以畔(叛)。……凡所征熊盈(嬴)族十有七国,俘维九邑,俘殷献民,迁于九毕。"这一记载也印证了简文记载的真实性。李学勤指出:《系年》的记载明确指出周成王把商奄之民西迁到"邾虘"这个地点,这也就是秦人最早居住的地方。"虘"在战国楚文字中常通读为"吾",因此"邾虘"即是《尚书·禹贡》雍州的"朱圉",《汉书·地理志》天水郡冀县的"朱圉",在冀县南梧中聚,

---

① 《史记》卷五《秦本纪》,中华书局1982年版,第174页。
② 转引自李学勤《清华简关于秦人始源的重要发现》,《光明日报》2011年9月8日。

可确定在今甘肃甘谷县西南。① 周公所迁商奄之民即嬴秦来到今甘肃甘谷，与中潏一支汇合，它们共同成为后来秦人的主体，进一步壮大了嬴秦力量。而甘谷毛家坪遗址西周时存在 A、B 两种文化遗存，② 即嬴秦与西戎并存的事实，也说明其时嬴秦与西戎关系友好、和睦共处。

由此可见，在商周易代之际，嬴秦在面临继续追随商人将遭灭顶之灾的危难时刻，及时作出弃商归周的选择，并通过与西戎通婚联姻，既成功实现部族的西迁并为西戎所接纳，也缓和了与周人的关系。可以说，嬴秦的绝处逢生和西迁兴起，盖因与西戎的联姻而转危为安，并开辟了新的生存空间。

但是，周初之时嬴秦的西迁又是遭受周人打击排挤而被迫迁徙的无奈之举，对周人而言，它们只是远居边陲的部族奴隶，所谓"坠命亡氏，踣其国家"和失姓断祀便是周初嬴秦族人命运的最好概括。从中潏西迁天水下传七代至大骆，其间既不见嬴秦与西戎交往和交战的资料，也不见嬴秦与周人之间的任何信息。而这段时间，既是秦人初居西垂与西戎杂处的时期，也是西周初年实行德化怀柔、因俗而治的民族政策而诸族和睦时期。周人对戎狄采用的是所谓"疆以戎索"即按戎狄的原始习惯法则去治理戎狄部族的政策。③ 所以，西戎与周关系和睦。从周初至大骆近二百年间，当是嬴秦远离周人统治中心，入居西戎势力范围而致力自身休养生息，并和西戎密切合作交流的时期。一方面，嬴秦为了适应新的生存环境，将其固有的长于农业又善畜牧的优势与陇右农牧两利的独特条件有机结合，开创了支撑其发展的农牧兼营的经济生活方式；另一方面，嬴秦面对西戎环伺、部族林立的险恶政治环境，充分利用与申戎联姻的便利条件，入乡随俗，与西戎接近，向西戎学习，积极与西戎在政治、经济、文化、生活诸方面进行交流合作，在生活习俗、婚俗、骑射、金属冶铸等方面吸收西戎文化中有利于自身发展的有益成分，不仅促进了部族发展，而且为西戎诸族所接纳，从而在陇右站稳了脚跟。

---

① 李学勤：《清华简关于秦人始源的重要发现》，《光明日报》2011 年 9 月 8 日。
② 甘肃省文物考古队、北京大学考古学系：《甘肃毛家坪遗址发掘报告》，《考古学报》1987 年第 3 期。
③ 庄福林：《"疆以周索"和"疆以戎索"异议》，《松辽学刊》1985 年第 1 期。

周穆王当政后，周人一改前期的民族和睦政策，对西戎等部族采取了军事打击、征伐索贡的强硬手段。古文献对此记载颇多，如《国语·周语上》载：

> 穆王将征犬戎……王不听，遂征之，得四白狼、四白鹿以归。自是荒服者不至。

《后汉书·西羌传》载：

> 至穆王时，戎狄不贡，王乃西征犬戎，获其五王，又得四白鹿、四白狼。王遂迁戎于太原。

以周穆王伐戎为转折点，周与西戎的和睦关系由此打破，并持续走向恶化。但西戎与嬴秦的友好关系仍在继续。至周孝王时大骆娶申侯之女为妻，生长子成，又有庶出之子非子。"非子据犬丘，好马及畜，善养息之。犬丘人言之周孝王，孝王召使主马于汧渭之间，马大蕃息。孝王欲以为大骆适嗣。……申侯乃言孝王曰：'今我复与大骆妻，申骆重婚，西戎皆服，所以为王，王其图之。'于是周孝王曰：'昔伯益为舜主畜，畜多息，故有土，赐姓嬴。今其后世亦为朕息马，朕其分土为附庸。'邑之秦，使复续嬴氏祀，号曰秦嬴。亦不废申侯之女为骆适者，以和西戎。"① 大骆与申戎的再次联姻，进一步强化了双方的关系，而非子善养马和为周室养马有功获封附庸，亦改善了嬴秦与周的关系。嬴秦与西戎、西周三者的关系因此不仅得到新的调适和平衡，而且，嬴秦由此在政治上摆脱部族奴隶的卑贱地位，恢复了嬴姓和主祀的身份，并建邑于秦，嬴秦号秦，由此而始。特别是周孝王封非子为附庸邑之于秦，使秦人在西垂犬丘之外又有了一个新的城邑，形成大骆长子成居犬丘，庶子非子居秦的二元分布的新态势，秦人的领地和势力进一步壮大。

周穆王之后，周与西戎的关系时战时和，但总体而言随着时间推移而日趋恶化。至周厉王在位之时，与西戎、猃狁多次开战。《古本竹书纪

---

① 《史记》卷五《秦本纪》，中华书局1982年版，第177页。

年》载：

> 十一年，西戎入于犬丘。
> 十四年，猃狁侵宗周西鄙。

《后汉书·西羌传》载：

> 厉王无道，戎狄寇掠，乃入犬丘，杀秦仲之族。王命伐戎，不克。

随着周与西戎关系的恶化，在周戎夹缝中致力发展的秦人也成为西戎发难的对象，西戎入犬丘，这是文献中第一次记载西戎进攻秦人。据《史记·秦本纪》载，非子受封为秦嬴后，下传秦侯、公伯至秦仲，"秦仲立三年，周厉王无道，诸侯或叛之。灭犬丘大骆之族。周宣王即位，乃以秦仲为大夫，诛西戎。西戎杀秦仲。秦仲立二十三年，死于戎"。[1] 这段记载表明，西戎攻秦人并灭犬丘大骆之族，是西戎反周王室的系列行动之一，约在二十年后，周宣王命秦仲征伐西戎，结果秦仲被杀，秦人失败。而周王室命秦人伐戎且以失败告终，也说明西戎势力日炽，西周已难以招架，而秦人力量亦不足以与之抗衡。这是周、秦、戎三方关系转化的标志性事件。从周穆王以来，周戎关系由和睦走向对抗，虽曾因非子受封而一度缓和，但至厉、宣、幽三朝时，矛盾进一步激化，在西戎等的反叛下迅速走向衰落。秦与西戎也因周戎关系的日趋恶化而受到西戎的攻击，于是，周人要不断借助秦人来抵挡西戎的进攻，为此不惜提升秦人的政治地位，封秦仲为大夫，进而封其子庄公为西垂大夫并划拨军队以反击西戎。由此，在西戎的进攻中西周走向灭亡，秦人与西戎保持二百年以上的和睦关系也宣告结束，而进入相互攻伐的时代。

---

[1] 《史记》卷五《秦本纪》，中华书局1982年版，第178页。

二 春秋战国时期秦与西戎的攻伐

春秋战国时期秦与西戎的关系经历了三个阶段，即春秋前期的交战和后期的安宁，再到战国时期征服西戎。西戎在秦人的征伐中逐步走向衰弱，而秦人则不断强大，最终西戎被秦人征服。这一过程也是西戎渐次融入华夏的过程。

在周、秦、戎三方力量中，秦人作为一支新生力量，虽然实力弱小但作用不可忽视，因此，面对西戎愈益猛烈的进攻，周人采取联合秦人抗击西戎的策略。秦仲被杀后，"周宣王乃召庄公昆弟五人，与兵七千人，使伐西戎，破之。于是复予秦仲后，及其先大骆地犬丘并有之，为西垂大夫"。① 周宣王命秦仲的五个儿子伐戎，并拨给军队七千人，伐戎取胜后宣王乃命其长子庄公继位，封其为西垂大夫，并将收复的大骆之族故地犬丘一并划归庄公。这是在秦戎交战中秦人取得的首场胜利。

庄公在位 44 年，秦人在经历首次击戎的胜利和收复犬丘后，终于暂时渡过失地亡君的难关。但在庄公次子襄公继位的第二年（前 776），戎围犬丘，襄公兄世父击戎，反被俘，一年后才被释放。此时，西周在与西戎的长期对峙和内部矛盾的双重打击下，即将灭亡。周幽王宠信褒姒，废太子，烽火戏诸侯，终招致申侯联合犬戎等西戎诸部灭西周。但西戎灭周反而为秦人创造了新的发展机遇。

> 西戎犬戎与申侯伐周，杀幽王骊山下。而秦襄公将兵救周，战甚力，有功。周避犬戎难，东徙洛邑，襄公以兵送周平王。平王封襄公为诸侯，赐之岐以西之地。曰"戎无道，侵夺我岐、丰之地，秦能攻逐戎，即有其地。"与誓，封爵之。襄公于是始国，十二年，伐戎而至岐，卒。②

在西周灭亡，周平王东迁的关键时刻，秦人不是观望而是主动出兵

---

① 《史记》卷五《秦本纪》，中华书局 1982 年版，第 178 页。
② 《史记》卷四《周本纪》，中华书局 1982 年版，第 148—149 页。

救周并护送平王东迁，于是平王封秦襄公为诸侯，并赐以岐丰之地。由此，秦人不仅实现了十几代人在天水致力于复国崛起的历史夙愿，而且也为秦人东进关中角力中原提供了条件。秦襄公在关中很快发起了对西戎的攻伐，"伐戎地至岐"。秦文公四年（前762），秦人东迁立都汧渭之会，实现了东向发展的关键一步。此后，秦人势力开始超越西戎。

在整个春秋时期约300年间，秦戎关系的演化可分为两个阶段，前一阶段从襄公至穆公时期，约经历九君160年，尽管襄公还曾将其妹缪嬴嫁与丰戎首领，但秦戎关系仍是以战为主。如果说在襄公时秦戎交战已实力相当的话，则此后，秦人势力开始强于西戎，故对西戎的征伐基本都取得胜利。从襄公至穆公时期的秦戎战事主要如下：

秦襄公二年（前776），戎围犬丘，襄公兄世父击戎，反被俘，一年后释放。

秦襄公七年（前771），西戎犬戎与申侯伐周，西周灭亡。襄公为救周出兵，战甚力。后护送周平王东迁，获封诸侯并建国。

秦襄公十二年（前766），襄公伐戎至岐而卒。

秦文公十六年（前750），文公伐戎获胜并收周余民，地至岐。

宁（宪）公二年（前714），伐荡社。

宁（宪）公三年（前713），与亳战，亳王奔戎，遂灭荡社。

宁（宪）公十二年（前704），伐荡氏并取之。

秦武公元年（前697），伐彭戏氏至华山下。

秦武公十年（前688），伐邽、冀戎，初县之。

秦武公十一年（前687），灭小虢。

秦穆公元年（前659），伐茅津，胜之。

秦穆公十一年（前649），救王，伐戎，戎去。（《十二诸侯年表》）

穆公二十二年（前638），秦逐瓜州陆浑羌戎。

秦穆公三十七年（前623），秦用由余谋伐戎王，益国十二，开地千里，遂霸西戎。

桓公二十四年（前580），晋厉公初立，与秦桓公夹河而盟。归而秦倍盟，与翟合谋击晋。①

以上十多次战事，秦人败少胜多，特别是自文公以来基本都取得了胜利。可见，这一时期是秦与西戎关系的交战和相持阶段。由于秦人进入关中并从西戎手中逐步夺回并占据了关中地区，大大增强了自身实力。上述战事伐戎取胜有9次，不知胜败者4次，西戎主动进攻者仅1次。因此，秦人每次对西戎的反击，都能取得预期的效果，说明在秦戎交战中秦人已经占据主动。犹可称道的是秦穆公时期，秦人不仅东与强晋争锋，而且，西向展开规模空前的伐戎战争，"益国十二，开地千里，遂霸西戎"。秦霸西戎和一批戎族部落方国的被征服，从整体上大大削弱了西戎实力，使双方的力量彻底转换。从此，西戎在春秋后期至战国初年的160年间，再也没有发生攻伐行为，秦戎关系在秦人占据主动的条件下又进入一个长期平稳的时代。

进入战国时期，随着秦人的进一步强大，已开始了对西戎的征服活动，西戎作为一个强大的部族，已无力如西周、春秋时期那样发起对秦人的攻伐，反而是秦人凭借强大的国力一一征服了西戎。在厉共公至秦昭襄王在位的190年间，秦对西戎的征服活动如下：

秦厉共公十六年（前461），以兵二万伐大荔，取其王城。

秦厉共公三十三年（前444），伐义渠，虏其王。

秦躁公十三年（前430），义渠来伐，至渭南。

秦惠公五年（前395），伐绵诸。

秦献公初立（前384—前361年在位），欲复穆公之迹，兵临渭首，灭狄獂戎。

秦孝公元年（前361），西斩戎之獂王。

秦惠文王三年（前335），义渠败秦师于洛水。

秦惠文君七年（前331），义渠内乱，庶长操将兵定之。

秦惠文君十一年（前327），县义渠。义渠君为臣。

秦惠文王更元五年（前320），王北游戎地，至河上。秦伐义渠，攻取郁郅。

---

① 以上战事参见《史记》卷五《秦本纪》、卷十四《十二诸侯年表》，中华书局1982年版。

秦惠文王更元七年（前318），义渠败秦师于李伯（帛）之下。

秦惠文王更元十年（前314），伐取义渠二十五城。

秦武王元年（前310），伐义渠、丹、犁。

秦昭襄王三十五年（前272），宣太后诱杀义渠王于甘泉宫，因起兵灭之。①

据上可知，除了大荔、绵诸、狄、豲戎先后被征服外，战国时期秦人主要攻伐的是实力强大的义渠戎，在长达上百年的时间里，双方大小战事十余次，最终以义渠被征服而告终，进而西戎大部在与秦人杂居共处中渐次融合，汇入华夏民族大家庭之中。

三 秦与西戎的民族融合

在先秦时代，西戎的分布范围很广，在东起今河北、西至甘青的黄河流域均有其活动的足迹。而西戎相对集中分布的区域，则涉及晋、豫、陕、甘、宁诸省，尤以陕西中西部、甘肃东部和宁夏南部为主要分布区。西戎种落很多，各散居溪谷，"其俗氏族无定，或以父名母姓为种号"。②西周中后期至春秋时期，是西戎势力最为强盛的时期，猃狁、犬戎交相称雄，侵逼内地。西周亡后，诸戎内徙，与各国杂处。据《后汉书·西羌传》记载：

> 及平王之末，周遂陵迟，戎逼诸夏，自陇山以东，及乎伊、洛，往往有戎。于是渭首有狄、豲、邽、冀之戎，泾北有义渠之戎，洛川有大荔之戎，渭南有骊戎，伊、洛间有杨拒、泉皋之戎，颍首以西有蛮氏之戎。当春秋时，间在中国，与诸夏盟会。鲁庄公伐秦，取邽、冀之戎。后十余岁，晋灭骊戎。是时，伊、洛戎强，东侵曹、鲁。后十九年，遂入王城。于是秦、晋伐戎以救周。后二年，又寇京师，齐桓公征诸侯戍周。后九年，陆浑戎自瓜州迁于伊川，允姓

---

① 上述战事参见《史记》卷五《秦本纪》、卷一五《六国年表》；《后汉书》卷八七《西羌传》。

② 《后汉书》卷八七《西羌传》，中华书局1965年版，第2869页。

戎迁于渭汭，东及辗辕。在河南山北者号曰阴戎，阴戎之种遂以滋广。晋文公欲修霸业，乃赂戎狄通道，以匡王室。秦穆公得戎人由余，遂霸西戎，开地千里。及晋悼公，又使魏绛和诸戎，复修霸业。是时，楚、晋强盛，威服诸戎，陆浑、伊、洛、阴戎事晋，而蛮氏从楚。后陆浑叛晋，晋令荀吴灭之。后四十四年，楚执蛮氏而尽囚其人。是时义渠、大荔最强，筑城数十，皆自称王。

至周贞王八年，秦厉公分灭大荔，取其地。赵亦灭代戎，即北戎也。韩、魏复共稍并伊、洛、阴戎，灭之。其遗脱者皆逃走，西逾汧、陇。自是中国无戎寇，唯余义渠种焉。[①]

上述记载清楚地再现了春秋时期西戎的分布及与诸国的关系，曹、鲁、齐、晋、楚、秦、韩、魏诸国都曾先后或多或少与西戎有过交往和战事，中原诸国亦曾先后征服了骊、陆浑、伊、洛、阴、蛮诸戎。其余诸戎俱在西北，与强秦相接或交错分布于关陇，不少部落亦为秦人所征服。至战国时期，有实力与秦人抗衡者唯有义渠戎，然经秦人百余年的持续攻伐终告灭亡。至此，商周以来强大的西戎部族，除少数远遁以外，悉为秦等各国所征服，其主体渐次与内地华族融合。

由此可见，战争与征服是民族融合的重要途径，西戎与周秦等中原诸国的攻伐与被征服，以一种特殊的方式不断密切了相互的联系和关系，时战时和、交错杂处、彼此依存，谱写了中国史上第一波民族交融的协奏曲。就秦与西戎而言，除了战争与征服，民族交融的途径和方式还有以下三种。

（一）通婚联姻

秦与西戎的通婚联姻在秦人发展、周秦关系和秦戎关系中都发挥过重要作用。族际上层的通婚联姻历来都是出于政治的需要，秦戎之间也不例外。春秋时期列国之间以及与边族上层之间的通婚联姻极为普遍。从文献记载看，秦戎之间的通婚联姻共有3次，第一次即是商末秦人首领戎胥轩娶骊山之女与申戎联姻；第二次是在周孝王在位前，秦人首领

[①] 《后汉书》卷八七《西羌传》，中华书局1965年版，第2872—2874页。

大骆再次与申戎联姻；第三次是周末时，秦襄公将妹妹缪嬴嫁给丰戎之王。就秦人上层而言，通过三次联姻使秦人与西戎诸部中的申戎、丰戎建立了姻亲关系，通过申戎、丰戎，秦人与西戎诸部的关系大为改善，使双方建立起和睦共处的睦邻关系。尤其是申戎，它与周、秦具有联姻关系。秦人迁居西垂并扎下根来，周秦关系改善，还有非子受封，都得益于这样的联姻关系。申侯与周孝王对话中所谓的"以亲故归周，保西垂，西垂以其故和睦""以和西戎"，正是周、秦、戎之间因联姻而改善关系的生动写照。

秦与西戎上层的通婚联姻仅见于以上三次，随着时间的延续，秦人势力不断上升，特别是从秦穆公以后，秦人不断攻伐西戎，消灭了不少西戎部落，拓地广境、设县置郡、徙民杂处，下层民间的相互通婚虽不见于记载，但势所必然。自战国后期义渠戎被征服后，西戎作为一个强大的部族除少数远徙之外不复存在的史实，就可肯定其大部分部落及民众无疑渐次融入了华族。西汉在陇右诸地戎族故地设有以"道"相称的县级行政区，当是还有其部族孑遗的典型例证。睡虎秦简《法律答问》中就有对秦人与他族首领生子女如何确认身份的法律规定：

> 真臣邦君公有罪，致耐罪以上，令赎。可（何）谓"真"？臣邦父母产子及产他邦而是谓真。可（何）言谓"夏子"？臣邦父，秦母谓殹（也）。①

这一法律条文，一是明确规定对少数民族首领"真臣邦君公"犯罪，可以赎免。二是专门对"夏子"与非夏子作了区分，即父母俱为臣邦者为"真"，亦即还是少数民族；父为臣邦而母为秦人者，则其子属"夏子"。对少数民族首领犯罪可实行优惠，而对"夏子"就不在优惠范围。如此在法律政策上作出规定，说明其时秦与少数民族间的互通婚姻已很普遍。这对于密切秦与少数民族关系，促进民族之间的交融，在少数民族逐渐融入华夏民族大家庭中，发挥了积极作用。秦与西戎及其他各族的交融，不仅壮大了自身力量，扩展了统治基础，而且也为秦国地缘政

---

① 睡虎地秦竹简整理小组：《云梦睡虎地秦墓竹简》，文物出版社1978年版，第227页。

治统治的兴起和实施郡县制奠定了基础。

（二）文化交流

史料中不见秦与西戎文化交流的确切记载，但是，在秦与西戎交错分布、和睦共处的条件下，双方的文化交流自不可免，而且，在某些方面也是有迹可循的。

《史记·秦本纪》载戎王使由余观秦：

> 秦穆公示以宫室、积聚。由余曰："使鬼为之，则劳神矣。使人为之，亦苦民矣。"穆公怪之，问曰："中国以诗书礼乐法度为政，然尚时乱，今戎夷无此，何以为治，不亦难乎？"由余笑曰："此乃中国所以乱也。夫自上圣黄帝作为礼乐法度，身以先之，仅以小治。及其后世，日以骄淫。阻法度之威，以责督于下，下罢极。则以仁义怨望于上，上下交争怨而相篡弑，至于灭宗，皆以此类也。夫戎夷不然。上含淳德以遇其下，下怀忠信以事其上，一国之政犹一身之治，不知所以治，此真圣人之治也。"于是穆公退而问内史廖曰："孤闻邻国有圣人，敌国之忧也。今由余贤，寡人之害，将奈之何？"内史廖曰："戎王处辟匿，未闻中国之声。君试遗其女乐，以夺其志……"缪公曰："善。"……而后令内史廖以女乐二八遗戎王。戎王受而说之，终年不还。①

这则史事既表明秦与西戎的礼乐制度和文化不同，又留下秦穆公为了消磨戎王意志而输出"女乐"即音乐文化的珍贵资料。这是一种特殊的文化传播，而双方更为普遍的文化交流当在风俗习惯和生活方式等方面。

秦人早期具有明显的戎狄之俗，向为人们所公认。这些戎狄之俗并非秦为戎狄的根据，而是秦文化中摄入大量戎狄习俗的反映。有关西戎的风俗，《后汉书·西羌传》有谓：

---

① 《史记》卷五《秦本纪》，中华书局1982年版，第192—193页。

其俗氏族无定，或以父名母姓为种号。十二世后，相与婚姻，父没则妻后母，兄亡则纳釐嫂，故国无鳏寡，种类繁炽。不立君臣，无相长一，强则分种为酋豪，弱则为人附落，更相抄暴，以力为雄。杀人偿死，无它禁令。其兵长在山谷，短于平地，不能持久，而果于触突，以战死为吉利，病终为不祥。堪耐寒苦，同之禽兽。虽妇人产子，亦不避风雪。性坚刚勇猛，得西方金行之气焉。①

再看文献中对秦人风俗的记载，《谷梁传》："狄秦也，乱人子女之教，无男女之别。"史称："始秦戎狄之教，父子无别，同室而居。"② 这样的记载，表明秦人早期在风俗和生活方式上与中原诸国不同，而与戎狄相近。还有秦人长于骑马射猎，多车马田狩之事，尚武风尚盛行。《诗经·秦风》及《石鼓文》对此多有描述，这些特点当与地居西北高原，并与戎狄杂处的自然、人文环境息息相关。史称"天水、陇西，山多林木，民以板为室屋。及安定、北地、上郡、西河，皆迫近戎狄，修习战备，高上气力，以射猎为先。故《秦诗》曰'在其板屋'；又曰'王于兴师，修我甲兵，与子偕行'。及《车辚》《四骥》《小戎》之篇，皆言车马田狩之事"。③ 可知秦人与戎狄杂处，在习俗风尚上深受其熏染。

葬俗是一个民族文化中最具传承性的因素，甘谷毛家坪遗址有A组和B组两类文化遗存，经研究，前者属于西周至春秋战国时期的秦人墓葬，而后者则为戎族遗存。这里就是周公东征迁商奄之民亦即秦人入居之地，亦是春秋时冀戎分布之地。毛家坪遗址秦、戎两种墓葬和文化并存，在时间和空间上正与秦人、冀戎相对应，绝非偶然。既然秦戎相邻而居或共处一地，则文化的相互交流和彼此影响势所必然。人们公认西首墓是甘青地区流行的葬俗，也就是西戎等固有的葬俗，而陕甘间春秋战国时期的秦墓，多为西首墓，这无疑当是秦戎杂处相互影响学习进而秦人葬俗受到戎族文化影响的结果。春秋时期秦人盛行竖穴土坑墓，而进入战国时期，西戎已逐步融入华族，故在秦人墓葬中多有西戎洞室墓

---

① 《后汉书》卷八七《西羌传》，中华书局1965年版，第2869页。
② 《史记》卷六八《商君列传》，中华书局1982年版，第2234页。
③ 《汉书》卷二八《地理志》，中华书局1962年版，第1644页。

的出现,亦是受其影响所致。可见,西戎文化对秦文化产生了深刻的影响。

秦人的音乐称为秦声、秦音,是秦人在天水等地古老的西音基础上亦即西戎音乐的影响下发展起来的。相传殷商时整甲始作西音,后周昭王时,辛馀靡有功,被封为诸侯,立国于西翟之地的西山,继承了整甲的西音传统。秦穆公时,又把西音发展成了秦音。① 这说明,辛馀靡之后,西音的继承者就是活动于天水地区的秦人,经秦人的改造发展,秦穆公时西音终于成为秦人化的秦音。史载秦仲封为大夫时,"始有车马礼乐侍御之好,国人美之,秦之变风始作"。② 秦人在秦仲时开始了革新民间音乐的"变风",则说明秦人在天水地区与戎狄杂处中,音乐的发展已经历了较长一段时间,也表明秦人音乐在掺杂有不少戎狄"西音"的基础上,开始了音乐民族化的步伐。《诗经·秦风·车邻》篇中描写秦仲时秦地两位友人见面,高兴地并肩而坐,弹瑟吹簧。瑟、簧乐器的出现和弹奏,也反映了秦仲时秦人音乐的发展和普及。

由于秦人音乐是古代华夏族与西方戎狄音乐融合创新的产物,所以又有古朴无华的特点。秦人将装酒盛水的瓮、瓦质的盆作为乐器,《说文》云:"缶,瓦器所以盛酒浆,秦人鼓之以节歌。"他们奏鸣时,敲打盆缶,甚至拍着大腿作为节奏,放喉歌呼。李斯形容这种音乐说:"夫击瓮叩缶,弹筝搏髀,而歌呼呜呜快耳者,真秦之声也。"③ 这种最能体现秦地百姓精神风貌的音乐,是秦人对西戎器乐借鉴的产物。因为"古者西戎用缶以为乐"④,天水民间至今还流行一种烧制的陶乐器"哇呜",实际就是古代的"土"乐,即陶乐器埙。天水市秦安县大地湾仰韶文化遗址中就出土过埙。可见这种陶瓦乐器在天水有着悠久的历史。有人认为,史籍中"呜呜快耳"的"真秦声",正是吹奏"哇呜"发出的"呜呜"声,而盆则是为歌唱和吹奏"哇呜"而击打的节奏,使之合乐。⑤ 可见,以比较简单的曲调吟唱,又以瓦器作乐器,大概是秦国民间音乐

---

① 《吕氏春秋集释》卷六《季夏纪·音初》,中华书局2009年版,第141页。
② 冯浩菲:《郑氏诗谱订考·秦风谱》,上海古籍出版社2009年版,第105页。
③ 《史记》卷八七《李斯列传》,中华书局1982年版。
④ 董说:《七国考》卷七《秦音乐》,中华书局1956年版。
⑤ 李子伟:《秦声·缶·哇呜》,《丝绸之路》1994年第3期。

的一大特色,也是秦戎音乐文化相互交融的产物。

(三)经济往来

秦国界处中原与西北戎狄之间,在经济往来和商贸流通中具有地缘优势。在西部,秦人与戎族部落的经济交流,主要以戎族部落盛产的马牛羊等牲畜、生产生活器具和秦国贵族所喜好的奇珍异宝上。李斯《谏逐客书》中提到:秦国"致昆山之玉,有随和之宝,垂明月之珠,服太阿之剑,乘纤离之马,建翠凤之旗,树灵鼍之鼓,此数宝者,秦不生一焉,而陛下悦之"。[①] 这些全部非产自秦国而秦国能够拥有的宝物,无疑是通过经济交流而获得的。秦人是各诸侯国中最早使用铁器的国家,在毛家坪西周时代墓葬中就有铁镰出土,在礼县大堡子山等秦人墓葬中,既有青铜器、铁器出土,也多有黄金饰品出土,还有玉器之类。这些物品的原材料,主要是秦与西戎之间通过贸易获取的,戎狄等草原游牧民族盛行黄金饰品和铜牌饰等,也是较早掌握青铜、铁器铸造技术以及传播这些技术的民族,秦人使用铁器、金饰和玉器,无疑与西戎之间的经济交流密切相关。

食盐是人们生活中不可缺少的东西。秦人所在的甘肃礼县盐官镇,自先秦至今一直生产井盐。控制和生产食盐,这既是秦人养马大获成功的重要依赖,也是其与西戎贸易的重要资源。秦人通过与西戎的经济往来和贸易活动,为其发展经济和增强国力发挥了重要作用。陈更宇认为秦人定居西垂后,"之所以能够在相当长的时期内保持着和平,贸易活动应当是最主要的原因"[②]。此论不无道理。

西戎长于畜牧,《史记·货殖列传》:"天水、陇西、北地、上郡与关中同俗,然西有羌中之利,北有戎翟之畜,畜牧为天下饶。"[③] 其以蓄养马、牛、羊为主的畜牧经济,与秦国农耕经济有很强的互补性。秦人早期在陇右时,也以养马著称,而秦人入关之后,特别是随着国力日升,拓境益广,战马的需求越来越大,仅靠自养马匹已难以满足征战的需求。

[①] 《史记》卷八七《李斯列传》,中华书局1982年版,第2543页。
[②] 陈更宇:《早期嬴秦人生活方式初探》,《文史哲》2009年第5期。
[③] 《史记》卷一二九《货殖列传》,中华书局1982年版,第3262页。

所以，战马供应主要通过与戎狄贸易获取，自然是不二选择。一个典型的例子就是乌氏县人倮以奇物与戎王交易马牛，史称："乌氏倮畜牧，及众，斥卖，求奇绘物，间献遗戎王。戎王什倍其偿，与之畜，畜至用谷量马牛。秦始皇帝令倮比封君，以时与列臣朝请。"① 可见秦戎之间不仅贸易规模大，而且内地珍奇与边地畜产的相互交流，无疑是建立在双方农、牧经济互补基础之上的，具有稳定性和持续性。除了马匹为大宗外，如皮革、弓箭、兵器、粮食、丝绸等也应是重要的交易品。

西戎地居秦与草原及域外联系的枢纽位置，在秦与域外的经济文化交流中，西戎既是中介者，也是受益者。就西戎而言，在发挥彼此桥梁纽带作用的同时，也使自身双向受益，不仅促进了西戎经济文化的发展，也使西戎与内地文化经济联系和依存日益密切。随着西戎部族渐次融入华夏，秦不仅直接与域外开展经济文化交流，而且实力亦大增。由此可见，秦与西戎的经济文化交流与融合，不仅加速了先秦以来民族交融的步伐，而且也奠定了秦人一统天下的民族基础和文化优势。

四 结语

两周时期是中华民族历史上第一次民族大交融的时期，周、秦与西戎部族的互动交融是其中最具典型意义的标志性事件。西周的兴亡和秦人的崛起都与西戎密切相关。周人与西戎关系的演化为秦人西迁创造了机会，西周建立前后，周与西戎关系的和睦与联姻，为双方的发展与强大奠定了基础，嬴秦既因与西戎的联姻而被其接纳入居天水，亦因西戎的周旋在备受西周打击排挤后与之关系缓和。自周穆王起，周戎关系进入相互攻伐阶段，随着西戎势力日炽，西周在西戎的攻伐下衰落以至灭亡。与此同时，伴随周与西戎关系的恶化，周需要借助秦人力量抗击西戎，周秦关系好转，并且秦人由此而接连受封获爵，最终晋升诸侯，故秦戎关系也因此而由和睦进入交战状态。进入春秋时期，前半期是秦戎相争阶段，进入关中日益强大的秦人在与西戎相互攻伐中占据优势，并取得秦穆公霸西戎的巨大胜利，赢得了春秋后半期一个相对长期的和平

---

① 《史记》卷一二九《货殖列传》，中华书局1982年版，第3260页。

局面。战国时期，秦戎双方的实力已发生根本性逆转，西戎诸部渐次为秦征服，以实力最为强大的义渠戎被征服为标志，西戎部族悉被征服而融入华夏民族。

征伐交战与和睦共处是两周时期周、秦与西戎关系的主线，无论是交战还是和睦交往，双方在和与战的交替过程中，交往不断密切，了解日益加深，彼此相互依存，你中有我，我中有你，文化与民族交融也随之悄然推进，这为秦人征服西戎后其部族主体与华夏族的融合奠定了基础。除了战争与征服催生民族交融之外，在和平时期，秦与西戎在联姻通婚、经济往来、文化交流的过程中，进一步推动和深化了彼此的互补和依存关系，加速了民族交融的进程。

周、秦与西戎正是在战争与和平、征服与交往、通婚与联姻、商贸与流通、文化与交流等多渠道交相作用的长期过程中，推动了历史的发展，促进了文化融通和民族交融，为中华文化的整合与中华民族的形成，大一统国家的出现，在民族、文化和国家认同上奠定了基础。

（原载余太山、李锦绣主编《欧亚学刊》新6辑，商务印书馆2017年版）

关于秦早期文化形成的思考

现代意义上的秦文化研究，大约经历了发端于20世纪初和兴盛于80年代以来两个阶段。从20世纪初王国维、蒙文通和卫聚贤等人对秦都城、秦公簋器铭和秦民族源流的探考，至三四十年代苏秉琦发掘宝鸡斗鸡台周、汉墓葬，并从中区分出一种新的文化类型即秦文化，接着陈秀云《秦族考》一文明确提出秦文化概念，标志着秦文化研究由此开启。此后三四十年间特别是新中国成立以来，越来越多的秦都城、秦墓葬、秦简牍文献的出土和发现，为秦文化研究提供了丰富的考古新材料，尤其是20世纪80年代以来，随着天水地区以毛家坪、大堡子山为代表的一批秦人早期文化遗址的相继发现，秦文化特别是秦早期文化遂成为学界关注的热点，取得一系列重要成果，推动秦文化研究进入新阶段。

近三十多年来的秦文化研究，主要涉及秦文化的概念、来源、形成和发展特点等问题。其中，除秦文化的概念和特点讨论已基本趋向一致之外，对秦文化来源和形成的讨论争议颇多。如关于秦文化来源就有夏商周说（一源说）、西周与西戎说（二源说）和东夷、西戎与商周文化说（多源说）；关于秦文化的形成则有春秋早期说、西周时期说和商末周初说等不同观点。上述观点的对立和争议，一方面引发学界对秦文化更多关注与探究，这无疑有助于秦文化研究的深化；但是在另一方面，争议的持续存在不仅是因为研究者各自的视角、方法不同，而关键是由于大家对秦人早期历史的演进脉络和文化生成基础，尚未取得基本共识，这才是问题的症结所在。之所以如此，固然是由于秦人早期历史及其文化发展的独特性所致——秦人的起源和形成既久远而漫长，又复杂而模糊，其西迁过程既曲折迷离，又时空跨度巨大。因此，我们要寻求对秦文化研究的新突破，还需回归本位，从秦人早期历史曲折复杂发展的本身出发，依据文献记载，结合考古新资料，探幽抉隐，梳理线索，交互印证，方可求得正解。

一 秦人与秦文化

一种文化的产生和形成，有其必备的基本要素。一般认为，文化的核心要素是物（第二自然）、思想、人三大要素。其中，人居于首要地位，因为人是文化系统的创造主体和最终载体。三要素相互联系和作用的方式就是文化结构。[①] 因此，我们探讨秦文化，秦人的出现是前提，即先有秦人然后才有秦文化，这是我们探究秦文化的根本出发点。

我们习惯上对秦人起源的追述往往要从尧舜禹时代的女脩、大业、伯益甚至更早的五帝时代的少昊、颛顼说起，其实，那只是在追寻秦人所在的嬴姓部族及其所在集团，即使嬴姓部族也是一个分支和方国甚多的庞大部族，秦人仅仅是诸多嬴姓国中的一个而已。因此，我们寻找秦人，必然要从嬴姓部族即其"前世"说起，但是要论及秦文化，则只能从其"今生"即秦人、秦族出现之后立论。

就秦人、秦族的起源而论，嬴姓秦人族出东夷，自夏初起就开始了长达上千年之久的流移、迁徙和动荡起伏，其足迹也由鲁西南而至冀、豫、晋、陕等地再至甘肃东部。商末时嬴秦首领中潏"在西戎，保西垂"，率族来到天水两河流域，并以西犬丘（今甘肃礼县）为居邑。周初，中潏之子蜚廉逃至嬴姓故地联合嬴姓诸国反叛，周公东征杀蜚廉，灭熊盈十七国并迁商奄之民到天水。由此，中潏之族与商奄之民汇流并世居天水，成为后来秦人秦族的主体。甘肃礼县西山、大堡子山、甘谷县毛家坪和清水县李崖遗址为代表的一批西周至春秋时期秦人早期城邑、墓葬等文化遗址与重要文物的发现，正是周初前后秦之先民西迁天水的历史见证。从中潏再经七代而至非子，遂有周孝王封非子为附庸，赐予"秦"之地并建城立邑之举，秦人称秦由此而始。至此，从中潏

[①] 周洪宇、俞怀中、程继松：《文化系统论纲》，《华东师范大学学报》1988年第6期。

西迁天水为起点，嬴秦不仅拥有了天水这块长期定居的地域空间，而且，秦人族体也快速形成。而至周孝王封非子为附庸并建立秦邑，则标志着历史上的秦人终于登场亮相。所以，我们探索秦早期文化，只能以秦人族体形成与"秦"之称谓出现的西周时期和定居于天水地区这一时空界限为范围，超越或忽视这一时空界限，讨论秦早期文化便无所依归。

二 秦文化的远源与近源

既然秦人在族体形成之前的源流演变极为漫长和复杂，且其此后历史文化的发展与之有着密切的关系，则我们探讨秦文化就不能无视秦人起源阶段的文化背景。所以，追溯秦文化的出现和形成就有远源和近源之分，只有对这两个因素必须都予以关注，才能对秦文化起源做出符合秦人实际的科学判断。

就秦文化的远源而言，秦人族出东夷，历经夏商一直处于动荡流徙状态，其历史与发展，与东夷、夏、商的历史息息相关。因而，秦人先祖及其文化实际就是东夷、夏、商文化的一部分。换句话说，东夷文化、夏文化、商文化都是秦文化的远源。当然，这并不是说，东夷、夏、商文化就是秦文化。因为，在夏之前和商代，嬴秦族也曾是文化发达、实力强大的显族，如伯益辅佐尧舜禹，商代获封诸侯等。故其已经形成了具有自身特点和风格的文化当可确定。只是由于时代久远，资料阙如，其文化面貌和基本内容早已湮没无闻了，我们已无法知其详情，而只能从东夷、夏商文化的特点中，窥知与之相同或相似的因素。

秦人作为东夷的一支，其与东夷有着相同的日神与鸟图腾崇拜，也有相同的经济生活，长于农牧和从事商贸。在夏朝统治时期嬴秦先祖发生了两次西迁且长期活动于夏统治地域，其受到夏文化影响势所必然。秦人与商人两族均起源于东方，不仅文化背景相同，有共同的祖先卵生神话、鸟图腾崇拜，他们共同崇拜的祖先神少昊、颛顼都是东方夷族的部落首领，而且在政治上建立了同盟关系，有相同的宗庙祭祀制度，相似的车马坑和随葬方式等。这些因素伴随秦人先祖的流动和迁徙，动荡与兴衰，有的消失了，有的或多或少被继承或积淀于部族习惯和心灵深层而得以保留，对秦文化的形成产生着重要的影响。

就秦文化的近源而言，自中潏西迁天水至非子封秦，正是秦人的形成期。至非子受封，秦人才摆脱部族奴隶的命运，与西周关系日益密切，并成为西周捍卫西北国防的主要力量。相反，随着秦与西周关系的改善，秦与西戎的矛盾趋于激化。由此，秦与周、西戎三者的互动和影响，贯穿于整个西周至春秋战国时期。所以，周文化、西戎文化都是秦文化的近源。也就是说，在秦人定居天水两河流域，秦人族体形成期这一时空范围，秦人的生存与发展始终与西戎、周人密切相关。秦人既与西戎同居陇右，与之和睦相处和交往交流，也存在争夺和战争；又在周人的控制下惨淡经营和守卫边陲，并不惜与西戎殊死搏斗，以谋求其认可和封赏。正是在这一进程中，秦人和秦文化形成了。所以，除了秦人继承自远祖的固有传统之外，其文化的形成无疑深受周人和西戎的影响。汪勃等认为，"秦文化应该是嬴姓氏族迁到陇东地区的这一支系列所创造的秦文化，可能包括东夷文化、甘青地区古文化、殷商文化、先周文化等"。① 这一观点无疑是正确的。

就周文化而言，秦人不仅吸收了先周文化，应该说还广泛吸收和融入了周文化的因素。周文化作为统治文化，既具有政治优势，也无疑是当时先进而发达的文化，其吸引力、影响力和吸纳同化力无出其右者。秦人作为周王朝的臣属部族，其崛起除了自身致力发展之外，在早期完全决定于周人的认可程度和政治爵封。故秦人要崛起和发展，对周文化的接受和学习无可避免。因此，秦人既在周文化的分布和辐射范围之内，又以事周邀功求得政治待遇和认可。这就决定了周文化在秦人发展及其文化形成中，具有举足轻重的地位和影响。周之礼乐典章、制度文化既为秦人所遵循，亦为自身发展进步所必需。故无论基本礼仪、文字、葬俗、青铜器等各方面，都深深打上了周文化的烙印。因此，在各种文化影响中，周文化对于秦文化的影响和促进，无疑是最为重要的。

在人类文明发展的早期进程中，出现了各种社会分工，也产生了农

---

① 汪勃、尹夏青：《嬴秦族西迁对秦文化形成的作用》，《文博》1993年第5期。

业民族和牧业民族,与之相对应就有了农业文化和牧业文化的分野。这种分野,皆因地理环境和自然条件使然,而非种族、民族不同所致。所以,天水所在的甘青地区的土著羌戎部族以畜牧为主的经济形态,乃是适应陇右等地环境条件的必然选择,秦人入居陇右,既不能超越当地自然环境条件的制约,也必然在与群戎交错的人文环境中相互影响、交流和熏染。原就擅长驾车养马的秦人,陇右适于畜牧的环境正是其发挥养马特长的乐土,故秦俗近戎,既是秦人入乡随俗的结果,也是其与土著民族西戎和睦友好共处的生存之道所在。因此,秦文化也深受西戎和北狄文化影响,在秦人早期青铜器和金器铸造中,虎、鹰题材及其形象与北方草原文化关系密切,故秦文化中的虎、鹰图案及其纹饰,显然是受到北方草原文化影响的结果。秦人青铜器及其形制、植物纹饰的传承演变,还有西首墓、屈肢葬等墓葬习俗等,则深受与之杂处的西戎文化的深刻影响。秦文化中的养马骑射、器具形态、纹饰图案、兵器车马、生活习俗等,不可避免地吸收了不少西戎文化的因素为其所用,并构成秦文化极具个性风格成分的主要支撑。就此而言,人们一般所说的西首墓、洞室墓、屈肢葬等习俗,并非秦人为戎族的标志,而是秦人"戎化"的反映,亦即在秦文化近源中深受西戎文化影响的结果。

因此,周文化和西戎文化包括北方草原文化,都成为秦文化发展的近源。

三　秦早期文化的形成

秦早期文化的生成经历了孕育期、形成期和繁荣期三个发展阶段。秦人起源的历史可以追溯甚早,但是,秦人族体的形成却相对较晚。以中潏西迁为起点,秦人先祖结束了长达近千年之久的流徙动荡、起伏不居的历史,从此定居下来。于是,他们开始进入了族群固定、拥有共同地域、共同利益、共同意识和世系线索完整的历史发展阶段。这一历史阶段,伴随秦人族体的逐步形成,其文化也开始孕育。

非子受封秦邑是秦人发展史上的里程碑事件,由非子、秦侯、公伯、秦仲、庄公至襄公六代,随着秦人的崛起秦文化随之形成。史称"秦仲始大,有车马礼乐侍御之好"。而襄公获封诸侯及其建国活动,是一次从政治、制度和文化诸层面对周文化的广泛学习和深度应用吸纳的实践活动。襄公之后，文公率秦人东进关中建都汧渭之会，接着，宁公都平阳，德公都雍城，秦人迅速强大，文献记载和关陇间考古新发现，共同印证秦早期文化进入快速发展和繁荣阶段。

秦早期文化可以说是中原农耕文明与西北游牧文明有机融合、共同孕育并由秦人创造的新型文化。它是秦文化发展史上的最早阶段和源头所在，积淀和蕴藏着秦文化的种种原始基因和本质要素。一般而言，文化结构分三个层次，由表及里分别为物质文化、制度文化和精神文化。纵观秦早期文化由孕育到形成和繁荣的演进过程，无论是外层的物质文化，还是中层的制度文化，抑或是深层的精神文化，包括某一层面不同的文化因素，无不呈现出典型的多元并呈、多因交织、内外同构的鲜明特征。在文化的诸层面中，外层物质文化的变化相对最为活跃，中层制度文化次之，而精神层面即心理层次是最保守的，因为"它是文化成为类型的灵魂"①。文化的深层结构就是所谓"原始—古代积淀层"。它根源于各民族由野蛮时代跨入文明时代所走的不同路向，是对人类心灵深处所包含的五对永恒矛盾（入世与出世、情感与理性、个性与类、理智与直觉、历史与伦理）的总解决方式的总和，并由此构成不同民族的基本人生态度、情感方式、思维模式、致思途径和价值尺度，②它制约和规定着外层文化的结构和方向。因此，嬴秦早自东夷时期所具有的那些图腾崇拜、祖先崇拜和善于经商等传统，包括东方意识和华夏观念，在后来秦文化的形成与发展中，无疑处于其文化的深层而发挥着恒久的积淀和引导作用。

由此可见，秦文化的来源是多元的，既有东夷本族文化思想观念的固守，亦有夏商文化的传习，更有周文化的洗礼和大量引进，也有对西戎等部族畜牧文化的广泛吸收和移植，包括陇右地域环境因素的影响，并经过秦人创造性的消化融汇，最终形成了以"华戎交汇，农牧并举"为特征的新型文化——秦文化。其中，秦文化中的远源，更多的是以观念、精神的因素在秦文化的创造和形成中成为其隐性力量，而秦文化的

---

① 庞朴：《文化的民族姓与时代性》，中国和平出版社1988年版，第82—83页。
② 许苏民：《文化哲学》，上海人民出版社1990年版，第253—257页。

近源，则多以显性特征融入其中。两者都具有重要意义，把握这一点，对于我们认识和探讨秦文化的特点与形态至关重要，甚至是破解秦文化面貌的一把钥匙。

（原刊《中国史研究动态》2017 年第 4 期）

论天水秦文化的形成及其特点

一

所谓秦文化，就是特指伴随秦人、秦族、秦国的发展演变而产生和形成的文化。这一文化产生并形成于秦人的发祥之地陇右天水一带，经春秋战国时期的发展壮大，最终因秦国统一中国而上升为波及华夏、统治中国的文化。因而，它在中华民族和华夏文化发展史上都产生过巨大影响。秦文化的发展，经历了产生与形成、发展与壮大到上升为统治文化这样一个渐进的过程和阶段。秦人在陇右天水一带有长达300多年的发展过程。伴随着秦人的兴起和建国，秦文化也产生和形成，因此，天水地区就是秦人、秦族、秦文化的发祥地。然而，由于史料简略，特别是受传统史学观念的束缚和限制，人们谈及秦人建国前的历史与文化，往往将其视为戎狄，而与野蛮、落后画上等号，从而忽视了秦人自兴起至建国期间的文化创造和文化成就。这一偏见与谬误长期盛行，几成定论，已严重阻塞和限制了人们对秦人早期历史文化丰富内涵和真实面貌的认识。鉴于此，为了克服这种偏向，推动对秦人早期历史与文化研究的深入，提出天水秦文化这一学术概念，就显得非常必要。

任何一种文化，不论它后来的发展和趋向如何，这一文化的基本内核和特征，无不与其渊源和最初面貌有着无法割断的密切关系，也与生成这一文化的最初环境存在千丝万缕的联系。天水秦文化作为秦文化发展的源头活水和最初阶段，由于秦人历史的独特性及其生存环境的复杂性，其产生和形成，既有显著的民族特点，又有鲜明的地域特色。揭示这一文化的生成过程、丰富内涵和基本特点，对于探求此后秦人的崛起与强大至关重要、不可或缺。这也正是提出天水秦文化这一学术命题的目的和意义所在。

二

秦人族出东夷，以少昊苗裔、伯益之后自居，其始祖是卵生神话中的女脩。这是秦人早在母系氏族社会留下自己足迹的反映。秦人的这位始祖女脩是少昊支系颛顼的裔孙，她与少昊后裔通婚而生子大业；大业又娶中原黄帝族后裔女华为妻生子大费。① 这反映出三层文化信息：其一，秦人始祖女脩因吞玄鸟即燕子卵而生子，则揭示了秦人以燕子为图腾的来源；其二，大业的父族是少昊后裔，因而秦人奉少昊为先祖；其三，大费与女华的通婚，标志着东夷部落的秦人与炎黄部族已开始交往与融合，说明秦人很早就与华夏族有了血缘关系和文化交往。

大业生子大费，大费又叫伯益，父子二人都曾辅佐帝舜与大禹，并屡建功勋而享有很高的威望。如伯益佐舜驯化鸟兽，又助大禹平治水土等。他们在舜禹时代显赫的地位，便利和推动了秦人的发展。后伯益在与夏启争夺王权的斗争中失败被杀，秦人的发展因此受到削弱，秦人部落也被迫分化与迁徙。

从女脩至商周之际的秦人，其历史尚处于传说与历史相混杂的阶段。其间，秦人经历了两次兴衰起落和三次西迁。舜禹时代，秦人获姓嬴氏，地位日显，促成秦人的初步兴起，但至夏初，伯益被杀，秦人第一次受到打击而衰落。夏末，秦人叛夏归商，其"子孙或在中国，或在夷狄。……自太戊以下，中衍之后，遂世有功，以佐殷国，故嬴姓多显，遂为诸侯"②。秦人重新崛起并得到空前的发展。周人灭商过程中，秦人作为商朝的坚定追随者和反周势力而遭到周人的残酷镇压。这又一次打击不啻一次灭顶之灾，嬴氏部族被迫离散、迁徙，而且秦人也失姓灭国沦为周人的部族奴隶而长期受到压制和排挤。秦人的第一次西迁发生于商初，在商人灭夏的战争中，属于东夷族的"九夷"部族中的畎夷，曾

---

① 杨东晨：《秦人秘史》，陕西人民教育出版社1991年版，第52页。
② 《史记》卷五《秦本纪》，中华书局1982年版，第175页。

进军关中扫灭夏朝残余势力,战争之后即居留陕甘一带。部分秦人随畎夷而西迁。文献中留下的有关山东曹县、河南永城市、陕西兴平市和甘肃天水都曾有过"犬丘"一名的记载,正是上古地名随部族而迁移的反映。秦人的第二次西迁出现于商末,其时,秦人首领戎胥轩、中潏奉命西迁天水,"在西戎,保西垂"①。周初,周公东征,曾灭嬴姓十七国(《孟子·滕文公》),部分嬴姓部族被迫西迁至天水一带,与前次西迁的秦人会合,这就是秦人的第三次迁移。

秦人的两次起落、三次西迁经历了由夏初到商末周初长达千年的漫长过程,秦人与夏商及中原各族广泛、频繁而密切的交往,一方面促进了秦人自身的发展和文明进步,秦人不仅以培植水稻、发展农业而著称,②也以驯化鸟兽、发展畜牧和善御而见长;另一方面,秦人及其文化也完全汇入华夏民族与华夏文化。所以,秦人西迁天水之前,已经是华夏民族与华夏文化的一部分,秦人、秦文化的原始发祥地在东方。

商末,中潏在西戎、保西垂入居天水地区,秦人进入了世系清楚、有史可征的信史时代,也开始了秦人长达300多年的部族发展和文化创造活动。周初秦人遭到失姓灭国、被迫迁徙和沦为部族奴隶的沉重打击,周公东征后一部分西迁的嬴姓族人也入居天水和中潏子孙会合,从而形成秦人部族的主体。他们肩负起复兴本族的历史使命,承受失姓之辱和亡国灭族之恨的巨大创伤,面对残酷现实,无怨无悔迎接新的挑战,去主动适应完全陌生的新的生存环境,以重新振兴秦族和实现秦文化的再生。

秦人在天水地区的重新兴起和文化创造,是在一种极为险恶的生存环境中起步的。陇右天水一带东隔陇山与周室王畿之地相邻,其西、北两面广布戎、狄,西垂正处于周人与戎狄的夹缝之中。西北戎狄部族长期以来一直威胁着周王室的西部边界,现在秦人在群戎包围的形势下要定居下来并争取生存空间,无异于虎穴谋皮,困难重重。与此同时,天水地区群山溪谷、山原广布和林茂草丰的自然环境,也与秦人原在中原的自然面貌大异其趣,这同样是一种新的挑战。好在秦人历经变故和磨

---

① 《史记》卷五《秦本纪》,中华书局1982年版,第175页。
② 李江浙:《秦人起源范县说》,《民族研究》1988年第4期。

难,又有农牧兼长的生产经验,在新的生存环境中,一面主动与西戎友好交往、虚心学习并通婚融合,开创了与西戎和睦相处的新局面,从而使秦人广泛吸收了戎狄文化的异质养料,为秦文化的再生注入了活力与新鲜血液;也使秦人赢得西戎的认可,在西垂站稳了脚跟;而且秦人也通过戎人的周旋与周王室改善了关系。另一方面,秦人因地制宜,趋利避害,发挥农牧兼长的优势,筚路蓝缕、披荆斩棘发展生产,种植黍、粟和养马畜牧均获得成功,出现农牧两旺的景象,为秦人的兴起和文化创造奠定了基本的物质基础。天水市毛家坪与董家坪发现的西周时期秦墓遗址文化层表明,秦人屈肢葬、西首墓等葬俗,[1] 显然是秦人受西戎文化影响的结果,而农业定居与随葬礼仪等又是秦人生活"周式化"的反映。实际上,人们习惯所称的秦人生活与文化的农耕文明因素,与其说是秦人"周式化"的产物,毋宁说是秦人在天水对此前中原农耕文化的保留和继承。总之,自中潏至非子八代秦人在天水地区艰苦卓绝的创业活动,终于使秦人开始摆脱困境、走向复兴,而天水秦文化也由此产生。

黄留珠先生对秦文化渊源曾精辟地概括为"源于东而兴于西",指出:"所谓'源于东'者,是讲秦人、秦文化的原始发祥地在东方;而'兴于西'者,是讲秦人、秦文化的复兴之地在西方。易言之,就是说秦文化有两个'源':一曰'始发之源',一曰'复兴之源'。依据通例,始发源与复兴源是不同的,二者不可混为一谈。然而由于秦人经历了一个漫长的由东而西的迁居过程,在迁居之后,深受西方戎人文化的影响,乃至被戎化,这样其复兴就不是以原有文化为基础,而是在'戎化'这一全新的起点上开始的。这种几乎是从零开始的复兴,使秦文化成为一个特殊的变例——即它在西方的复兴具有某种始发或曰再次起源的性质。"[2] 秦文化的"再次起源"正是在非子受封之前完成的。所谓秦文化的"戎化"过程也主要是这一阶段出现的。

公元前 872 年,周孝王封非子为附庸,是秦人发展史上的里程碑,也是秦和西戎、周王室关系发生变化的转折点。秦人从此恢复嬴姓,也拥

---

[1] 甘肃省文物工作队、北京大学考古学系:《甘肃甘谷毛家坪遗址发掘报告》,《考古学报》1987 年第 3 期。

[2] 黄留珠:《秦文化二源说》,《西北大学学报》1995 年第 3 期。

有了新的族号——秦，我们习称的秦人、秦族、秦文化也即由此而来。以非子受封为标志，秦文化的发展又由"戎化"进程转而向华夏文化回归。与此同时，受封又是秦人在周室政治地位上升的起点，从此秦人与西戎友好和睦的关系被兵戎相见所代替，周秦关系则由以前那种受压疏远转而协同一致，共同反戎。秦与西戎、周人关系的这一转换，既有现实利益的需要，更有深层的文化背景和民族心理因素。秦人虽然西迁天水后才开始稳定下来并走向复兴，但他们始终没有忘记失姓亡国之耻，因而有着强烈的回归故土、回归华夏进而重新崛起建国的愿望，此志代代相传而不移。要实现这一夙愿，得到周王室的认可，改善双方关系就成为不可超越的前提。一旦秦人在群戎包围的环境中立足已稳，则弃戎亲周就成为必然之举。而秦人扩充势力，又必然要从戎人手中争夺生存空间，因而，秦人和周人在对待西戎上利益一致，利害共同，只不过秦人又以反击西戎保卫西周西部安全为代价，需要周王室不断提高其地位作为补偿，借以壮大自身，崛起建国。从非子至襄公六代秦人百余年间，是秦人迅速发展的阶段，他们不惜失地亡君，惨淡经营，勉力抗击西戎，誓死保卫西周西部的安全，终于由附庸而大夫，由大夫而西垂大夫，进而位列诸侯，始建秦国，并得到周平王允许秦人东进关中的许诺。在此阶段，秦人在文化发展上也是突飞猛进，秦仲时已"始有车马礼乐侍御之好"，襄公始国，更有一番从政治、军事、经济到制度、宗教、礼仪等各方面的文化建设，使秦人在物质文明和精神文明诸方面，都取得不亚于关东诸国的文明成就。尽管如此，秦文化中的"戎化"因素和自身特点，仍被中原文化视为戎狄之教而往往受到歧视。再加之秦人长期与西戎作战，既无力制伏西戎，又常常遭受作战失利的打击，进一步促使秦人更加自强不息、发奋图强。经过文公迁都关中至穆公的百余年发展，秦人终于拓地广境、称霸西戎，位列春秋五霸之一，成为东方诸国不敢轻视的诸侯大国，四百多年后，最终统一了中国。

三

据上可知，秦人的起源与发展经历了中原—天水—关中的运动轨迹，与之相适应的文化发展也有一个华夏化—戎化—回归华夏的转换升华的进程。所以，秦人西迁天水，在秦人发展史上，既是其重新兴起进而崛起建国的关键时期，也是其文化再生和升华发展的主要阶段。就秦人的崛起和文化特点而言，陇右天水才是秦人、秦族、秦文化的真正发祥地。可见，天水秦文化既是秦人重新崛起强大过程中走向文明的文化结晶，也是秦人建立霸业、统一中国的文化优势所在。无疑，这一文化具有不少显著的特点和潜在价值。

首先，天水秦文化具有强烈的兼容性和博大的开放性。天水地区是中华文明的起源地之一，以距今7800年前的大地湾文化为代表，包括西山坪和师赵村古遗址所揭示的文化信息表明，当地原始先民创造了堪称发达的史前文明；而古史传说系统中那些文化英雄如伏羲、女娲、黄帝也出自这块神奇的土地。至于与中原仰韶、龙山文化前后相当的马家窑文化、齐家文化则是中原文化在甘陇一带的地域文化。这说明，在中华文明肇启之际，陇右天水一带已是一个各族交错、文明交汇和农牧文化相互碰撞之地。秦人迁入这块具有深厚文化土壤与多元文化背景的土地上，无疑不可避免地要受到当地人文环境的熏染和塑造。面对空前的生存压力，怀着强烈的复国回归心理的秦人，毫不犹豫地选择了兼容开放的文化政策，在固有华夏文化传统的基础上，入乡随俗，兼收并蓄西戎文化中对其有用的异质养料，也不断从周文化中吸取精华，从而迅速实现了摆脱困境、站稳脚跟而复兴再生的初衷；也使秦人在群戎环峙中由弱到强、脱颖而出。传统所谓天水秦文化的"戎化"倾向和"周式化"风格，实际上正是秦文化具有兼容性特点的最好注解；兼容性特点又促成秦文化产生开放、进取的价值观念，这对于秦人及秦文化的发展壮大与文化优势的积淀都至关重要。

其次，天水秦文化具有鲜明的功利色彩和进取精神。秦人西迁天水，是在亡国失姓、遭受打击的情况下完成的，其回归故土振兴旧业的愿望始终不坠；而中原诸国与华夏文化对秦人的歧视与排挤，更是激起秦人奋起直追、后来居上的跃进意识，并且一以贯之。秦人不惜失地亡君和血的代价，世代与西戎争战，以求得周室的重视和提拔；秦人在祭祀、丧葬乃至礼乐制度等方面不断僭越礼制名分的大胆之举，还有多神崇拜的宗教信仰，无不是这个后起的民族功利心理的集中展现。这一切既是秦人力图崛起、建立霸业、入主中原政治抱负的体现，也是他们跻身华夏、回归中原文化心理渴求的反映。功利心理的强化和延续，孕育了其致力强大的进取精神。正是这种进取精神，不断推动和塑造了秦人不畏艰难、百折不挠实现理想与目标的坚定信念，并支撑秦人取得自身发展和文化勃兴的辉煌业绩。

再次，天水秦文化具有典型的尚武精神。秦人入居天水，与长于游猎骑射、强健勇猛的戎狄部落为伍，面对高原旷野、山林野兽出没和放牧驰骋的环境，特别是与戎狄部族旷日持久的对峙与血战，练就了秦人轻死重义、果敢勇猛、粗犷悍厉的民族气质和洋溢着不怕困难、积极向上、开拓进取的乐观精神。秦文化中像《石鼓文》和《秦风》等文学作品，多以歌颂本民族车马田狩和赳赳武夫的内容为主。秦人正是挟持这种大无畏的文化优势，一江春水向东流，走向强大、建立霸业进而扫灭六合，一统天下。而且影响所及，直至两汉魏晋，秦人故地西北地区仍然名将辈出，雄风不减，六郡良家子、十二郡骑士金戈铁马，驰骋疆场，关东出相、关西出将常为人们津津乐道。所谓"山西天水、陇西、安定、北地处势迫近羌胡，民俗修习战备，高上勇力，鞍马骑射。故秦诗曰：'王于兴师，修我甲兵，与子偕行。'其风声气俗，自古而然，今之歌谣慷慨，风流犹存耳"。① 正是对天水秦文化尚武精神的极好概括。

最后，天水秦文化具有质朴无华的风格。秦人那种兼容开放的文化政策和功利主义的价值取向的长期推行，在民众习俗中又形成了质朴豪爽、朴实现实的文化风格。在秦人的领地，既少周文化中的宗法等级约束，亦无齐鲁之邦崇厚礼教的传统。秦人不仅没有实行嫡长子继承制，而且缺乏严格的礼仪道德修养，他们重视和追求的是现实世俗生活。如在宗教信仰上，他们对山川、人物、动物、植物乃至星宿都可祭祀崇拜，这种多神崇拜和鬼神观念更表现出直观、质朴的世俗特色，"天""上帝"均与世间事物对称，而且与道德伦理无关，没有理论的上升。在音乐上，那种敲击瓦器、呜呜快耳的"秦声"，正是秦人久居地老天荒的西北高原而产生那种苍凉粗犷、古朴厚重、雄奇激越的民俗文化的生动写照。

---

① 《汉书》卷六九《赵充国传》，中华书局1962年版，第2999页。

四

我们从秦人兴起壮大的艰难足迹中发现,秦人在天水的文化建树,既内涵丰富,又独树一帜。其文明成就和文化水平都达到相当的高度。由于这种文化包含着不少戎狄游牧文化的因素,是一种以华戎交汇、农牧并举为特征,具有秦人、秦地特色的新文化,与中原农耕文明及其文化自然面貌不同,差别明显。无论周人还是中原诸侯,从自身政治需要和价值观念、文化标准出发,斥秦人及其秦文化为"戎狄之教",与野蛮、落后等同,显然是有失客观公允的偏见与歧视。如秦人贵族中就不乏精通诗书礼乐修养之人,秦穆公以秦国拥有"中国以诗书礼乐法度为政"自居,① 坐而论道、出口成章、滔滔不绝,就是一个典型例子。如果我们从科学的立场出发,排除传统观念的干扰与限制,揭开秦人早期兴起发展的神秘面纱,展现在我们面前的天水秦文化,是一派生机勃勃、洋溢着青春活力而充满希望的景象。它有"胡风汉俗共相融""华性夷种共一家"的气度,开放进取、兼容质朴,富有刚健雄奇、尚武重利的特色和积极向上、开拓进取的精神风格。虽然秦人入关之后,由于地域的变化和发展、统一的需要,秦人文化中农耕文明的成分不断上升,但积淀于秦人民族心灵深处的固有特质和文化内核,却始终永葆活力、威力不衰。正是秦人所特有的民族气质、价值追求和文化优势,奠定了其铁骑东向,扫灭六合统一中国的文化基础,并最终完成了一统天下的大业。此后,秦人那种"同书文字、匡伤易俗",吸纳六国文化精粹、儒法互补、尚武轻文和皇帝极权的文化模式对以后中国产生了深远影响,还有那"秦汉雄风"的形成,究其渊源,无不与天水秦文化具有水乳交融的联系。

不难看出,秦人入居天水所创造和得到发展的天水秦文化,既是后来一统天下,升华为中国主体文化的源头,而且它也构成了天水古代地域文化的基本特征和鲜明风格,谱写了天水地域文化辉煌灿烂的新乐章。

(原刊《天水师范学院学报》2000 年第 4 期)

---

① 《史记》卷五《秦本纪》,中华书局 1982 年版,第 193 页。

论秦人早期青铜器与秦系文字的形成

语言是人类互相交际的工具,而文字是记录语言的符号。秦文字是秦族、秦国、秦王朝政治、经济、军事、文化的载体,也是秦人成长、壮大的记录。人们一般把秦文字形成自己的系统和特色,称为秦系文字,而秦系文字又是在学习周文字和广泛吸收六国文字精华基础上集成创新的产物。随着秦国统一六国,秦系文字最终成为"书同文"、统一全国文字的范本,就此而言,其对中国文字和中华文化的发展传承,厥功甚伟。关于秦系文字的形成,学术界尚有不同看法,近年来在甘肃天水地区陆续发现和出土了一批有铭文的秦人早期青铜器,依据这些新出青铜器及其相关铭文,再结合传世的秦人早期青铜器及铭文,为我们更准确地认识秦系文字的形成提供了条件,本文拟通过对秦人早期青铜器年代及其铭文的变化的考察,重点就秦系文字的产生与形成进行初步探讨。

一 秦早期青铜器的出土及其年代

秦人自其先祖中潏在商末周初西迁天水至秦德公建都雍城之前,为秦人的早期发展阶段,这一阶段也是秦人各种制度与文化的创立时期,秦系文字的产生与形成,也正是在这一阶段的襄公建国前后。王辉曾说:秦人在商代及西周早中期曾否使用文字,资料不足,无法确知。周原甲骨 H11:123、西周初期铜器盠方鼎、西周中期铜器询簋、师酉簋提到了"秦",可见其时秦、周关系密切,推测其时秦人即使使用文字,也应是周文字。此话很有道理,嬴秦虽然是一个古老部族,但自商初以来,主要活动于关中等地,特别是随着周人势力的强大和中潏归周,其文字也必然是周人地域久已盛行的周文字。① 近几十年来陆续发现的秦人早期青铜器及铭文，尤其是甘肃礼县秦公墓出土青铜器铭文，既为我们初步认识秦系文字的出现和演变提供了珍贵资料，也为我们据以判断此前已经流传的早期秦人青铜器铭文的时代和发展关系，有了具体参照。

目前所知秦人早期文字的青铜器按时代先后，主要有秦庄公时不其簋，秦襄公时秦公簋、盠和钟，大堡子山秦公鼎、秦公簋、秦公壶、秦子镈等。无论发掘还是传出之器，当均出土于礼县等天水地区，已无疑问。从这些早期青铜器年代的确定和铭文特点的演变中，我们可以对秦系文字早期编年和变化有一个大致梳理。

不其簋是目前所知秦人最早的一件有铭文的青铜器，该器盖与器身各有铭文 152 字，器盖清末出土于关中，现存国家博物馆；器身 1987 年出土于山东滕县（今滕州市）一汉墓中，现藏该县博物馆。对于器与盖分离，陈泽认为是汉初樊哙"还定三秦，别击西丞"时作为战利品，带至关中。后来盖留关中而器身被带至山东，导致盖与器分离。② 该器器主因铭文中有"不其"而被公认是秦庄公，制作年代按铭文开头"唯九月初吉戊申"一语，王国维考订为周宣王三年（前 825）；③ 李学勤隶定在前 820 年。④

秦公簋 1917 年出土于天水西南，大约在今礼县红河乡一带，后辗转流落民间并多次易手，现藏于国家博物馆，是著名的传世青铜器。该器在簋盖有铭文 54 字，器身 51 字，另在盖与器上各有后刻字各 9 字。该器因铭文中有"十又二公"之语，论者多从此入手来确定其器主和制作年代，这本是最可靠的途径，唯大多数人拘泥于秦人首领何时称公，故多从襄公、文公向下计算，作器者多持德公、成公、穆公、景公说，尤以景公说影响最大。其实，秦公簋铭文已经告诉我们答案，秦公簋铭文开

---

① 王辉：《秦族源、秦文化与秦文字的时空界限》，载秦始皇兵马俑博物馆编《秦俑博物馆开馆三十周年国际学术研讨会暨秦俑学第七届年会论文集》，三秦出版社 2010 年版，第 16—34 页。

② 陈泽：《西垂文化研究》，五洲文明出版社 2005 年版，第 131 页。

③ 王国维：《不其敦盖铭考释》，载《王国维遗书》（第四册），上海书店出版社 1983 年版，第 136 页。

④ 李学勤：《秦国文物的新认识》，《文物》1980 年第 9 期。

头一段：

> 秦公曰：丕显朕皇祖，受天命，鼏宅禹迹，十又二公，在帝之社。严恭夤天命，保业氒秦，虩事蛮夏。

文中"受天命，鼏宅禹迹"的皇祖，实即商末周初率领嬴秦西迁天水，"在西戎，保西垂"的中潏。则该器为襄公受封诸侯后开国立制、告慰先祖时所造的礼器。①

盨和钟有人又称秦公钟，宋庆历年间（1041—1048年）有守臣献于朝，传出土于秦襄公墓，后器不见，有摹本铭文流传，共有铭文142字，内容与秦公簋铭文大半相同，亦有"十又二公"之语，论者多以为是与秦公簋同时所铸的出自同一人之手同一用途的同一批器物，甚当。故盨和钟也是秦襄公时所铸。

大堡子山秦公墓诸器铭文。20世纪90年代以来，从大堡子山被盗掘流落海外、追回和后来发现的秦公簋、鼎、壶、秦子镈等诸器，部分器物有铭文，共计有20余件，其中铭文主要有："秦公作铸用鼎""秦公作宝用鼎""秦公作铸尊壶""秦公作铸用簋""秦公作宝和钟""秦子作和钟""秦子作铸用盉"等。另有新出土的乐器坑秦子镈1件，铭文共28字："秦子作宝和钟，以其三镈，厥音鈥鈥䧹䧹，秦子畯疐才立（在位），眉寿万人（年）无疆。"② 还有澳门萧春源藏戈铭文"秦子作造左辟元用……"簋铭"……秦子之光，邵（照）于夏四方……"③ 也当为出土于大堡子山秦墓。大堡子山秦公墓墓主和作器者，学界至今没有统一意见，所论及的主人有襄公、文公、宪公、出子、文公太子静公等不同看法，但上述诸位俱在西周末年春秋早期。

二 秦系文字的形成

上述诸器，最早的不其簋为秦庄公时青铜器，接着是秦襄公立国所

---

① 雍际春：《秦公簋及"十又二公"考》，《社会科学战线》2013年第6期。
② 梁云：《甘肃礼县大堡子山青铜乐器坑探讨》，《中国历史文物》2008年第4期。
③ 王辉、萧春源：《新见铜器铭文考跋二则》，《考古与文物》2003年第2期。

铸的秦公簋和盨和钟,再为襄公之后的大堡子山诸器,这正好是秦建国前后各50余年,共计百年间所造青铜器。这三个阶段的铭文风格特点和变化,体现的正是秦系文字的初期特点。王辉指出不其簋器形、纹饰皆与周铜器同,文字风格也极近于周厉王时铜器多友鼎,以及宣王时铜器兮甲盘、吴虎鼎、毛公鼎。故"不其簋可以看作最早的一件秦青铜器,其文字可以看作迄今所知最早的秦人文字,也可以看作西周铜器,西周文字。由此可知,秦早期文字与周文字无别,秦文字脱胎于周文字。秦文字的上限,为西周末或春秋初,不能绝对判定"。① 这一分析明晰而可信,但对秦文字上限的认定过于谨慎。我们现在所见秦青铜器虽然已经不少,但除了大堡子山所出,都为偶然所得,故目前所知最早的不其簋在周宣王时,其做器使用文字并非秦人使用文字的开始。也就是说按常理推之,秦人在青铜器上铸字当已是文字使用很熟练之后的产物,所以使用文字早于铸字无可置疑。这样说来,秦人至此在西周中期已经可以熟练地运用周文字了。

关于秦公簋、盨和钟铭文,王国维曾说秦公簋文字"字迹雅近石鼓文。金文中与石鼓相近者,惟虢季子白盘及此敦耳。……此敦虽出甘肃,然其叙秦之先世曰'十又二公',亦与秦盨和钟同。……故其文字体势与宝盘(即虢季子白盘)碣猎血脉相通,无足异也"。② 李学勤认为:"虢季子白盘应即籀文,秦武公、穆公所用文字即承之而来,下延至南指挥一号墓的秦景公石磬以至石鼓。遂成秦篆的先行形态。秦国文字的一个特点是相当规范化,从武公器以下,变化不多,以致王国维说'字迹雅近'。"③ 故不少人将盨和钟、秦公簋、景公磬、石鼓文确定为春秋中晚期器物,认为文字风格、结构多相同。实际上,正是由于秦系文字在两周之际从周文字体系的基础上开始了自身风格的塑造,而作为最为稳定的文字演进,既是一个缓慢过程,改造与变化又是体现在细微之处,故襄公时的盨和钟和秦公簋文字,往往被当作春秋中晚期文字,与景公磬、

---

① 王辉:《秦族源、秦文化与秦文字的时空界限》,载秦始皇兵马俑博物馆编《秦俑博物馆开馆三十周年国际学术研讨会暨秦俑学第七届年会论文集》,三秦出版社2010年版,第16—34页。
② 王国维:《秦公敦跋》,《观堂集林》卷十八,中华书局1959年版。
③ 李学勤:《秦公簋年代的再推定》,《中国历史博物馆馆刊》1989年第13—14期。

石鼓文相提并论也就不足为奇。这也正好表明，盨和钟和秦公簋文字已经告别了不其簋那种完全承袭周文字铸器的模仿阶段，而开始了秦系文字的摸索和创新，下经大堡子山诸器文字的推衍，至秦武公钟镈文字，已经是典型的具有自身特点的秦系文字了。

关于大堡子山诸器，文字学界讨论较多，秦公墓清理者戴春阳认为，"秦公诸器的铭文字体圆阔规整，已形成秦系文字的风格，它们可能是春秋时期秦武公钟、镈上秦系文字的直接渊源"。① 这种秦系文字的体系特点，李朝远通过诸铭中的秦、公、作、宝、铸、用、鼎等字的详细比较，认为：

> 马承源先生指出，秦国铭文形体有别于西周晚期通行的字体，它源于虢季子白盘铭，一系列的秦国铭文都同一体系，秦公簋、鼎铭也一样。此说至确。礼县秦公诸器铭文的字体，为秦系文字中的典丽之作。它上承虢季子白盘铭，但又显晚于盘铭；它下启太公庙村秦公钟，天水秦公簋以至石鼓文和诅楚文，一脉相通。②

所以，学术界普遍认为这些秦早期文字风格与周末铜器虢季子白盘、鼎，宗妇簋文字如出一辙。春秋前期稍晚于大堡子山的秦系文字的代表是发现于宝鸡太公庙的秦公及王姬钟镈，学界公认是秦武公（前697—前678年）时器物。③ 韩伟指出，这批秦公钟、簋等器物的铭文，与周代铜器铭文比较，在音、形、义等方面都是一致的。秦代金文已不见肥笔，大半呈上下等粗的柱状体，几乎没有波磔，而且，如秦公钟5字一行，排列比较整齐。这都与西周晚期的金文特征相同，而与所谓"六国奇文"大相径庭。"仅这一点也可看出周秦文化的密切关系。"④ 其铭文字体已形成典型的秦文字风格，与虢季子白盘、大堡子山秦公、秦子器文字风格一脉相承。

---

① 戴春阳：《礼县大堡子山秦公墓地及有关问题》，《文物》2000年第5期。
② 李朝远：《上海博物馆新获秦公器研究》，《上海博物馆集刊》1996年第七集。
③ 王辉：《秦铜器铭文编年集释》，三秦出版社1990年版，第13—18页。
④ 韩伟：《关于秦人族属及文化渊源管见》，《文物》1986年第4期。

由此可知，秦早期文字按现有资料排列，其发展顺序大致为不其簋、秦公簋与盨和钟、大堡子山诸器、秦武公钟镈，对应时代为秦庄公、秦襄公及秦襄公至出公间、秦武公。在这一序列中，以虢季子白盘为参照，此前的不其簋尚属于西周文字的模仿阶段，从襄公立国起，秦系文字业已起步，经大堡子山诸器而至秦武公钟镈基本完成。

三　秦系文字的演变及其意义

春秋早期之后秦系文字的演变，其发展线索的代表性器物大致有春秋中期的成鼎（宋代发现于今华阴市），春秋中晚期之交的秦景公大墓残磬铭文，春秋晚期有宋人著录的怀后磬、石鼓文，战国早期至中期前段，秦出土文字仅见宝鸡市凤翔区八旗屯墓M9一柄剑上有错金铭文"吉为乍（作）元用"5字。从战国中期晚段的秦孝公时起，直至秦王朝灭亡的140年间，秦出土文字数量呈现井喷现象，数量繁多，除金文、石刻外，又有符节、陶文、简牍、玺印封泥、钱币、帛书、漆器文字等。春秋中晚期以来以上述铭文为代表的秦系文字演变，由于各器的时代都比较清楚，因而其发展演变的轨迹也是比较清晰的，故学界的看法也基本相同，兹不赘述。

陈泽曾对秦金石文字的演变有过梳理，其编年顺序为：不其簋、秦公簋、秦公钟（即盨和钟）、"秦公作铸"诸器（即大堡子山诸器）、秦武公钟、秦景公石磬、封宗邑瓦书、商鞅方升、秦刻十碣（即石鼓文）、诅楚文、秦新郪虎符、杜虎符以及秦始皇二十六年诏版、秦朝诸刻石等。[①] 亦可参考。

王辉将秦文字与六国文字比较，认为战国秦文字有很多优点：一是对周文字继承多，变化小，因而稳定性强；二是地域特色少，通行地域更广阔；三是异体字少，可减轻学习负担；四是装饰性笔画少，简洁明快、朴实无华，便于应用与学习；五是不过分简化，避免歧义；六是不过分繁化，避免叠床架屋；七是与时俱进，隶书产生。正因为如此，在秦统一之前，秦文字已逐渐取代六国文字，成为通行文字。统一之后，

---

① 陈泽：《西垂文化研究》，五洲文明出版社2005年版，第130—148页。

"车同轨，书同文"，秦始皇最终用秦文字统一了六国文字。① 这无疑是中肯之论。

秦系文字正是由西周古文向籀文再向小篆、隶书发展过渡的文字，它在中国文字发展史和书法史上发挥了承上启下和整合规范的重要作用，并由秦文字统一了中国文字，这对中国大一统国家的形成和巩固，中华传统文化的继承发展，都至关重要。

(原刊《西安财经学院学报》2015年第3期)

---

① 王辉：《秦文字在汉字发展史中的相对位置》，载《高山鼓乘集——王辉学术文存二》，中华书局2008年版，第200—203页。

秦早期文化与周文化关系论略

在秦史、秦文化的研究中,由于秦人历史发展和文化形成的特殊性,秦人和秦文化的来源问题一直是人们关注的热点。这既是因为嬴秦不仅从早期活动到族体形成的漫长过程与夏商周三代相交织,而且,大一统中国的形成,中华民族由多元到一体,三代古典文化向传统文化的转型,俱由秦人整合完成和主导实现。加之强大无比、一统华夏的秦王朝却又短命而亡,这一切关乎国家认同、民族认同和文化认同的重大问题,包括秦人自身的历史和命运转折,均需从秦文化的来源、生成和发展演变中探寻答案。秦文化的形成是多源的,但周文化无疑对秦文化产生了重要影响。考察和揭示秦文化形成及与周文化的关系,有助于我们深化对秦文化和中华传统文化转型与走向的认识。

一 秦早期周秦关系的演化及其"周式化"进程

相较于商文化,周文化对于秦人的影响当有过之而无不及,这是因为不仅秦人的发展与崛起主要在西周春秋时期,而且,秦人也是在周的直接统治下通过不断争取进而受封为诸侯国而发展起来的。同时,周文化作为三代文明的集大成者,高度发达的礼乐文明也代表当时文化发展的最高水平。所以,周文化对秦文化的影响就更为直接和深远。而周文化对秦文化的影响实际也就是秦人学习周文化的过程,这一过程是同周秦关系的发展相同步的。在秦早期,周秦关系的演变,是随周、秦、西戎三方实力的相互升降而展开的,并集中体现在周秦、秦戎实力的演化上,而这种三方关系演化的结果则是秦人势力的不断上升和崛起。就周秦关系分析,这一进程大致可以分为三个阶段。

(一) 初学周文化阶段

嬴秦与周人的联系和交往,早在他们随商夷联军进入关中以后就开始了,如皋氏在周原一带的耕田活动就在周文化分布区。① 商代后期,随着周人的崛起以及"翦商"活动等,双方的接触和文化交流进一步密切。

但是,秦人实质性地学习周文化当始于商末周初中潏归周和西迁之后。在天水毛家坪、李崖和大堡子山发现的西周时期的秦文化遗址的遗存表明,秦人早在商代末年便已生活于此,并开始了生活"周式化"的过程。② 一方面,秦人族体就是在商末中潏西迁和周初周公迁商奄熊嬴之民于朱圉后开始形成;另一方面,秦人定居西垂后,作为周之被征服和归顺部族,接受周文化既是其归附周统治的具体体现,也是秦人借以谋求发展壮大的必然选择。

自中潏、蜚廉下及恶来革、女防、旁皋、太几、大骆、非子,属于秦人对周文化的初学阶段。嬴秦入居天水,既拥有了自己生存发展的根据地,又面临着在群戎包围的环境中与之和睦相处的挑战,同时,在商周易代之际,尽管中潏将嬴秦力量一分为二,虽然保存了实力并成功归周西迁,但是,仍难以避免因蜚廉、恶来父子追随商纣王而带来的惩罚。于是,秦人由商代的显贵沦为周人的部族奴隶,被迫失姓亡氏。因此,协调与西戎关系站稳脚跟,致力部族发展,想方设法改变卑贱的命运,提升部族在周室的地位,就成为西迁之后秦人首要解决的问题。所以,嬴秦学习吸收周文化就从主动改善与周关系入手。实际上,这一进程早在中潏之父戎胥轩时就已经开始。申侯曾说:"昔我先郦山之女,为戎胥轩妻,生中潏,以亲故归周,保西垂,西垂以其故和睦。"③ 则嬴秦早在西迁西垂之前就已经通过与戎族联姻的方式,调整和改善与西戎的关系,也借助周人的姻亲戎族申侯间接与周人接近,因而"以亲故归周",中潏

---

① 雍际春:《皋族新考》,《陕西师范大学学报》2011 年第 6 期。
② 赵化成:《寻找秦文化渊源的新线索》,《文博》1987 年第 1 期。
③ 《史记》卷五《秦本纪》,中华书局1982年版,第 177 页。

西迁西垂也才能够与西戎和睦相处。周初成王时，后来成为赵国始祖的中潏重孙"孟增幸于周成王"。孟增之孙"造父以善御幸于周穆王"，并助其平定了东夷徐偃王之乱，因功获封赵城。这为天水一支秦人进一步修复与周人关系奠定了基础，故史称大骆、非子等"以造父之宠，皆蒙赵城，姓赵氏"①。

从中潏至非子共八代，在近二百年的时间里，秦人在协调其与西戎、周人的关系两个方面均获成功，秦人实现了西迁天水后与西戎的和睦相处，终于在陇右安居下来。同时，秦人在天水地区充分利用当地农牧兼营的条件，发挥自身农牧兼长的优势，致力于发展，因而也就在天水一带扎下了根。在与周人的关系中，经过几代人的不懈努力，终于在大骆时秦人与申侯再度联姻成功，从而间接地进一步改善了与周人的关系。接着，大骆之子非子因善养马而被周孝王起用，在汧渭之间为周王室养马大获成功，非子被封为附庸，并在秦建立城邑。这是秦人在西周政治地位开始不断上升的起点，秦人称秦也由此而始。这是秦人历时近二百年不断学习和吸收周文化并壮大自身力量的必然结果。由于其时正处于秦人族体形成和定居天水的草创阶段，其对周文化的学习和吸收也处于被动和模仿的初始阶段。

（二）快速吸收周文化阶段

从非子受封开始至秦襄公建国，是秦人快速学习和吸收周文化的阶段。一方面，以非子受封为起点，秦人加快了建立国家的步伐；另一方面，随着西戎力量上升和对周王室威胁的日益加剧，周王室也需要依靠秦人对付西戎。非子之后，经秦侯、公伯至秦仲，西戎反王室，并"灭犬丘大骆之族"，周宣王封秦仲为大夫命其伐戎，由此以对付西戎为契机，周秦双方开始了密切的合作，秦人地位也快速上升。秦仲伐戎失败被杀，"周宣王乃召庄公昆弟五人，与兵七千人，使伐西戎，破之。于是复予秦仲后，及其先大骆地犬丘并有之，为西垂大夫"，接着，庄公次子襄公继位，长子世父伐戎被俘，骊山之乱襄公"将兵救周，战甚力，有功"。周平王东迁洛邑，"襄公以兵送周平王。平王封襄公为诸侯，赐之

---

① 《史记》卷五《秦本纪》，中华书局1982年版，第175页。

岐以西之地"。①

秦人在这五代不足百年的时间里，由附庸而大夫，由西垂大夫晋升为诸侯，实现了建立国家的历史夙愿。这一过程伴随着秦人实力上升和周秦关系的好转，秦人学习吸收周文化的步伐明显加快。秦人每一次受到封赏无疑就是一次周礼对秦人的洗礼，秦人也须按照周礼制度改造其固有的部族制度，以适应发展和建立国家的需要。《毛诗序》云："秦仲始大，有车马礼乐侍御之好"，这车马礼乐既是秦人致力发展和文明进步的标志，也是秦人吸收学习周人礼乐文化的实际反映。《郑氏诗谱》曰："周孝王为伯翳能知禽兽之言，子孙不绝，故非子为附庸，邑之于秦谷。至曾孙秦仲，宣王又命作大夫，始有车马礼乐侍御之好。国人美之，秦之变风始作。"故柳诒徵指出："秦之文化，自周宣王时始开。"② 而秦人对周礼的大量采用和吸纳，又进一步加速了秦人的发展。我们从不其簋、礼县秦墓大量青铜器以及清水李崖遗址、甘谷毛家坪遗址出土文物，都能看到这种周文化给予秦文化广泛而深刻的影响。赵化成根据考古发掘的周秦文化遗存指出："在甘肃东部，从总的地域范围看，周、秦文化处在一种交错分布的状态下……以天水一带为中心的秦文化遗存便处在东西两面周文化的包围之中。"③ 从文化人类学的观点出发，一般在两个或两个以上的社群的持久接触中，必然会引起对方的文化变化。④ 这种变化在当时的周秦关系中，则主要是发达的周文化对处于初创阶段的秦文化的影响。

（三）全面吸收周文化阶段

襄公建国、文公东迁、武公伐戎并营建雍城，秦人进入对周文化的全面吸收学习和快速崛起阶段。首先，襄公受封并向周平王立誓，以及在西垂举行开国典礼，正是一次全面依照周礼确立国家机器的具体实践，

---

① 《史记》卷五《秦本纪》，中华书局1982年版，第179页。
② 柳诒徵：《中国文化史》（上册），上海古籍出版社2001年版，第337页。
③ 赵化成：《甘肃东部秦和羌戎文化的考古学探索》，载俞伟超《考古类型学的理论和实践》，文物出版社1987年版。
④ ［日］祖父江孝南等著，乔继堂等译：《文化人类学事典》，陕西人民出版社1992年版，第292页。

这从秦公簋铭文中可以得到充分的反映；而史称"与诸侯通使聘享之礼"，正是秦人以建国为起点对周文化全面吸纳的标志。

其次，文公建鄜畤、陈宝祠、怒特祠，"初有史以记事，民多化者"，伐戎地至岐，收周余民，"法初有三族之罪"等举措，标志着伴随秦人崛起，秦人对周文化的吸纳步伐明显加快。一方面秦人对周王畿之地的占有，大大拓展了疆域，改变了秦国民众的构成，也使秦人由边地小族而成为关中大邦。另一方面，"周余民"的加入，不仅使秦人直接在与周余民的交往中学习周文化，也使秦人和周人走向融合，为周秦文化的融通奠定了坚实的民间基础。所以文公建神祠、设史官纪事并教化民众，颁布"三族之罪"法律等，① 更是全方位吸收周之礼乐文化的具体体现。

再次，秦武公即位后，内诛权臣强化王权，创立县制，并按周礼营建雍城，对外多次伐戎获胜，进一步拓展领土空间等，这一系列措施，既是秦人继续吸纳周文化的反映，也是对周文化学习基础之上的进一步深化与创新。从而为德公迁都雍城和此后穆公称霸西戎奠定了基础。这说明，秦人对周文化的学习和继承，已经由最初物质层面的模仿到大规模吸纳而上升为继承基础之上的创新发展。

秦穆公曾与戎王使者由余有一段对话，他俨然以"中国"制度与文化的代表自居：

"中国以诗书礼乐法度为政，然尚时乱，今戎夷无此，何以为治，不亦难乎？"由余曰："此乃中国所以乱也。夫自上圣黄帝作为礼乐法度，身以先之，仅以小治。及其后世，日以骄淫。阻法度之威，以责督于下，下罢极则以仁义怨望于上，上下交争怨而相篡弑，至于灭宗，皆以此类也。夫戎夷不然，上含淳德以遇其下，下怀忠信以事其上，一国之政犹一身之治，不知所以治，此真圣人之治也。"②

由余是亡入西戎的晋人，对西戎与华夏文化都有深入了解。两人分

---

① 《史记》卷五《秦本纪》，中华书局1982年版，第179页。
② 《史记》卷五《秦本纪》，中华书局1982年版，第192—193页。

别从华夏农耕文明与西戎畜牧文明的立场出发,对华夏与西戎政治文化异同的比较,颇具象征意义。尤其是由余将秦视为华夏文化的代表,而"诗书礼乐法度"无疑是华夏文化的核心体现,这从一个侧面反映了"以诗书礼乐法度为政"已成为秦文化的主要表征。

二 秦早期文化对周文化的继承

从前述秦文化"周式化"的进程中,我们可以清楚地看到,周文化作为一种主流和先进文化,无疑对秦人及其文化发展具有极大的吸引力和感召力。同时,秦人作为周人统治下的边族小邦,既以接受周人统治和接受周文化为生存前提,又以吸纳学习周文化为发展壮大的必然选择。因此,秦人对周文化的学习继承不仅积极主动,也是广泛而全面的。陈春慧将秦人吸收周文化概括为六个方面:一是沿用西周文字;二是在宫殿、建筑制度方面,承袭了周人的一整套礼仪制度;三是大量吸收西周的葬仪制度,如棺椁制度、随葬器物组合、用人殉与人牲的葬习等;四是农业、手工业方面学习周人先进的技术和经验;五是音乐、文学、艺术,如秦公钟、镈等;六是天文、历法。① 这些说法不完全准确,如人殉人牲制度未必来自周文化,但就秦文化吸收周文化而言,大致反映了当时的实际。

就文字而言,最早见于实物的秦文字主要是青铜器铭文。将近年来新出秦人早期青铜器与传世青铜器相结合,按其制作年代考察,顺序依次为不其簋、襄公建国用秦公簋与盨和钟、大堡子山秦公诸器、雍城奠基之武公钟镈等。② 从秦庄公到秦武公的150多年间,正是秦系文字在周文字基础上的生成期。不其簋作器年代李学勤隶定为前820年,③ 王辉认为不其簋的器形、纹饰皆与周铜器同,文字风格也是极近于周厉王时的多友鼎和宣王时的兮甲盘、吴虎鼎、毛公鼎等。所以"不其簋可以看作

---

① 陈春慧:《从文化结构看秦对外来文化的吸收》,载《秦文化论丛》(第三辑),西北大学出版社1994年版。
② 雍际春:《论秦人早期青铜器与秦系文字的形成》,《西安财经学院学报》2015年第3期。
③ 李学勤:《秦国文物的新认识》,《文物》1980年第9期。

最早的一件秦青铜器,其文字可以看作迄今所知最早的秦人文字,也可以看作西周铜器,西周文字。由此可知,秦早期文字与周文字无别,秦文字脱胎于周文字"。① 则其时秦人已经熟练模仿和使用周文字。到襄公时的秦公簋和盨和钟,"其文字体势与宝盘(即虢季子白盘)碣猎血脉相通,无足异也"。② 大堡子山"秦公诸器的铭文字体圆阔规整,已形成秦系文字的风格,它们可能是春秋时期秦武公钟、镈上秦系文字的直接渊源"。③ 可见,从不其簋秦人熟练使用周文字,到秦襄公时的秦公簋、盨和钟铭文标志着秦系文字已肇其端,中经大堡子山秦公诸器铭文的进一步发展,至春秋早期秦武公钟镈铭文,秦系文字已完全形成。

不难看出,秦文字的演变与西周文字的亲缘关系和承袭轨迹十分清晰。所以,韩伟指出,秦公钟、簋等器物的铭文,与周代铜器铭文比较,在音、形、义等方面都是一致的。而且,如秦公钟5字一行,排列比较整齐。这都与西周晚期的金文特征相同,而与所谓"六国奇文"大相径庭。"仅这一点也可看出周秦文化的密切关系。"④ 陈平指出:"如将礼县秦公器与关中地区其他春秋秦墓铜器联系起来考察,我们不难发现:最先具有春秋秦青铜器文化特色的是秦器铭文的书体,随后是性质,最后才是纹饰。……秦式铭文书体,出现于春秋早期的秦文公时。"⑤ 可见,在"周式化"的进程中,文字的变化具有先行和示范意义。

在宫殿和建筑制度方面,宫殿、宗庙等重要建筑及其制度是国家政治与礼仪制度的物化体现,秦人早期曾有西犬丘、秦邑、西新邑、汧渭之会、平阳、雍城等都城规划与建设,也有西垂宫、封宫、大郑宫等宫殿大型建筑的修建,还有西畤、陈宝祠、宗庙等大量祭祀建筑的兴修,以及历代秦公陵墓与陵园建筑的兴建,其在固有传统基础上以周人宫殿和建筑制度为主构建自己的宫殿和建筑制度势所必然。可惜的是上述诸多都城和重要建筑因考古发现材料有限,尚难究其详。目前在礼县大堡

---

① 王辉:《秦族源、秦文化与秦文字的时空界限》,载秦始皇兵马俑博物馆编《秦俑博物馆开馆三十周年国际学术研讨会暨秦俑学第七届年会论文集》,三秦出版社2010年版。
② 王国维:《秦公敦跋》,《观堂集林》卷一八,中华书局1959年版。
③ 戴春阳:《礼县大堡子山秦公墓地及有关问题》,《文物》2000年第5期。
④ 韩伟:《关于秦人族属及文化渊源管见》,《文物》1986年第4期。
⑤ 陈平:《关陇文化与嬴秦文明》,江苏教育出版社2005年版,第283页。

子山、西山、山坪遗址虽发现了古城，但其布局结构因未作全面发掘，也难窥其全貌。因此，我们只能从雍城遗址来探其究竟了。

据探测和研究，雍城的宫殿建筑和布局结构是遵照朝寝制度设计修建，宗庙建筑也是依据昭穆制度而建设的，这显然继承了周礼文化。例如在几处穆公时代的建筑遗址中，马家庄一号宗庙建筑遗存是迄今发掘的规模最大、保存最完好的先秦礼制性高级建筑遗存，建筑群由大门、中庭、朝寝、亭台及东西厢组成，是一座包括祖庙、昭庙、穆庙、祭祀坑在内的大型宗庙遗址。① 其布局特点与凤雏西周甲组建筑遗址一脉相承，除在宗庙的数目上与史籍记载略有差异外，其用太牢、少牢等祭祖的礼仪制度等与周礼契合。在这座建筑西侧的三号建筑群，是一个与一号遗址同期的完整朝寝建筑群，呈南北向长条状，由五进院落和五座门庭组成。② 其布局不仅与《周礼》所记载的"五门三朝"的礼制相合，也符合"左祖右社"的周人建筑布局原则。这说明秦人承袭了周人的宫殿建筑制度和宗法礼仪制度。

在丧葬制度方面，秦人与周人多有相同。滕铭予认为在商代晚期到商周之际的天水地区毛家坪这种等级较低的秦文化遗址中，表现出较单纯的与郑家坡类型相近的文化面貌。这种跨地域式的相似性分布，"似乎很难用文化的自然传播来解释，很可能是有一支使用郑家坡类型文化的人群由于某种原因由周原地区向陇东地区迁徙，或者是由于迁徙的时间短促。以至于来不及与其所遭遇的其他文化发生关系，或者是由于这一支人群具有一定的保守性，以至于在迁徙过程中以及到达陇东地区后，都保持着原有的文化面貌。从这个意义上讲，以甘谷毛家坪遗址为代表的早期秦文化应与郑家坡类型文化同源，或可称其源于先周文化"。③ 郑家坡类型文化被公认为是周文化或先周文化的重要来源，则周秦葬俗就具有同源关系。再综合秦早期各类墓葬分析，在墓葬形制和葬习、棺椁制度、随葬陶器组合、青铜礼器组合、钟磬编制、驾车用马配置等习俗方面，秦人几乎与周人相同。以用鼎制度为例，周礼规定的天子九鼎、

---

① 韩伟等：《凤翔马家庄一号建筑群遗址发掘简报》，《文物》1976年第2期。
② 徐卫民、呼林贵：《秦建筑文化》，陕西人民教育出版社1994年版，第29页。
③ 滕铭予：《秦文化：从封国到帝国的考古学观察》，学苑出版社2003年版，第51页。

卿七鼎、大夫五鼎、士三鼎或一鼎的制度，也在秦人墓葬中得到遵守和体现。从礼县、陇县、宝鸡、凤翔等各类秦墓中多次发现七鼎六簋、五鼎四簋、三鼎二簋为基本组合的墓葬，正说明秦人也继承了周人以用鼎制度为标志的礼乐制度。

在农业、手工业方面，周人以农耕见长，而秦人则农牧兼营。在手工业上，无论陶器还是青铜礼器，周文化对秦文化影响非常明显，就以青铜器来说，二者不但器类相同，形态相似，其演变轨迹也大体一致，制作工艺接近。这从天水、礼县出土的传世器皿不其簋、秦公簋，大堡子山和圆顶山墓地青铜器，陕西宝鸡太公庙所出秦公钟、镈等，可以清楚地看到秦人青铜器的形制、纹饰及铭文格式，完全是周器的风格。所以，袁仲一说："这是吸收周文化的典型范例，说明秦人立国后，似全面吸收了周的青铜手工业的工人和生产技术。"①

在音乐和文学艺术方面，秦人以"诗书礼乐法度为政"就是继承周文化最好的概括。再从礼县、雍城秦公大墓和太公庙出土的青铜器以及秦公钟镈、石磬来看，无论形制、纹饰还是数量与排列，秦人多与周人雷同。在文学上秦人也深受周文学影响，据倪金波统计，秦早期的《石鼓文》十诗与《诗经》诗句相类者有 26 句 96 字，其中与《小雅》相类者最多，有 6 篇 17 句。秦早期青铜铭文及雍城秦公大墓石磬残铭也是韵文，铭文与《周颂·桓》《周颂·烈文》《鲁颂·烈祖》诸篇风格相似。故《秦风》为秦之"风诗"，石鼓十诗为秦之"雅诗"，祭祀铭文为秦之"颂诗"。② 如此类比很有见地，也揭示了周秦文学的密切关系。再从文献记载的秦人音乐分析，周秦音乐也有明显的承袭关系。据《左传》记载，襄公二十九年，吴国季札聘鲁观乐，为之歌秦，曰："此谓之夏声。夫能夏，则大，大之至也，其周之旧乎？"可见春秋时代流行着的秦国音乐诗歌，原是由夏、周世代相传下来的。周人向东发展，据有夏之故居，承袭了夏文化，后来秦人又居宗周故地，自然也承袭了夏、周以来的文

---

① 袁仲一：《从考古资料看秦文化的发展和主要成就》，载《秦文化论丛》（第一集），西北大学出版 1993 年版。
② 倪金波：《文化接触、民族认同与秦诗的发生》，《南通大学学报》2011 年第 1 期。

化。① 可见，文学与诗歌除了在题材和风格上，秦文化的个性特色比较明显外，从形式、音律到结构和内容，周秦两者也是一致的。

在天文、历法方面，秦人先祖本来是一个具有很高成就的部族，从嬴秦一支西迁天水到建立国家，史籍未见具体记载，但其作为周王朝的属民，沿用和承袭周文化的天文、历法制度和习惯，势所必然。古代天文多与卜、筮有关，秦也有专司卜、筮之人。如《左传》僖公十五年："秦伯伐晋，卜徒父筮之，吉。"杜预注云："徒父，秦之掌龟卜者。"《史记·秦本纪》：德公二年（前676），"初伏，以狗御蛊"。《史记·封禅书》又云："作伏祠，磔狗邑四门以御蛊灾。"服虔注曰："周时无伏，秦始作之。"可知，长期流行的夏有三伏即由此而始。这说明秦人对周文化既有继承也有创新。

三 秦早期文化的创新

我们从秦人与周人关系的演化，秦文化"周式化"进程不难看出，秦早期文化对于周文化的学习、吸纳和继承，既是全方位的，也是大规模的。与此同时，秦人对周文化的学习，并非照搬照抄，食而不化，也非一味模仿，简单移植，而是学习中有发展，吸纳中有扬弃，继承中有创新。如周文化向以礼乐文明发达而为后世所称道，秦人虽继承吸收了周文化中礼仪等级制度等核心内容，但在秦文化中丝毫不见拘泥于礼仪的繁文缛节。这在上述各个方面都有所体现。正是秦人对待周文化秉持了全方位学习、选择性吸收和创造性继承的态度，在秦人的壮大发展过程中，不仅推动周秦关系日益密切，加快了秦人地位的不断上升，而且，也在对周文化的消化吸收中推陈出新、为我所用，加速了秦人实力的增强。秦人建国后的快速崛起与大规模学习、吸收周文化密不可分。而尤其值得引起注意的是，秦人由此实际上已经激发了继承三代之大统的文化自信，秦穆公"中国以诗书礼乐法度为政"的自许，正是这种心理的自然流露。

如果说在秦文化的构建中，秦人对周文化的继承与创新成为其主流

---

① 陈秀文：《秦族考》，《文理学报》1946年第2期。

的话，那么秦人立足自身传统和环境条件的文化创造，对戎狄文化的兼收并蓄，则并非多元文化的拼盘，而是融通凝结为一种富有特色与活力的新型文化。一方面，原为东方夷族的秦人在长达千年的漫漫西迁中，辗转多地；在追随或对抗夏商周人的夹缝中几经起伏、历经磨难，练就了其极强的逆境生存能力和开放包容的吸纳能力；也激发了秦人愈挫愈奋、强烈回归的东方意识。在秦人一路向西最后定居于西戎环伺的西北高原后，这种能力支撑秦人很快适应了迥异于中原的亦农亦牧的自然环境和戎族部落林立的人文生态，而且入乡随俗，发挥其懂鸟兽之言的固有特长，因地制宜，开创了既养马畜牧又经营农业的生产模式，形成以农牧并举为特征的经济形态，[①] 奠定了秦人再度崛起的物质基础。

另一方面，西北土著西戎种落繁多，势力强大，长于畜牧射猎，秦人入居天水一带犹如进入戎族环绕的孤岛。然而，面对言语不通、文化不同、习俗迥异的戎族，秦人通过交往接近，主动学习和接受部分生活习俗等，不仅得到西戎的接纳和认可，而且在经济互补、文化交流和通婚联姻中实现了互利共赢、和睦相处。例如，在秦文化中，长于骑射、轻死善斗的彪悍气质，父子无别、以板为屋的民风习俗，屈肢葬、西首墓等葬俗，金属冶炼和墓葬中大量使用金饰品和青铜装饰品等，无疑都与秦人长期受戎狄文化影响相关。[②] 这些戎狄文化因素无疑为秦文化的创造和形成提供了新鲜血液和养料，注入了活力和动能。

秦文化的一个显著特点是具有强烈的尚武色彩。秦人在长期适应天水一带"山多林木"的自然环境，致力发展农牧经济，又积极融入西戎社会生活，在"鞍马骑射""修习战备"为常态和"高上气力，以射猎为先"的氛围熏陶下，逐步形成劲悍勇猛的文化风俗，并孕育了典型的尚武精神。故"民俗质木，不耻寇盗"，尚材力，名将辈出。[③] 尚武精神也塑造了秦人刚健无畏、行动果敢、开放进取、灵活实用的民族性格和精神气质，赋予秦文化旺盛的生命力和强势崛起的内在优势。

所以，秦文化正是在立足自身传统，结合外部条件环境变化，在全

---

① 雍际春：《论天水秦文化的形成及其特点》，《天水师范学院学报》2000 年第 4 期。
② 雍际春：《商鞅变法与秦文化的转型》，《秦始皇帝陵博物院》2017 年第 7 期。
③ 《汉书》卷二八《地理志》，中华书局 1962 年版，第 1644 页。

面继承周文化，充分兼容戎狄文化的基础上，全方位学习，选择性吸收，创造性继承，既博采众长而兼收并蓄，又兼容开放而融汇创新，从而创造了统摄农耕、畜牧两大文明，以华戎交汇、农牧并举为特征，充满活力的一种新型文化——秦文化。

四　结语

在中国历史和文化发展的长河中，周秦之际是一个由王制向帝制过渡，从列国争霸向大一统整合，多元民族、多元文化向中华一体汇聚，古典文明向传统文明转型的变革时代。秦人这个列国中的后来者，既在全面学习继承位居正统、亦称先进的周文化过程中，实现了自身的跨越式发展和崛起；又在兼收并蓄戎狄文化，博采众长的基础上不断壮大和强盛。并创造了集三代之大成，融汇农耕、畜牧两大文明之长于一炉的秦文化。这在秦早期文化的发展中表现更为典型。其对周文化的学习、继承、扬弃和创新，包括对戎狄文化的吸收融通，堪称在文明转型中一种新文化在传承中创新、在吸纳中超越的成功范例。这种新型文化相较于列国文化，无疑具有兼容性、强势性和创新性的显著优势，也自然更具统摄力、化合力和生命力。秦人、秦族、秦国正是凭借这种新型强势文化一路走向强大，并实现了国家、民族、文化的大一统。

（原刊《西安财经大学学报》2020 年第 5 期）

秦早期文化与戎狄文化关系初探

商末周初，嬴秦首领中潏归周，其部族西迁来到天水渭河与西汉水上游一带定居与发展。从西周到春秋战国时期，无论是嬴秦在群戎环伺并与之交错的陇右天水，还是在东进关中以后，秦人的兴起与建国、壮大与强盛，始终是在与西戎既和平相处又攻伐争战的过程中实现的。因此，早期秦人以及秦国历史的发展，其与西戎的关系如何，是至为重要的一个方面，值得深入探讨。

一　秦早期与西戎关系的演变

自远古至夏商以来，甘青地区的土著居民，大约就是被称为羌与西戎的部族。俞伟超说："西戎和羌人无论就其祖源或是从春秋、战国及西汉时期的关系来说，都是属于同系的。"[①] 此论很有道理。《后汉书·西羌传》云：羌人"种类繁织，不立君长，无相长一。强则分种为酋豪，弱则为人附落。更相抄暴，以力为雄"。这一描述也是自先秦以来羌戎部族的真实状态。《诗经·商颂·殷武》即有"自彼氐羌，莫敢不来享，莫敢不来王"之句，反映的正是商王武丁时代的氐羌。在商代甲骨文中就有不少征伐、俘获羌人和以之为祭品的记载。

中潏商末周初"在西戎，保西垂"，入居天水，实际上是来到了甘青地区的土著居民羌戎诸部的世居之地。由此开始了秦人与西戎长

[①] 俞伟超：《古代"西戎"和"羌"、"胡"考古学文化归属问题的探讨》，载《先秦两汉考古学论集》，文物出版社1985年版，第182页。

达数百年之久的和战关系，自中潏至非子经八代秦人，史料中不见秦人与西戎关系的记载，唯周孝王封非子为附庸时，申侯对周孝王所言中，我们知道中潏之父戎胥轩曾娶"骊山之女"为妻，后非子之父大骆亦娶申侯之女为妻，并且，"申骆重婚，西戎皆服，所以为王"。则中潏以来八代秦人应该是在初居西垂后，与西戎保持了比较友好的关系，且与西戎的一支申戎有姻亲关系。秦人初居西垂，无疑是与西戎建立了友好交往、和平共处的关系，否则，在西戎的夹缝中开拓疆土并定居下来，如与之不能和睦相处，没有西戎的默许，是不可想象的。陈更宇认为秦人定居西垂后，"之所以能够在相当长的时期内保持着和平，贸易活动应当是最主要的原因"。① 此论不无道理。故秦人经过200余年的发展，不仅在西垂站稳了脚跟，而且开始兴起，故有周孝王封其为附庸之举。

秦与西戎的和睦关系，非子之后又经秦侯和公伯两代十多年，到秦仲继位前后开始发生了根本变化。其时，周厉王无道，"西戎反王室，灭犬丘大骆之族"。这是一个秦与西戎关系的转折点，也是秦与西周、西戎关系转换的标志性事件。此后秦与西戎战争不断，在秦人历史的早期阶段，秦与西戎交战的主要线索按《史记·秦本纪》所载如下：

秦仲三年（前842），西戎灭犬丘大骆之族。

秦仲二十三年（前822），周宣王命其伐戎，为西戎所杀。

秦庄公即位后，周宣王发兵七千归庄公兄弟指挥伐戎取胜并收复犬丘，庄公受封西垂大夫。

秦襄公二年（前776），戎围犬丘，襄公兄世父击戎，反被俘，一年后释放。

秦襄公七年（前771），西戎犬戎与申侯伐周，西周灭亡。襄公为救周出兵，战甚力。后护送周平王东迁，获封诸侯并建国。

秦襄公十二年（前766），襄公伐戎至岐而卒。

秦文公十六年（前750），文公伐戎获胜并收周余民，地至岐。

宁（宪）公二年（前714），伐荡社。

宁（宪）公三年（前713），与亳战，亳王奔戎，遂灭荡社。

---

① 陈更宇：《早期嬴秦人生活方式初探》，《文史哲》2009年第5期。

宁（宪）公十二年（前704），伐荡氏并取之。

秦武公元年（前697），伐彭戏氏至华山下。

秦武公十年（前688），伐邽、冀戎，初县之。

秦武公十一年（前687），灭小虢。

以上大约150余年间，秦与西戎等各部发生大小战争就达13次，其中，以襄公建国为标志，此前，在双方的争夺中，秦人败多胜少，而此后的征战秦人基本都取得了胜利。特别是自文公开始，秦人伐戎的重点已经转向从西戎诸部夺取疆土为主。这正是秦与西戎在争夺中双方力量此消彼长的真实反映。这一阶段，双方的关系以相互交战为主，仅在秦襄公元年（前777），曾有襄公妹缪嬴出嫁戎族丰王为妻之举。可知，秦与西戎各部的关系不能一概而论，即使是在征伐一些西戎部族的同时，秦与部分西戎部族可能仍然保持着相对友好的关系。

在秦与西戎的征战中，西戎诸部中主要与秦交战的对手可能就是犬戎。其时，西戎诸部种落很多，或以种姓为名，或以居地相称，其部族林立而不相统一的状况，为秦人各个击破提供了方便。而其中强大的个别部族就成为攻伐的主要目标。在西周春秋时期，实力强大的犬戎部族就曾与秦人长期争战。在甘肃东部，取代齐家文化而兴起的是寺洼文化，夏鼐早就指出寺洼文化当是氐羌系统的遗存。① 或者是羌人不同种姓的遗存。秦早期文化遗址发掘者赵化成则进一步分析认为寺洼文化与犬戎关系密切，一是在年代上都处于商周时期；二是文化分布地域与该族类活动地域大体一致；三是与周人接触较多，文化面貌具有较多的周文化因素；四是甘肃东部在商周时期，除周、秦文化外，发现的遗址地点较多和文化遗物丰富的遗存，只能是寺洼文化。所以，"大体可以判定寺洼文化为犬戎的遗留，但这一文化还可能包括其他支系的戎人在内，犬戎只是其中的一部分"。② 这一看法客观而可信。上述诸戎除有具体称呼者之外，统称"西戎"或"戎"者，当大多是指犬戎。

---

① 夏鼐：《临洮寺洼山发掘记》，载夏鼐《考古学论文集》，科学出版社1961年版，第11页。

② 赵化成：《甘肃东部秦和羌人戎文化的考古学探索》，载俞伟超主编《考古类型学的理论与实践》，文物出版社1989年版。

二 秦与北方草原部族的交往与文化交流

在秦人早期发展中，其与北方草原部族也有交往和文化交流。商周以来，在我国北方的部族先后主要有鬼方、土方、猃狁、狄、胡、匈奴等，它们大约分布于我国北方内蒙古、宁夏和甘肃、陕西、山西、河北北部一带，这一区域正是我国的草原地带，因而，各族基本都是游牧民族，进而形成了独具特色的草原游牧文化。历史上草原民族南下早在商周时期已经出现，于是，周秦等都与北方一些部族通过战争与交往而展开文化交流并相互影响。

猃狁在商末周初即活动于北方，先与周人周旋，后同秦人亦有战争。在《诗经》之《采薇》《出车》《六月》《采芑》诸篇都有对猃狁的记载，如《采薇》就有"靡室靡家，猃狁之故"；又毛序云："西有昆夷之患，北有猃狁之难。"在《兮甲盘》《虢季子白盘》《多友鼎》和《不其簋》等青铜器铭文中，也有周与猃狁战事的记载。如《不其簋》为秦庄公时器，载有庄公等征伐猃狁、西俞之事，则西周时猃狁曾给周王室以很大的威胁；亦与秦人之间发生过战事。猃狁的主要活动地域大致在"今关中、平凉、庆阳的泾洛一带，或可至陕北、内蒙古一带"[①]。这一区域正是秦人活动地域的北部，亦是寺洼文化的分布范围。

北方草原部族随着势力强大和气候变化，曾有南下之举，其文化也随之向南辐射，与秦人、西戎文化发生碰撞和交流。早在商末，被称为北方草原文化代表性工具之一的锤斧，在安阳殷墟即有发现，被推测为 I 式石质锤斧。这类锤斧不仅在中原地区的商周遗址以及河北东北部和内蒙古昭乌达盟（今赤峰市）的夏家店上层文化中都有发现，[②] 而且在陇西、固原、平凉、庆阳亦有标本，在九站寺洼文化遗址的 M27 中也有出土。据史党社研究，在周原伯冬墓发现的具有北方草原文化特色的青铜

[①] 史党社：《甘宁地区秦相关文物考察报告》，载《秦文化论丛》第八辑，陕西人民出版社2001年版。

[②] 安志敏：《西周的两件异形铜兵——略论商周与我国北方青铜文明的联系》，载《文物集刊》（2），文物出版社1980年版。

齿状兵器、管銎斧、星状棍棒头等,在固原、平凉、庆阳都有发现,而灵台白草坡西周前期墓出土的啄锤、铃首刀等,也是具有北方草原文化特征的器物。进入春秋时期,被称作"北方系"或"鄂尔多斯式"的遗物在上述甘宁地区及更大范围有更多的发现。① 可见,至迟自商末以来,北方草原文化的向南扩散和辐射,愈来愈为强烈和明显。

北方草原文化所辐射的上述区域,正是我国历史上农牧文化交错过渡的地带。这里既是秦人的主要居地,也是西戎各部的分布范围,故这三种文化就出现了相互影响和交流碰撞。在天水两河流域礼县、清水、张家川和秦安等县出土的春秋时期秦墓遗存中,这种影响就尤为明显。史党社将天水等地具有北方草原文化风格的秦文物分为八类:

(1) 清水县刘坪秦墓虎食动物金箔饰片;

(2) 甘肃省博物馆藏鹰形金箔饰片;

(3) 清水县刘坪秦墓鹰头金箔饰片;

(4) 清水县刘坪秦墓竖条纹带状金箔饰片;

(5) 清水县刘坪秦墓鹰头蛇身青铜带饰;

(6) 清水县刘坪秦墓多虺缠结纹金带饰;

(7) 清水县刘坪秦墓错金铁刀(剑?);

(8) 礼县大堡子山、张家川瓦泉遗址、清水县刘坪出土的植物枝叶纹透雕铜牌饰。②

上述各类文物有不少也见于中原和北方草原地区。如第一种虎食动物金箔饰片既见于陕西铜川枣庙秦墓,也多见于庆阳、固原、内蒙古地区。这一题材是典型的"北方系"或"鄂尔多斯式"青铜文化的产物。其竖耳、垂尾、尾稍卷起状站立的形象,与中原玉器中的虎形象有异,而与草原地区的青铜牌饰上的动物纹类似。特别是虎身上的平行条纹加"V"字形纹的饰纹,也见于凤翔东社人刺虎纹瓦当,礼县金虎和北方草原地区的有关岩画。而"V"字形纹虎的形象,流行于阿尔泰山—黑山—

---

① 史党社:《甘宁地区秦相关文物考察报告》,载《秦文化论丛》第八辑,陕西人民出版社2001年版。

② 史党社:《甘宁地区秦相关文物考察报告》,载《秦文化论丛》第八辑,陕西人民出版社2001年版。

贺兰山—阴山—内蒙古东部地区。这里正是北方山戎、东胡、塞种、匈奴的活动区域，故盛行于这一区域的"V"字形虎纹形象，亦当起源于此。第二种鹰形金箔饰片即韩伟所称鸱枭形金饰片，其形象与宁城南山根铜牌饰中的鸟、嘉峪关黑山地区四道鼓心沟岩画中的鸟形、内蒙古阿鲁柴登匈奴墓金冠顶饰上的鹰相似，互有密切联系。第三种鹰头金箔饰片与永昌榆松沟沙井墓葬出土的圆雕鹰头饰相似，该墓年代为战国时期，疑为月氏墓。在凤翔西村出土的带钩上的鹰头也与之相似。第五种鹰头蛇身青铜带饰是北方草原文化中流行的双鸟纹牌饰的一种，其形制略似固原彭堡撒门村 M1 Ⅱ 式鸟形饰。这种双鸟牌饰以鄂尔多斯、固原、庆阳为最多。第八种植物枝叶纹透雕铜牌饰有三角形、五角形两种，在固原、陕北神木、吴旗、静宁、平凉均有发现。

据上可知，虎、鹰题材及其形象与北方草原文化关系密切，故秦文化中的虎、鹰图案及其纹饰，显然是受到北方草原文化影响的结果。

三　秦与戎狄文化的相互交流

西戎诸部作为久居甘青地区的土著，过着以畜牧经济为主的生活，也形成了与之相适应的西戎文化。秦人在与诸戎的交往中，通过主动学习和接受部分生活习俗等，不仅得到西戎的接纳和认可，而且在经济互补、文化交流和通婚联姻中实现了互利共赢、和睦相处。例如，在秦文化中，长于骑射、轻死善斗的彪悍气质，父子无别、以板为屋的民风习俗，屈肢葬、西首墓等葬俗，金属冶炼和墓葬中大量使用金饰品和青铜装饰品等，无疑都与秦人长期受戎狄文化影响相关。[①]反过来，在秦文化形成和发展的过程中也会对西戎文化产生影响，也就是说文化的交流和影响是一个双向的过程。

天水两河流域目前已发现的毛家坪（包括 A、B 两组）、礼县以大堡子山为代表的一系列墓葬、清水刘坪乃至张家川马家塬墓地文物，为我们初步认识和揭示秦早期文化的来源提供了珍贵资料；也使进一步探讨秦与西戎、北方草原部族间的文化交流互动成为可能。史党社曾在秦与

---

① 雍际春：《商鞅变法与秦文化的转型》，《秦始皇帝陵博物院》2017 年第 7 辑。

草原文化的研究中提出相互交流的两种途径,① 颇具洞见。现就此问题在其研究的基础上,再加申论。

北方草原地区在春秋时期青铜文化极度繁荣,分布于关陇黄土高原地带的秦与西戎与北方草原部族既相邻又交错,文化上存在交流与影响乃是自然之举。清水县刘坪春秋晚期墓中,在一座4米×3米的土坑墓出土有金箔饰片、错金刀和铁剑,墓东西向。该墓发现的动物纹金箔饰虎食羊题材,大量出现于春秋晚期;同出的错金刀蟠螭纹年代也是春秋晚期。故刘坪春秋晚期金箔饰虎形象与大堡子山春秋早期金虎稍有差异,其纹饰为平行竖条纹中间加"V"字纹;鹰的形象亦由大堡子山的基本写实演变为图案。这种变化正体现了由春秋早期到晚期的时代差异和纹饰演变。但虎食羊和鹰题材的出现,则显然是北方草原文化影响的结果。

刘坪墓地与大堡子山一样都遭到盗掘,但从已收缴的金箔饰片、金带饰等材料可知金器不少。而礼县大堡子山秦公墓和春秋中期贵族墓亦多有金器出土。可见,秦墓中多金器是其共有的特点。从商周以来,在黄金制品上,北方草原地区盛行用黄金做人体装饰如耳环、耳坠、牌饰、臂钏、项圈、冠等;而中原地区则主要流行箔饰片。② 在大堡子山和刘坪秦墓中,都多出金箔饰片,刘坪秦墓错金刀上的蟠螭纹,大堡子山鹰形金箔饰片上的窃曲纹以及墓中大量青铜礼器的存在,显系对中原文化传统的继承。而金箔饰片的猛兽题材、"V"字纹饰鲜见于中原,却与北方草原文化系有很大的相似性。

前述第八种植物枝叶纹铜牌饰为天水一带秦文化中常见之物,也在固原、静宁一带墓葬中发现,这两地分别是见于文献的西戎之乌氏、獂戎居地。毛家坪"A组遗存"即秦文化遗存与"B组遗存"即戎人文化遗存同出一处的现象,说明秦人与西戎交错杂居。而"B组遗存"分布于天水、平凉、庆阳等广大地区,则在此范围均是秦戎交错区。这一区域的秦墓和戎人墓葬的器物在陕北神木、吴旗都有出土,无疑是相互影响的产物。而铲形袋足鬲在陕西秦墓的零星发现,显系西戎文化影响。

---

① 史党社:《甘宁地区秦相关文物考察报告》,载《秦文化论丛》第八辑,陕西人民出版社2001年版。

② 张天恩:《秦器三论——益门村春秋墓几个问题浅谈》,《文物》1993年第10期。

植物枝叶纹牌饰亦见于陕北神木、吴旗等地,这里又是北方草原部族的活动区域,则又是秦戎文化输出的结果。

由此可见,透过上述有关器物及其形象、纹饰的传承演变,还有墓葬习俗的异同,我们大致可以认为在西周春秋时期,天水一带秦人故地秦文化的发展,既有与之杂处的西戎文化的深刻影响,也有与之相邻甚或交错的北方草原文化的影响,而至于中原周文化更是秦人学习、移植和广泛使用的文化。所以,早期秦文化也就是秦人以自己固有观念和习俗为内核,以周文化为基础,杂糅戎狄文化部分因素而多元融合形成的一种新型文化。

这几种文化的交融互动,催生了秦文化。那么,各种文化又是怎样发生联系,特别是戎、狄文化与秦文化接触和传播的途径又是怎样?史党社通过大量材料的分析发现,春秋时期的秦文化在陇山东西已有地域差别,其西秦人故地秦文化中具有北方草原文化因素的器物多,色彩浓厚,故与之关系密切,而其东即关中西部秦文化区具有北方草原文化因素的器物少,出现迟且文化面貌相对单纯。故陇山以东秦文化中的西戎、草原文化因素当为从陇山以西秦文化中继承而来。

就以秦文化中的西戎文化因素而言,以铲形袋足鬲这一秦文化受西戎文化影响的器物为例,毛家坪"B组遗存"时代在春秋中晚期至战国时期,其铲形袋足鬲在陕西宝鸡、陇县、千阳、凤翔、西安半坡秦墓中均有发现,年代在战国时期。而其北的平凉、庆阳义渠戎分布区的秦墓中却没有。则关中地区秦文化中的铲形袋足鬲既不见于其北平凉、庆阳地区的同期秦墓,又晚于毛家坪"B组遗存",而毛家坪A组、B组遗存分属秦、戎又同处一地,其相互交流影响自不待言。这就说明,关中地区"秦文化中的戎文化因素是从陇山以西天水一带秦文化中继承而来"[①]。

陇山以西秦人与北方草原文化的交流传播与秦戎文化传播有相似之处。在关中凤翔东社发现的秦墓人刺虎瓦当,西安西郊出土的战国时代的秦墓虎咬马透雕铜牌饰,虎身纹皆作平行"V"字纹,不见于关中以北秦墓,而在陇山以西礼县、清水秦墓中则有早于关中的春秋早中期的虎

[①] 史党社:《甘宁地区秦相关文物考察报告》,载《秦文化论丛》第八辑,陕西人民出版社2001年版。

形象及纹饰。因此，关中地区此种纹饰的虎形象，即关中地区秦文化中的草原文化因素是从陇山以西秦文化中继承而来。战国晚期铜川枣庙秦墓出土虎食羊透雕铜牌饰，亦见于北方草原文化，则其传播路线可能是由陇西至陕北传入关中。

　　秦文化与北方草原文化的交流传播既是双向的，也有直接与间接两种途径。就直接交流而言，平行"V"字纹虎形象的分布地域甚广，从东北赤峰一带的夏家店上层文化、河北易县燕下都西至阴山、贺兰山、黑山、阿尔泰山，往南又到天水、陇南、关中一带均有发现。但在天水、关中以北的庆阳、平凉、陇西一带戎文化中却不存在，而只在这一区域的秦文化中有所发现。说明秦文化中的平行"V"字纹虎是直接与赤峰—阿尔泰山一线相接触的。在上述各地，时代最早的是夏家店上层文化，时代较晚的是内蒙古和河西一带的标本，则秦文化中的虎文化无疑是虎形象由东向西传播的中间一环。这也说明在东周时代秦人与夏家店上层文化的主人——东胡族即匈奴先祖就有了直接的接触。作为炊器的铜鍑为中国北方和欧亚大陆北方的典型器具，1995年在礼县发现一件，又有陕西宝鸡甘峪、凤翔东社、东指挥、西安大白杨征集和北郊范家寨等处发现共7件，年代均在春秋时期，上述分布地域均在秦人生活区的礼县至关中、西安一带，而不见于天水至固原、平凉、庆阳的西戎之地，这与平行"V"字纹虎分布区极为相似。而且，铜鍑也发现于夏家店上层文化、内蒙古草原、山西、陕北等北方狄—胡草原游牧民族地域，并在更远的南俄及西伯利亚和欧亚大陆北部亦有分布。故刘莉认为中国可能是铜鍑的起源地。① 而李学勤更进一步断定"西周晚期的秦是铜鍑的起源地"，它们"都有流行于西周晚期到两周之际的典型纹饰，如窃曲纹、双首龙纹、重鳞纹、波带纹和重环纹，足以证明它们的年代在公元前八世纪范围内，确是欧亚大陆已知最早的鍑"。② 不难看出，秦人与北方草原民族狄、胡等不仅有直接的文化接触，而且，时代最早的铜鍑俱出于秦地，则可能早在春秋以前，秦与北方草原文化的这种交流就已经开始了。

----

　　①　刘莉：《铜鍑考》，《考古与文物》1987年第5期。
　　②　李学勤：《论礼县铜鍑》，载《远望集——祝陕西省考古研究所华诞四十周年纪念文集》，陕西人民美术出版社1998年版。

至于秦文化与狄、胡等草原文化的间接接触，前述植物枝叶纹透雕铜牌饰通过静宁獂戎、固原乌氏之戎而至狄、胡之区的吴旗、神木，就是最好的例证。

由此可见，秦早期文化的形成，既包含与之相邻杂处的西戎文化成分，又有直接与间接来自北方狄—胡系统草原文化的影响，而且，其文化交流渗透是在相互影响中进行的。

（原载秦始皇帝陵博物院主编《国际视野下的秦始皇帝及秦俑学研究学术研讨会论文集》，西安地图出版社2021年版）

秦统一与秦文化的历史价值和时代意义

在中华五千多年历史传承和文明演进中，周秦之际正当社会大裂变、制度大变革、民族大融合、思想大交锋、文化大发展、文明大转型的千年未有之大变局。在这一变局中，春秋五霸、战国七雄相继变革以图强，竞相角力欲胜出。其结果却是后起的秦人、秦国脱颖而出，以扫灭六合、建立大一统秦王朝为标志，承前启后，实现了中华文明转型、文化整合和民族融合。再经秦始皇到汉武帝，中华国家认同、民族认同、文化认同业已完成，由此奠定了古代中国和中华民族的文明根基。秦文化之于中华民族的独特价值和核心作用，亦因此而得以显现。对此，我们可以从四个不同的维度进行观察。

一 功利进取、刚健有为的生存理念

秦人源出东夷，为嬴姓部族的一支，其称"秦"始于西周孝王封非子为"附庸"，在此之前，尚有一段与夏商周历史相交织的漫长而备受艰辛的嬴氏西迁史。《史记·秦本纪》开篇说："秦之先，帝颛顼之苗裔孙曰女脩。"[1] 女脩生大业，大业娶少典之子女华，女华生大费，大费佐禹平治水土有功，舜赐姚姓玉女；大费又佐舜调驯鸟兽，鸟兽多驯服，于是大费又称伯益，舜又赐大费姓嬴氏。此后，伯益虽被大禹选为继承人，但在与大禹之子启的王位争夺中反而失利，"益干启位，启杀之"[2]。嬴秦

---

[1] 《史记》卷五《秦本纪》，中华书局1982年版，第173页。
[2] 范祥雍订补：《古本竹书纪年辑校订补》，上海古籍出版社2011年版，第6页。

伯益部族也因此受到夏人的排挤打击而颠沛流散，"子孙或在中国，或在夷狄"。夏末，费昌"去夏归商，为汤御，以败桀于鸣条"。同时，嬴秦族人还随畎戎与商人组成商夷联军，扫灭夏军残余后进入关中地区，并以善御而成为商朝的显贵，"故嬴姓多显，遂为诸侯"。商末，崛起于关中的周人在灭商活动中，追随商王的嬴秦首当其冲，又一次遭受沉重打击并迁移各处：其首领中潏被迫归周并西迁陇右天水礼县一带，"在西戎，保西垂"；中潏之孙恶来被杀，季胜一支进入山西，成为后来赵国的先祖；中潏之子蜚廉在周人灭商后逃往嬴氏故地商奄，发动熊嬴族诸国参与三监之乱，兵败反被周公所杀，"凡所征熊盈（嬴）族十有七国"。① 周公迁商奄之民至朱圉，也就是今天水市甘谷县。② 至此，嬴秦从夏初到商末周初，两度大起大落，几度流散，多次迁徙，可谓艰辛备尝、命运多舛，最终辗转汇聚到西部边陲陇右天水一带定居下来。

　　遭受部族离乱和失姓断祀沉重打击的中潏一支和商奄之民来到陇右天水，又面临着新的前所未有的生存挑战。一方面，陇右天水一带黄土高原和陇南山地半农半牧区与黄河中下游平原农耕区自然条件不同，环境迥异；另一方面，他们来到陇右也就进入了以畜牧见长的当地土著西戎部族领地，如何与语言不通、文化不同的西戎相处，要得到西戎的认可与接纳并非易事。但经历多次生死考验和动荡迁徙磨难的嬴秦，以百折不挠的顽强意志和积极进取的乐观态度，凭借"懂鸟兽之言"、善御和熟悉山林草木的技能，入乡随俗，主动交好西戎，并通过联姻通婚、学习骑射本领、经济交流和文化往来，不仅得到西戎的接纳，而且实现了和睦相处，很快在陇右天水站稳了脚跟。从中潏下传八代至非子，非子居犬丘养马大获成功，被周孝王征召在汧渭之间为其养马，"马大蕃息"。非子因功受到周孝王封赏，"朕其分土为附庸，邑之秦，使复续嬴氏祀，号曰秦嬴"。③ 非子获姓受封是嬴秦历史上的一个重要转折点，非子在秦即今甘肃清水县建立城邑，使秦人在犬丘中心居邑之外，又得到一块新

---

① 黄怀信：《逸周书汇校集注》卷五《作雒解》，上海古籍出版社2007年版，第518页。
② 李学勤：《清华简关于秦人始源的重要发现》，《光明日报》2011年9月8日。
③ 《史记》卷五《秦本纪》，中华书局1982年版，第177页。

的根据地并成为秦人再度兴起的重要基地；而嬴姓及其宗主地位的恢复，则是嬴秦从被周人排挤打压到转向政治认可的起点。嬴秦称秦、秦人族体形成和秦文化的开创由此正式拉开序幕。

秦人一旦登上历史舞台就表现不俗、迅速兴起。嬴秦非子之后，经秦侯、公伯至秦仲，西戎反周并攻灭犬丘一支秦人，周宣王封秦仲为大夫命其伐戎，秦仲伐戎失利反被杀。周宣王增兵七千，又命秦仲子庄公伐戎获胜，收复犬丘并有其地，获封西垂大夫。庄公子襄公继位后，犬戎灭周，襄公"将兵救周，战甚力"，周平王东迁，襄公又"以兵送周平王"，因功获封诸侯并赐岐以西之地，"襄公于是始国"。秦人从非子至襄公五代人在不足百年时间就完成了兴起建国的历史夙愿。八年后的公元前762年，襄公之子秦文公迁都关中宝鸡的汧渭之会，至德公迁都雍城，秦人历史进入了崛起争霸的新阶段。

纵观这段秦人西迁、族体形成和兴起建国的辉煌历程，不难发现，这是一段充满生死挑战和颠沛流离考验的苦难经历，而迈过了千难万险浴火重生的秦人，磨砺出百折不挠的顽强意志，积极进取、迎难而上的精神追求，实用功利、尚武刚毅的生存能力。这些意志品格、价值观念和行为习惯，成为秦人与生俱来的精神谱系和文化基因，为秦人一路由小到大、由弱到强和发展壮大注入了不竭的动力。

二　开放兼容、自强不息的文化追求

陇右所在的甘肃地区复杂多样的山川地貌和林茂草丰、环境良好的自然条件，为早期人类的繁衍和文化创造活动提供了多种可能性。从古史传说中中华人文始祖伏羲诞生于此，到距今八千年前的大地湾文化以及原始农牧业的起源，从马家窑彩陶文化大放异彩到齐家王国玉文化与青铜文明的肇启，昭示这里是中华文明的重要起源地之一。陇右丰厚的文化沃土为氐羌西戎的强盛和开创畜牧文明奠定了良好的物质基础，也为秦人的兴起和文化创造提供了优越的条件。

嬴秦入居天水后，在与西戎和睦相处中，立足固有传统，以顽强的适应能力因地制宜，迅速发展农牧业以壮大经济；以灵活的变通能力主动学习先进的周文化和西戎畜牧文化，广收博采为我所用。如秦人在文字、文学艺术、礼仪制度、葬仪制度等方面广泛吸收以周文化为代表的中原文化。① 秦文化中的屈肢葬、金器、铁器、动物纹样、铜鍑和短剑的使用、墓葬壁龛与围墓沟，则来自西戎。尤其是贵族墓的壁龛习俗，直接来源于陇山两侧的羌戎文化。② 从西周中期清水李崖秦邑遗址墓葬多商式风格陶器与葬俗，并有个别西戎寺洼文化陶器出土，到礼县西周晚期至春秋时期西山坪等秦文化遗址与西戎寺洼文化遗址的比邻交错分布，再到春秋时期甘谷毛家坪遗址秦文化与戎族墓葬共存的演化历程中，体现的正是秦与西戎文化碰撞和交融发展的实际。久经多元文化洗礼的秦人，以开放的胸怀和包容的态度，主动学习、积极吸收周文化和西戎文化，而且左右逢源、如鱼得水，创造了以华戎交汇、农牧并举为特征的秦文化。

这一农耕与畜牧文明共同孕育的新型文化雄奇刚健、充满活力，它一经形成便随着秦人的发展和时代的变迁与时俱进。无论是秦人入关后大规模地对周文化的再次吸收，还是博采六国文化与百家学说加以整合，抑或是确立法家学说和集权专制理论，形成维护大一统国家的统治文化，秦文化始终在兼收并蓄中支撑秦人强势成长，在推陈出新中引领秦人走向新的辉煌。所以，秦文化是在不同文明的碰撞和不同文化的交融中不断汲取营养，保持了旺盛的生命力和化合力。在这一进程中不仅塑造了秦人进取开放的文化心态，开创了兼容并包的文明发展模式。而且，秦人又在一次次成功的实践中激发了自豪感和自信心，增强了使命感和担当意识。这种自强不息的文化追求一旦成为国人的共同意识，就可以产生无穷的动力，汇聚为改天换地的磅礴之力。

汤因比曾说文明的成长在挑战与应战过程中得以展开，"当挑战和应战的系列在反复运行时，如果说应战的举动趋于从外部环境——无论人为环境还是自然环境——向正在成长中的人格或文明的内部转移的话，那我们就可以把一系列对连续挑战所做的成功应战看作成长的体现。……成长的标准是一种趋向自决的过程"。③ 这种自决也就是文化自

---

① 陈春慧：《从文化结构看秦文化对外来文化的吸收》，载《秦文化论丛》第三辑，西北大学出版社1994年版。
② 梁云：《考古学上所见秦与西戎的关系》，《西部考古》2016年第2期。
③ ［英］阿诺德·汤因比著，刘北成、郭小凌译：《历史研究》，上海人民出版社2000年版，第122页。

觉。秦人立国以来,即以天下为己任,在渴望崛起的信念激扬下不断成长发展,又在外在压力与内在挑战的交相考验中不断通过"自决"而自我超越与崛起。

三 转型创新、强势崛起的发展之道

在秦人、秦文化发展史上,从襄公建国到秦始皇完成统一的五百年间,曾有两个快速发展的关键时期,其一是襄公建国至穆公称霸,历六代九公147年;其二是孝公变法至始皇统一,历六代七王138年时间。这一前一后两个时期,正与秦文化的两次转型相对应。

秦人以非子邑秦为标志,秦文化开始形成并快速发展,"秦仲始大,有车马礼乐侍御之好"。襄公建国是秦人按照周礼接受封赏、建政立制、确立道统信仰等一系列文化创制的一次大演练,也是全面学习吸纳周文化的开端。接着文公东迁关中,建鄜畤、陈宝祠和怒特祠;拓境广民,"初有史以纪事,民多化者";"收周余民而有之","法初有三族之罪"。武公、德公修建和迁都雍城等。① 随着疆域拓展和周余民的加入,改变了秦国民众的构成,也使秦人和周人走向融合,为周秦文化的融通奠定了坚实基础。以礼乐文明高度发达著称的周文化无疑是三代文化的杰出代表,秦人对周文化的全方位学习、选择性吸收和创造性继承,也就是对先进文化的主动融入,它催生了秦文化的转型,也促进秦国实力迅猛增强。至穆公时,已是"广地益国,东服强晋,西霸戎夷"。后起的秦人仅用百余年时间便在文化科技和国家实力上赶上东方大国,并建立了霸业,标志着秦人从古国阶段进入方国阶段。

秦文化的第二次转型始自秦孝公任用商鞅实施以富国强兵为目标的社会改革。商鞅变法以法家学说为治国理论,主张"权制断于君",通过"任法而治"和"壹赏、壹刑、壹教",推行县制,迁都咸阳,奖励军功,分户令、徕民等措施,打破了旧有的政治生态和社会结构,在政治上为君主专制和政令畅通奠定了基础;在经济和军事上使富国强兵大见成效;在用人上不拘一格,广纳六国贤能之士,形成布衣将相竞相效命国家的

---

① 《史记》卷五《秦本纪》,中华书局1982年版,第179—184页。

局面，在组织上为变法图强提供了保障。① 变法"行之十年，秦民大悦，道不拾遗，山无盗贼，家给人足"②。奖励耕战和移风易俗的推行，收到了"民勇于公战，怯于私斗，乡邑大治"的良好效果。③ 以至于荀子认为秦国已是"至治"社会。④ 变法的成功和文化的转型，使秦文化再次焕发出青春活力，而且形成了昂扬向上、崇法尚武、耕战为本、实用功利的新风尚，这种强势文化奠定了秦国包举海内、实现一统的实力基础和心理优势。

孝公之后的历代秦王进一步从六国文化中汲取有益成分，在法家治国理论的基础上，博采儒家的大一统和君臣等级伦理学说、墨家城防学说、纵横家策谋之学，还有兵家、农家思想等百家学说之长，运用于强国实践并大获成功，强大秦国也从列国中脱颖而出。秦王嬴政在统一前后，进一步整合集权理论和大一统学说，又融会儒家封禅学说、道家长生之术和阴阳家五德终始理论，开创了以皇帝制度为标志的一整套维护大一统国家专制主义中央集权的制度、法令、政策和社会规范。并通过从中央到地方，从郡县到乡里，从乡里到编户的行政体系予以推广实施。于是，在"海内为郡县，法令由一统"的基础上，随着"整饬异俗"和书同文、行同伦、车同轨、度量为一等一系列措施在全国范围的实施，一个"六合同风"、完全不同于三代的崭新社会和国家由此成形，并且为此后两千年中国社会和大一统国家发展奠定了基础。而书同文即文字的统一则成为筑牢中华民族共同精神家园和文明纽带坚不可摧的基石，也是中华文化数千年绵延博广、永葆青春并不断走向复兴和新的辉煌的不竭源泉。

循着秦文化形成、发展、转型和创新的发展足迹，可以清楚地看到，善于学习、善于借鉴、长于运用、注重实效，以转型谋发展；不满足、不墨守、不自封、不空谈，以创新求突破；有目标、有追求、有担当，有动员力、组织力和执行力，上下一心、令行禁止，以开拓不断超越自

---

① 马卫东：《商鞅法治路线与大秦帝国建立》，载《华夏文化论坛》第六辑，吉林文史出版社 2011 年版，第 121—129 页。
② 《史记》卷六八《商君列传》裴骃《集解》引，中华书局 1982 年版，第 2234 页。
③ 《史记》卷六八《商君列传》，中华书局 1982 年版，第 2234 页。
④ 王先谦：《荀子集解》卷一〇《议兵篇》，中华书局 2014 年版，第 358 页。

我,是秦人、秦文化始终充满活力、后来居上和走向胜利的成功之道。

四 心怀天下、顺应潮流的大一统国家重构

古老的中华大地东临大海,其余三面被沙漠戈壁、高山雪峰和群山环绕并与外界阻隔。这种周边封闭,内部地域广阔、自然条件复杂多样的特殊环境,决定了中华文化与文明独自孕育生成于这块神奇的土地,而且,从其初起时就呈现多元竞放和交融汇聚的格局。我们从三皇部落联盟到五帝酋邦古国和新石器时代考古都能清楚地看到这一特性和趋向。及至夏商王朝到西周"溥天之下,莫非王土"观念的出现,统一的理想中国的意识已然成形。周秦之际大国争霸和群雄逐鹿的长期动荡使追求天下一统成为各国共识和时代潮流,于是,如何"一统"便成为列国君主和百家之学共同探究的核心问题。从"中土"—"四土"到"天下",从"九州"—"四海"到"中国",从诸夏、华夏、华夏四夷到华夷之辨、以夏变夷、华夷一体,从孔子提出大一统到"王天下""一天下"主张,从"小康"—"大同"理念的提出,标志着大一统从理论到付诸实践的条件业已成熟。

孙中山先生曾说:"世界潮流浩浩荡荡,顺之则昌,逆之则亡。"春秋以来在列国纷纷革新图强的竞技场上,在真正意义上顺应潮流并成功实现社会转型的唯有秦国。秦人强烈的东方意识和天下观念从秦穆公时以"中国"自居即已显露,秦孝公更是以东方"诸侯卑秦"为耻,立志要"修穆公之政令",令国人"出奇计强秦"。商鞅变法正是在这一政治背景下实行的,因而变法最为成功,最为彻底,影响也最为深远。秦国以商鞅变法为标志迅速在列国争霸中后来居上,历史地成为大一统的实现者。秦国之所以能够脱颖而出最终实现统一绝非偶然,我们从秦人崛起和秦文化转型创新进程中可以明显地感受到秦人那种开放进取、奋发向上、自信担当的朝气扑面而来。《诗经·秦风》诸篇虽内容各异,但大都洋溢着英勇无畏的英雄主义、同仇敌忾的集体主义和"与子同袍"的团结精神,还有以大同为追求心怀天下的使命意识,正是秦人民族性格和精神风貌的自然流露。

对于秦的统一,当时和后世人们多从秦人勇猛善战的角度给予肯定,

所谓"齐之技击不可以遇魏氏之武卒,魏氏之武卒不可以遇秦之锐士"①,"秦马之良,戎兵之众,探前趹后蹄间三寻腾者,不可胜数"②。这固然是秦人成功的一大原因,但在深层次上则是秦文化的与时俱进和先进性使然。一方面,后起的秦人虽然在文化上并没有产生像东方六国那样的大思想家和重要的学术流派,却在重用六国人才并将新的思想文化创造性运用于国家治理和经济发展的社会实践上,不仅遥遥领先,而且非常成功;另一方面是对科学技术的重视和大力推广,如引进西戎金器和铁器铸造技术,特别是铁器和牛耕在秦国最先和普遍使用,大大提高了武器性能和生产效率。还有对水利的重视,都江堰、郑国渠的开凿即是典型例证。至秦王嬴政"续六世之余烈"发动兼并战争时,秦国不仅拥有关中平原、四川盆地两大经济区,而且还占有陇右等西北战马基地,可谓兵强马壮、仓廪殷实,国力已远远超越关东六国。可见,"秦王扫六合,虎视何雄哉",是以强大实力为后盾的。而天下胸怀、与时俱进、顺应潮流与审时度势、顺势而为、因势利导也同样缺一不可。

大一统秦王朝的建立,在中华五千年历史上不仅承上启下,而且开创了中国历史的新纪元。秦国的统一进程,并非商灭夏、周代商那样的朝代更替,而是一次打碎旧世界,创造新世界的国家再造,是一次上自君王、下至百姓对组织管理机制改造、社会阶层建构和社会运行模式创新基础上的国家重建。以大一统为标志的秦王朝新兴国家,不仅实现了文字、疆域和民族三个层面的统一,而且还完成了计量单位、货币、历法、礼制、法律、官爵、国道规划的统一和基本完成郡县二级的行政统一。"这样,由秦开始、由汉最终完成了华夏族日常行为规范的统一,而这种行为规范就是所谓的文化;对这种华夏文化的自豪,是相当长时期内华夏族的向心力、凝聚力所在。"③ 所以,多民族大一统中央集权的秦帝国的建立,承前启后、开来继往,开创和塑造了新的国家,实现了文

---

① 王先谦:《荀子》卷一〇《议兵篇》,中华书局2013年版,第323页。
② 《史记》卷七〇《张仪列传》,中华书局1982年版,第2293页。
③ 洪春嵘:《秦的统一是文字、疆域和华夏族三个层面的统一》,载王子今主编《秦统一的进程与意义》,中国社会科学出版社2017年版,第296—297页。

化整合和民族融合，完成了文明转型。秦祚虽短，但其制度遗产、文化财富和民族精神却整整影响了中国两千年之久，秦统一与秦文化的历史意义和时代价值正在于此。

（原刊《秦始皇帝陵博物院论丛》2022年卷，西安地图出版社2022年版）

秦人崛起和统一的文明史意义

2022年5月27日下午，习近平总书记在中共中央政治局就深化中华文明探源工程进行的第三十九次集体学习中，对中华文明和坚定文化自信发表了重要讲话。关于中华文明，习近平总书记强调，中华文明源远流长、博大精深，是中华民族独特的精神标识，是当代中国文化的根基，是维系全世界华人的精神纽带，也是中国文化创新的宝藏。指出中华文明探源工程等重大工程的研究成果，实证了我国百万年的人类史、一万年的文化史、五千多年的文明史。中华优秀传统文化是中华文明的智慧结晶和精华所在，是中华民族的根和魂，是我们在世界文化激荡中站稳脚跟的根基。习近平总书记还就做好中华文明起源、形成、发展与演进路径研究，做好我国"古代文明理论"的宣传转化，建立中国特色、中国风格、中国气派的文明研究体系，讲好中华文明故事，更好构筑中国精神、中国价值、中国力量，更加完整准确地讲述中国古代历史，更好发挥以史育人作用，弘扬中华文明蕴含的全人类共同价值，推动构建人类命运共同体、为人类文明新形态实践提供有力理论支撑等一系列文明与文化的基本问题、重大问题，进行了理论概括和系统阐述，可谓体大思精、高屋建瓴。这为我国历史和考古工作者深化中华文明研究和理论创新、实践突破，推进中华优秀传统文化创造性转化、创新性发展，推动文化自觉，坚定文化自信，指明了发展方向，明确了新目标，提出了新任务和新要求。

正如习近平总书记所指出的，中国具有百万年的人类史、一万年的文化史、五千多年的文明史。纵观五千多年中华文明演进的历史长河，其理路和脉络清晰可辨、波澜壮阔。宏观而论，从距今一万年至五千年前是中华文明的萌芽起源期，苏秉琦将之称为古文化、古城阶段。文化发展经历了从满天星斗到汇聚为几大区域，并在区域内出现中心聚落的发展过程，其后期约当古史事传说中的三皇时代，文明曙光已然闪现。距今五千年前后，以良渚文化、屈家岭—石家河早期文化、红山文化为代表，原始国家出现，中华文明就此开启。从距今五千年至四千年前，是中华文明的古国阶段，也就是古史传说的五帝时代，先后有陕西神木石峁、延安芦山峁，山西临汾陶寺古城文明作为代表。随着以河南偃师二里头为代表的夏文化的出现，中华文明进入王朝时代。从夏商周到秦统一中国，中华文明基本定型，并从此绵延不绝、海纳百川，在不断发展和复兴中一路走来。

　　文明的发展和演进，既是渐进的，也有潮落起伏和转型复兴。就此而论，五千年中华文明的演进有三个重要节点，一是五千年前后的文明生成，从良渚文化到西周礼乐文明，以轴心时代诸子学说和百家争鸣为标志，中华文明的基本特点初步形成。这一阶段是中华文明的古典时代。二是秦统一中国，并以创建多民族大一统中央集权统治的一整套制度和文化为标志，中华文明基本定型，也形成了长达两千年的帝制文明，中华文明进入传统时代。三是中华人民共和国成立，中华民族迈入人民当家作主的社会主义发展道路，进而开启了实现中华民族伟大复兴中国梦的新时代，中华文明开始了现代文明的新历程。

　　不难看出，在中华文明的发展与演进中，秦人、秦国、秦文化发挥了承前启后、继往开来的重要作用。其在一统天下、民族融合与文化整合的过程中，实现了文明转型，推动中华文明由古典时代迈向传统时代。因此，秦祚虽短，但是，秦王朝和秦始皇为维护大一统多民族国家所开创的政制架构、制度体系、统一措施和文化传统，既是秦文化结出的创新之果，也成为此后中国封建时代的制度张本而大多得到传承和沿用，所谓"汉承秦制"就是最好的例证。西汉在经历数十年休养生息之后，汉武帝将秦始皇创制而未能实现的政治、思想文化大一统，通过政治、经济、军事、文化上一系列措施的实施而变为现实并巩固下来。秦皇汉武是中国大一统国家的开创者和实现者。而积淀于秦文化深层那种兼容开放、自强不息、果敢刚毅和质朴进取的文化特质，也升华为中华文明中最根本的精神基因，秦文化无疑是中华民族宝贵的文化遗产和精神财富。

李学勤将东周时代的中国划分为七个文化圈,即中原文化圈、北方文化圈、齐鲁文化圈、楚文化圈、吴越文化圈、巴蜀滇文化圈、秦文化圈。其中"秦人在西周建都的故地兴起,形成了具有独特风格的文化。虽与中原有所交往,而本身的特点仍甚明显"。从战国晚期至秦汉时期的文化趋势,除了楚文化的扩展,"随之而来的,是秦文化的传播。秦的兼并列国,建立统一的新王朝,使秦文化成为后来辉煌的汉代文化的基础"。① 可见,在中华文明史和文化史上秦文化承前而启后的价值和作用影响深远。

一 奠定了大国崛起的文化基础

苏秉琦指出,在中国国家起源上有发展阶段的古国—方国—帝国三部曲和发展模式的原生型、次生型和续生型三类型。秦人的发展经历了从襄公时的古国到穆公时的方国,再到秦始皇时的帝国这样一个原生型国家的完整过程。② 其文化汇三代之大成,集六国之精华,聚戎狄之长,具有强盛的生命力、外拓力、同化力和兼容性,并在秦人崛起强大、统一华夏和文化整合的具体实践中一再显示了其威力。

纵观三代文化与秦文化发展的关系,两者之间存在密切的传承关系。以礼乐文明著称的周文化是三代文化的集大成者,而秦人在宫殿与建筑制度、宗庙与祭祀礼仪制度、陵园与葬仪制度、文字与文学、农业与手工业技术、音乐与艺术、天文、历法诸多方面,都大量继承和吸收了商周文化。③ 并在与西戎游牧文化有机融合的基础上,塑造和形成了秦人不畏艰险、尚武豪迈、开放进取、勇于开拓、善于创新的民族性格和文化特点,并深深积淀于民族心灵的深处而发挥着持久影响。秦人正是凭借这种文化优势,既在与西戎及东方各国的较量中,纵横捭阖、张弛有度,

---

① 李学勤:《东周与秦代文明》,上海人民出版社2007年版,第11页。
② 苏秉琦:《中国文明起源新探》,生活·读书·新知三联书店1999年版,第130、163页。
③ 雍际春:《秦早期文化与周文化关系论略》,《西安财经大学学报》2020年第5期。

不断壮大自己，又能在礼崩乐坏、周文化失去活力，百家争鸣、文化多元的春秋战国变革时代，与时俱进、创新发展。秦文化作为一种新型文化，支撑秦人六百年一路高歌猛进，实现了由小到大、由弱到强、由兴起西陲到形成方国，由强大方国到一统帝国的历史蜕变。引领秦人在政治和文化两个层面实现了国家与文化的整合，横扫六国如卷席，完成了东周以来由列国纷争到海内一统的历史进程。秦文化也顺应春秋战国以来中华民族由多元向一体汇聚的历史趋势，以巨大的同化力、兼容性和内聚力，以完成国家统一为标志，促进了中华民族多元一体格局的形成，从而奠定了大一统中央集权的多民族国家的政治、文化和民族基础。

正如司马迁所说："至秦有天下，悉内六国礼仪，采择其善，虽不合圣制，其尊君抑臣，朝廷济济，依古以来，至于高祖……大抵皆袭秦故。"① 因而，"公元前221年不仅是政治上的统一，也是一次民族与文化上的大融合，已把黄河流域与长江流域融为一体了，也就是费孝通所谓的多元一体格局的形成"②。秦人实现统一，标志着秦文化完成了对三代文明与文化的超越，秦文化完成了对东方列国文化、戎狄文化整合融通和创新，秦文化也随之由地域文化、方国文化上升为大一统集权王朝的统治文化和主体文化。因此，秦文化在中华文化发展史上具有承前启后的里程碑意义，标志着古典时代的结束和秦汉大一统文化时代的开启。

二 孕育了刚健进取的文化精神

秦人在漫长的起源和西迁中，经历了曲折的历程，历经磨难又始终坚守华夏观念和东方意识，在流散起伏中百折不挠、愈挫愈奋，铸就坚忍不拔的意志。秦人入居陇右之后，主动从西戎文化中汲取营养，进一步强化了秦文化中顽强、刚健和功利、进取的风格。处于戎狄包围中的秦人能够由弱到强，与戎狄"轻而不整，贪而无亲，胜不相让，败不相救"③的影响是分不开的；也与东夷民族豁达、刚强的气质密切相关。

---

① 《史记》卷二三《礼书》，中华书局1982年版，第1159页。
② 汪荣祖：《史学九章》，生活·读书·新知三联书店2006年版，第114页。
③ 杨伯峻：《春秋左传注·隐公九年》，中华书局2007年版，第66页。

《诗经·秦风》诸篇充分反映了秦人广阔的胸怀和进取的精神。王照圆《诗说》云："秦晋诗音节皆入商声，殊少大和元气之妙，而秦尤雄厉，或以为水土使然。""晋音迫使，秦音雄大"，是秦人"强悍战斗之俗""莫善于礼"的体现。马非百指出秦人"为一新兴民族，于诸国中最为后起。故秦风中便无厌世观念，随处皆有犷野意味。此固时代不同有以使然，而民族性之悬殊，亦其一大原因"①。可见，展现在我们面前的秦文化，开放进取、兼容质朴，富有刚健雄奇、尚武重利的特色和积极向上、自强不息的精神风格。它有"胡风汉俗共相融"，"华性夷种共一家"的气度，洋溢着生机勃发的青春活力。

虽然秦人入关之后，由于地域的变化和发展、统一的需要，秦人文化中农耕文明的成分不断上升，但积淀于秦人民族心灵深处的固有特质和文化内核，却始终永葆活力、威力不衰。正是秦人所特有的民族气质、价值追求和文化优势，奠定了其铁骑东向、扫灭六合统一中国的文化基础，并最终完成了一统天下的大业。此后，秦人那种"同书文字，匡饬易俗"，吸纳六国文化精粹，儒法互补、墨道兼备、阴阳五行与尚武崇功的文化模式对以后中国的发展产生了深远影响。

三　开创了华戎交融的文明模式

在夏、商、周三代中国古典文化的奠基时期，中华文化的演进发展，始终存在着对四夷文明与文化的吸纳和融合，不过这种吸纳只是在局部和个别要素的介入，而全方位介入和深度融合出现于秦文化形成之时。秦人入居陇右后，陇右宜农又宜牧的自然环境和华戎交错的人文格局，为秦人的文化创造提供了独特的条件。首先，秦人先祖长期处于起伏不定的生存状态和流动迁徙的部族命运，激发了其对改善生存状态的强烈渴望和强大崛起的深情向往，这就决定了他们在对待新事物和不同文化的态度上，不是简单地排斥或漠视，而是以开放的立场和包容的心态博采众长、为我所用。其次，秦人先祖在东方时本来就是一个既擅长农业又精通鸟兽之言、车马技术，亦即对农耕和畜牧都比较擅长的部族，天

---

① 马非百：《秦集史·艺文志》，中华书局1982年版，第521页。

水地区农牧咸宜的环境,为秦人在固有传统基础上将农耕与游牧文化有机对接、推陈出新和融合再造成为可能。清人王夫之指出:"汧渭之交,河山千里,天府之国,民胜而血气充,又恶能尽闭哉?……周之先王闭之于杀伐,而启之于情欲。……秦人乘之,遂闭之于情欲,而启之于杀伐,秦风所以为天下雄也。"① 王夫之不仅看到了周秦对"杀伐"与"情欲"不同的态度和对两代盛衰的影响,也指出了戎族及其文化对于周秦文化的影响。

正是基于这样一种历史条件和文化背景,秦人在文化的创造过程中,对于周文化和西戎文化,是在立足于自己固有的意识观念基础之上,秉持积极开放的态度主动学习、吸纳和消化,既不是照抄照搬式的拼盘,也不是各要素的叠加或组装,而是立足自身传统、现实需要和发展路向而有所选择、有所取舍、有所提纯、有所改造基础上的融合创新和升华再造。所以,这种全新文化在形态上农牧兼具,既有华夏文化的内核,也有戎族文化的风格习俗;在来源和结构上既是多元的,又是一体的;在功能价值上既是质朴的、实用的和稳定的,也是开放的、扩张的和强势的;在表现形式上既文武兼备,又特色鲜明。由此,秦文化便在继承三代文化的基础上,第一次完成了华夏农耕文化与戎狄游牧文化的全面对接和华夏与戎狄部族的民族融汇整合,从而开创了华戎交汇融通创新中华文化的先河与文明发展模式。

四 开启了三代文化走向整合的文化路向

我们从秦文化生成、发展、转型和实现统一的历史轨迹中,可以清楚地看到这一文化,既上承三代文化之大成,博采列国文化之精粹,又统摄融汇农耕、游牧两大文明于一体,是多元融通和创新升华的文明结晶。正如孔子所讲:"殷因于夏礼,所损益可知也;周因于殷礼,所损益可知也。"② 实际上,不仅夏、商、周三代之间文化继承关系明显,秦对

---

① 王夫之:《诗广传》,中华书局2009年版,第56—57页。
② 程树德撰,程俊英、蒋见元点校:《论语集释》卷四《为政》,中华书局2006年版,第165页。

于周文化的继承也是显而易见的。在春秋战国动荡和文化勃兴、学说并出之际，秦文化又顺应人心思定、海内为一的时代潮流，凭借其文化优势强力吸纳和整合东方列国文化，最终以秦王朝的形成为标志，实现了国家统一和文化的整合。司马迁也说："昔虞、夏之兴，积善累功数十年，德洽百姓，摄行政事，考之于天，然后在位。汤、武之王，乃由契、后稷修仁行义十余世。……秦起襄公，章于文、穆、献、孝之后，稍以蚕食六国，百有余载，至始皇乃能并冠带之伦。以德若彼，用力如此，盖一统若斯之难也。"① 司马迁将夏、商、周、秦相提并论，强调其取得政权、君临天下都是修仁行义、积德用力的结果。说明秦人及秦文化无疑是与三代文化一脉相承又有所创新的产物。

清代学者赵翼提出"秦汉间为天地一大变局"②，这个变局正是在上承三代文化之大统，兼取戎狄游牧文化之精华，整合列国文化于一体的秦文化基础之上所出现的。所以，李学勤提示我们应当"从世界史的角度"来看待秦文化的影响。他指出：秦的统一"是中国文化史上的重要转折点"，继此之后的汉代创造了辉煌的文明，其影响"范围绝不限于亚洲东部，我们只有从世界史的高度才能估价它的意义和价值"③。

在周秦之际这一变革时代，历史选择了秦人成为中国从王制时代走向帝制时代、由古国林立向一统集权过渡、由多元民族向中华一体整合、由古典文化向传统文化转型的主导者和实现者。两千年中国大一统、多民族的中央集权统治的历史走向由此开启，绵延博广、兼容开放的中国传统文化发展格局就此奠基。这是中华文明的一次跃进，是顺应时代潮流的强势崛起，也是不容否认的历史存在。

（原载张永霞主编《秦起西垂："秦文化与中华文明探源"学术会议论文集》，甘肃人民出版社2023年版）

---

① 《史记》卷一六《秦楚之际月表》，中华书局1982年版，第759页。
② 赵翼著，王树民校证：《廿二史札记校证》卷二《汉初布衣将相之局》，中华书局1984年版，第36页。
③ 李学勤：《东周与秦代文明》，上海人民出版社2007年版，第294页。

后　　记

　　本书所收文章25篇，都曾发表于有关学术期刊和学术会议论文集，时间跨度约二十年。最早的《论天水秦文化的形成及其特点》一文发表于2000年，最新的《秦人崛起和统一的文明史意义》一文于2023年刊出。文章所论以秦人早期历史和文化为主，也涉及商鞅变法和秦统一等问题。这里所列的两篇文章，一早一晚，题目正好反映了笔者研究秦人历史与文化的动因和旨归。

　　天水地区是秦人、秦国、秦文化的发祥地，书稿即以此为起点和主要探讨内容，意在揭示秦人早期历史与文化发展的基本线索和面貌。在列国之中，秦国属于后起国家，何以后来居上一统华夏？又何以在完成统一大业后短命而亡？这是一个两千年来人们津津乐道的话题，也是一个似乎至今未得正解的谜题。秦人从建国到统一华夏，历时约550年，若从中潏西迁陇右算起，则超过800年；而秦人在西迁陇右之前，尚有夏、商时期的早期部族发展史。这种特殊的经历和发展背景，对于秦人的崛起和发展至关重要。因此，研究秦史，揭示秦人的崛起和文化心理，就不能只关注秦人建国以来的历史，而必须将其早期历史纳入视野。一方面，过去由于史料欠缺，秦人早期历史的线索与内容长期模糊不清，加之受惯性思维和传统观念影响，学界对其历史及其文化面貌多有误读误判。20世纪80年代以来，随着甘肃甘谷、礼县、清水等地毛家坪、大堡子山、西山、圆顶山、鸾亭山、李崖等秦一系列早期文化遗址的发现和发掘，使解开秦人早期发展史成为可能；另一方面，以华戎交汇、农牧并举为特征的秦文化孕育形成于陇右天水地区，并伴随着秦人的建国、崛起称霸和一统华夏而与时俱进、创新发展，是秦人一路披荆斩棘、走向辉煌的内在动力。要揭示秦人成功的内在逻辑，必须从蕴含着其精神基因的秦文化入手。水有源，树有根，梳理秦早期文化的来源构成和内涵特点，无疑是认识秦人、秦文化的关键所在。

历史上"非秦"倾向由来已久，从汉代开始延续至今。秦政与"暴政"挂钩，秦始皇与"暴君"等同，千百年来如影随形，成为评价秦王朝和秦始皇的基本立论前提。殊不知，随着大量考古发现和秦简材料的出土，不断启示我们，如此简单化、标签式的评价，大大限制了对秦人、秦朝、秦文化价值作用的认知。从历史唯物主义的立场出发，在大视野、长时段、宏观性角度客观审视秦人从古国到方国再到帝国的历史，科学分析秦人历史与文化，准确评价秦统一及其中央集权制度的创立，不难发现，其在中华文明五千多年波澜壮阔、生生不息的时空坐标中，居于承前启后、继往开来的重要地位。大一统国家的出现，完成了中华民族、中华文化由多元并存到聚合一体的历史进程，一系列维护大一统中央集权制度的开创，又奠定了统一的多民族国家传统文明的基础。秦统一和秦文化的文明史意义正在于此。

正是基于以上两点学术考量，愚以为这些文章结集出版，或有助于深化秦人、秦朝、秦文化的研究。本书能够及时结集和出版，还得益于西北师范大学历史文化学院学科建设"简牍学与丝路文明研究丛书"计划将本书纳入其中。感谢西北师范大学历史文化学院的厚爱和对学术事业的大力支持。书稿的编选定稿得到西北师范大学历史文化学院刘再聪先生的指导和帮助；本书责任编辑中国社会科学出版社李凯凯先生在书稿编辑审核中发现和纠正了不少错误和缺漏，为书稿增色不少，在此一并表示衷心的感谢！

作　者

2024 年 1 月 30 日